Joshi Nichell

Volles Glück voraus

Per Anhalter nach Feuerland.
Meine Reise ins Vertrauen.

INHALT

MAN MUSS DIE SEGEL
IN DEN UNENDLICHEN WIND STELLEN,
DANN ERST WERDEN WIR SPÜREN,
WELCHER FAHRT WIR FÄHIG SIND.

Alfred Delp

Joshi

WER IST DAS EIGENTLICH?

Joshi will nach Südamerika, per Anhalter über den Atlantik segeln. Bitte was?

„Das ist unmöglich!", „Das schafft der niemals!", waren die ersten Reaktionen. Ich dachte mir nur: „Okay, das ist stark!"

Als sein Bruder weiß ich: Joshi macht sein Ding. Das war schon immer so. In der von klaren Strukturen eingerahmten Schule hat er neue, für ihn passende Wege gefunden. So baumelte er mit der Hängematte auf dem Pausenhof oder kochte sich sein eigenes Mittagessen auf dem Spirituskocher, statt mit der Masse in der Mensa abgefertigt zu werden.

Für mich ist er der Individualspezialist höchstpersönlich. Das zeigte sich auch 2014, als wir zum ersten Mal zu zweit für eine längere Zeit, entgegen mancher Empfehlung, in die „große Wildnis" Norditaliens aufbrachen. Wir wollten ausbrechen und tief eintauchen in das Unbekannte. Diese Woche faszinierender Wildnis und Selbstorganisation hat uns auf einer besonderen brüderlichen Ebene zusammengeschweißt. Das gegenseitige Vertrauen stand im Mittelpunkt. Wenn einer sagte, es ginge hier für ihn nicht mehr weiter, dann war klar – und da wurde nicht diskutiert –, das gilt für uns beide. Denn wir waren als „Wir" und nicht als zwei Einzelpersonen unterwegs.

Und genau da liegt der Grundstein für die Möglichkeit, als Brüder fünf Monate, Tag und Nacht miteinander zu reisen. Wir geben uns gegenseitig Kraft. Wir hören uns zu, wollen den anderen verstehen und gemeinsam die Faszination dieser Welt erleben und von ihr lernen. Unsere Stärken und Schwächen sind Ergänzung statt Konkurrenz. Die Grenzen des anderen akzeptieren wir und sind dennoch bereit, gemeinsam unsere Komfortzone zu erweitern.

Und das geschah auf unserer Reise ständig. Wir sind miteinander und aneinander gewachsen. Es würde eine Bildungsreise werden, in vielfachem Sinn, das war von Anfang an klar. Wir wollten lernen fürs Leben, lernen, uns außerhalb der klassischen Box, des bekannten Denkmusters, zu bewegen, wollten Irritation auslösen und irritiert werden.

Es wurde eine Reise des Neuartigen, der Überraschungen, des Vertrauens und der Hoffnung, der Liebe und Emotionen.

Für diese fünf super intensiven, lehrreichen und verbindenden Monate, die wir gemeinsam durch sechs Länder Südamerikas getrampt und gewandert sind, bin ich Joshi und all den vielen Menschen mit offenen Türen unendlich dankbar.

Was Vertrauen noch alles bedeutet, konnte ich anschließend auf meiner dreimonatigen Heimreise durch die Karibik und über den Atlantik erfahren – und ich bekam eine leise Ahnung davon, was Joshi wohl auf dem Hinweg erlebt haben muss.

Benni

Mein planloser Plan

EINE WIRKLICH GUTE IDEE ERKENNT MAN DARAN, DASS IHRE VERWIRKLICHUNG VON VORNEHEREIN AUSGESCHLOSSEN IST.
Albert Einstein

2015. Es ist April. Der Frühling explodiert gerade regelrecht und ich bin mit Philipp, einem sehr guten Freund, im Wald unterwegs. Wir wollen ein Survival-Wochenende machen, sprich, einfach mal ohne Essen in den Wald gehen und schauen, was wir an Essbarem finden können. Das sieht dann folgendermaßen aus: Wir schlafen zu zweit unter einem Regenponcho, laufen nach Kompass und Karte durch den Wald, suchen Wasser und haben drei Tage lang nur eins im Sinn: Essen.

Und so ernähren wir uns an jenem April-Wochenende von Buchenblättersalat, bis wir ihn nicht mehr sehen können. Ja, richtig, wir essen die Blätter vom Baum. Liebe Förster, verzeiht uns bitte diesen kleinen „Wildverbiss". So ist das eben mit dem „Survival".

Sonntags gelangen wir wieder an die Bundesstraße im Mittelrheintal, doch der Fußweg scheint unerreichbar zu sein. Wir müssten nämlich noch über tiefergelegte, eingezäunte Bahngleise kraxeln, um den Weg zu erreichen. Das ist uns jedoch zu umständlich. Deshalb schlage ich Philipp vor: „Lass uns doch einfach mal ausprobieren zu trampen! Vielleicht hält ja jemand an." Also strecken wir kurzerhand unsere Daumen raus und warten. Das erste Auto rauscht vorbei. Das zweite Auto auch. Und dann legt das dritte Auto plötzlich gekonnt eine Vollbremsung hin. Philipp schaut mich mit begeistertem Blick an. Ich schnappe mir den Rucksack. „Der kann nur für uns sein! Auf geht's!", rufe ich Philipp euphorisch zu. Wir steigen ein und freuen uns. „Wow! Das ging aber schnell!", stelle ich fest und Philipp nickt. „Ich bin bei den Pfadfindern und bin früher selbst viel getrampt. Ich heiße übrigens Christian", stellt sich unser Fahrer vor. „Was heißt denn viel getrampt?", frage ich neugierig zurück. „Naja, zum Beispiel bin ich mal nach Dubai getrampt.“ Krass! Das ist aber weit. „Wie lange warst denn bis dahin unterwegs?“ Mich packt die Neugier. Ich will mehr wissen. Was genau ist das, dieses Trampen? Bis wohin kann man per Anhalter reisen? Wie genau geht das? Und klappt das immer geldfrei? Ich bin fasziniert.

Auf unserer gemeinsamen gerade mal 30 Kilometer langen Autofahrt erzählt Christian uns die eine oder andere Reiseanekdote aus dem Nahen Osten. So habe ihn zum Beispiel an einer Bushaltestelle mitten in der Nacht ein Scheich mitgenommen und ihm dann seine private Insel gezeigt. Dort sei er echten Einhörnern begegnet, erzählt er. „Das glaubt mir niemand!“, lacht Christian laut auf. Auch Philipp und ich schauen uns für einen Moment ungläubig an. Aber, wer weiß?! Und mir wird eins bewusst: Die Welt steckt voller wundersamer Rätsel. Kurz darauf wirft er uns in meiner Heimatstadt raus. „Danke dir! Gute Fahrt noch!“ Und schon sind wir wieder von unserem kleinen Abenteuerwochenende zurück in Mainz.

Zu dieser Zeit bin ich 17 Jahre alt und besuche die 11. Klasse. Im darauffolgenden Jahr will ich mein Abitur machen und dann bin ich praktisch frei. Ja, frei. Ungebunden. Kann machen, was ich will. Die ganze Welt steht mir offen. Und in meinem Kopf provoziert das genau eine große Frage: Was möchte ich eigentlich nach dem Abitur machen?

Mit jedem Monat, den das Abitur näher rückt, beschäftigt mich diese Frage mehr. Ich fange an, die Ideen in meinem Kopf zusammenzubasteln: Lacht mich nicht schon seit Jahren jenes fremde und ferne Südamerika an, das die Anden, tropischen Regenwald und herzliche Menschen beherbergen soll? Bin ich nicht jedes Mal beim Herumblättern im Atlas an einer Südamerika-Karte hängen geblieben? Hatte ich nicht genau deswegen als dritte Fremdsprache Spanisch statt Französisch gewählt? Ja, doch, so war es und so ist es: Ich will nach Südamerika! Aber ich möchte nicht ein Jahr an einem Ort verbringen. Stattdessen will ich diesen Kontinent selbstständig, frei und unabhängig kennenlernen. Mich von A nach B bewegen können, wann immer ich will. Ja, ich will Südamerika auf eigene Faust entdecken! Doch wie genau soll ich das anstellen? Und wie lange will ich überhaupt unterwegs sein?

Seitdem ich 16 Jahre alt bin, mache ich immer wieder Trekkingtouren in abgelegene Alpentäler. Auch dort bin ich stets mit einem Rucksack, bepackt mit allem Überlebensnotwendigen, unterwegs. Darum muss ich nicht lange überlegen. Das ist es! Ich werde mit einem Rucksack losziehen. Und mit meinem warmen Schlafsack kann ich ja auch praktisch überall nächtigen. Auf meiner Kursfahrt ans Veluwemeer treffe ich dann noch einen Mann, der mir workaway.info empfiehlt. Über diese und ähnliche Plattformen kann man auf der ganzen Welt für Kost und Logis arbeiten. Man verdient zwar kein Geld, aber man hat ja auch keine großen Ausgaben und vor allem einen Ort, an dem man mal durchatmen kann. Ankommen. Eine Pause machen vom ständigen Reisen. Klingt in meinen Ohren einfach perfekt.

Soweit die Gedanken. Doch wie komme ich nach Südamerika? Denn geflogen bin ich noch nie und ehrlich gesagt möchte ich es auch dieses Mal nicht tun. Warum sollte ich in wenigen Stunden auf die andere Seite des Planeten fliegen, nur um diesen zu entdecken? Was ist mit dem Weg dorthin? Und außerdem: Habe ich es eilig? Nein, das ginge mir viel zu schnell, schießt es mir durch den Kopf. Ich will die Distanz spüren. Langsam ankommen. Hinzu kommt, dass ich in Mainz aufgewachsen bin, wo tagtäglich die Flugzeuge drüber donnern. Außerdem ist die Ökobilanz eines Flugzeuges wirklich alles andere als lobenswert und ich möchte meinen ökologischen Fußabdruck so gering wie möglich halten! Nur, wenn ich nicht fliegen will, wie komme ich dann über den großen Teich? Mir kommt das Tramperlebnis aus dem April wieder in den Sinn. Wenn ich doch nur dorthin trampen könnte! Doch einen Landweg gibt es nicht. Autos werden mich wohl kaum dorthin bringen. Da ist einfach nur das Meer. Oder eben: die Luft. Der Luftweg ist aber ja schon ausgeschlossen. Also google ich „Per Anhalter über den Atlantik". Scheint ja doch möglich zu sein, freue ich mich, als Google mir die Suchergebnisse ausspuckt.

Ich lese von einem Mann, der selbst mal in die Karibik per Anhalter gesegelt ist. In die Karibik? In meinem Kopf rattert's. Das ist ja fast schon Südamerika! Und der gute Mann beschreibt sogar, wie es gehen soll: Man trampt einfach mit Segelbooten. Mit kleinen privaten Booten, so, als wären es schwimmende Autos. Und so kommt man dann von Insel zu Insel. Und wohl letztendlich auch über den gesamten großen Teich. Na also! Wenn er es in die Karibik schafft, dann schaff ich es auch nach Südamerika! Und damit ist die Idee geboren: Ich werde per Anhalter mit Segelbooten nach Südamerika reisen, Südamerika entdecken und weil es zu schön wäre auch noch gleich bis nach Feuerland trampen. Also bis an die Südspitze Südamerikas. Per Anhalter nach Feuerland.

Eigentlich easy, oder? Ich bin begeistert, recherchiere weiter, sammle Informationen. Und noch am selben Tag fange ich an, eine Packliste zu machen. Was muss eigentlich alles mit in den Rucksack? Für welche Eventualitäten sollte ich gewappnet sein? Was erwartet mich? Schnell stelle ich fest: Das ist wirklich schwer zu planen. Ehrlich gesagt, ich weiß es ganz und gar nicht. Malaria? Giftige Tiere? Würgeschlangen? Schnee und Eis? Wochen auf dem Meer? Seekrankheit ohne Ende? Hitze und Kälte zugleich? Mit welchen Extremen muss ich rechnen? Ich schaue mir Karten und Klimadiagramme der Regionen an, in die ich reisen möchte und merke: Ja, mich werden Kälte und Hitze erwarten, Berge und Meer, Wüste und Regenwald. Die volle Portion der Extreme. Na toll! Also einfach mal für alles gewappnet sein, denke ich und frage mich, wie das möglich sein soll. Und vor allem, wie all das in meinen Rucksack passen soll.

Auf einer Geburtstagsfeier im Februar 2016 bekomme ich schon mal einen Vorgeschmack auf die Reise und darauf, wie wichtig es ist, mit Leuten ins Gespräch zu kommen, ihnen zuzuhören und auch von sich selbst zu erzählen. Denn so lerne ich Anna kennen. Sie will nach Costa Rica. „Willst du nicht einfach mit mir kommen? Ich will nämlich auch in diese Richtung. Aber ich werde trampen, mit Segelbooten über den Atlantik." Die zuerst ungläubig dreinblickenden Augen wirken schnell begeistert. Überrascht. Neugierig. „Ja, ich hätte voll Lust!" Anna ist dabei. Perfekt! Ich freue mich. Bald legen wir den 4. Oktober 2016 als Startdatum fest. Dann wird gepackt. Monatelang. Nach und nach optimiere ich meine Packliste. Dann noch eine Impfung gegen Hepatitis A und eine gegen Gelbfieber, denn diese ist in manchen Gebieten obligatorisch, und dann geht es in ganz großen Schritten auf den 4. Oktober zu.

Wenn ich Freunden und Bekannten von meinem Plan erzähle, ernte ich nur zweifelnde Blicke. „Aber was ist, wenn du gar kein Boot findest? Was machst du dann?", „Was ist dein Plan B?", „Und wie findet man denn bitte so ein Boot?", „Wie lange willst du überhaupt unterwegs sein?", „Und was ist, wenn du ausgeraubt wirst?", „Hast du überhaupt genügend Geld?", „Was machst du, wenn du dich plötzlich mit Anna nicht mehr verträgst?", „Was passiert, wenn du krank wirst?", „Ist Südamerika nicht mega gefährlich?" Fragen über Fragen, auf die ich keine Antworten habe. „Keine Ahnung", sage ich dann. „Du bist doch naiv!" Mir wird der Spiegel vorgehalten. Und meine

Freundin sagt zu mir: „Du bist doch verrückt! Du hast einen planlosen Plan!" Ja, das ist es! Danke! Endlich verstehe ich. Ich kann gar nicht planen, ich kann nur träumen. Warum soll ich mir auch ewig den Kopf über Dinge zerbrechen, die noch – sowohl geografisch als auch zeitlich – so fern liegen?

Von nun an träume ich, anstatt zu planen. Auf die Frage meiner Mama, wie lange ich denn unterwegs sein will, antworte ich ganz lapidar: „Zehn Monate. Dann komme ich wieder. Einfach mal nach Feuerland und wieder zurück." Warum genau zehn Monate? Keine Ahnung. Aber es fühlt sich gut an, einen Zeitrahmen abgesteckt zu haben, auch wenn ich wirklich keine Ahnung habe, was zehn Monate Reisen bedeutet.

Früh fange ich an, meinen Eltern deutlich zu machen, dass mein bisher größter Lebenstraum vor der Tür steht. Und vor allem, dass ich das ganz dringende Bedürfnis verspüre, diesen Traum zu leben, ihn am Kragen zu packen, nicht länger warten zu lassen. Meine Eltern haben Verständnis. Ich erfahre Rückenstärkung. Statt Sorgen geben sie mir Mut mit auf den Weg. Sie geben mir ihren Segen und lassen mich in ihrem Vertrauen ziehen. Eine wundervolle Gewissheit.

Im Juli dann halte ich das Abiturzeugnis in den Händen. In meinem Bauch kribbelt's. Jetzt wird es langsam ernst. Der Countdown läuft. Bald wird diese naive Idee greifbar werden. Und mit einem Mal scheinen sich die Zeiger der Uhr schneller zu drehen. Noch einmal optimiere ich die Packliste, überlege, was kann ich vielleicht doch noch dalassen? Habe ich noch etwas vergessen? Wie sieht es mit meinen finanziellen Mitteln aus? Ich meine, für Transport und Unterkunft dürfte ich ja kein Geld brauchen. Ich werde trampen und auf der Straße oder in der Natur schlafen. Je nachdem, wo ich halt am Abend ankommen werde. Nur eben nicht in Hostels, Hotels oder Herbergen. Aber für etwas Essen müsste ich ja schon Geld mitnehmen. Ich blicke auf meinen Kontostand: Etwa 700 Euro für zehn Monate. Das muss reichen. Mehr habe ich halt nicht. Eine Freundin, die auch nach Mittelamerika will, guckt mich etwas irritiert an. „700 Euro? Also ich würde mal mindestens 2000, eher 3000 Euro für ein Jahr rechnen." Ich lache. Mir ist das Geld irgendwie nicht wichtig. Ich spüre, dass ich einen anderen Weg finden werde. Einen weniger materiellen. Es wird sich schon ein Weg zeigen, der mich zu meinem Traum führt. Mir geht es nicht darum, luxuriös oder besonders komfortabel zu leben und zu reisen. Nein, wirklich nicht. Ich schließe sogar ganz bewusst die Tür des Komforts, um zu schauen, welche neuen Türen sich öffnen werden.

Freitags feiere ich dann noch eine Abschiedsparty, sage meinen Freunden Auf Wiedersehen, dienstags soll es losgehen. Endgültig. Mit oder ohne Boot. Ich habe in den vergangenen Wochen über das deutschsprachige Forum „Hand gegen Koje" bereits Ausschau nach einem Segelboot Richtung Südamerika gehalten und tatsächlich einen Kapitän gefunden, der auf die Kanarischen Inseln segeln würde. Dort befindet sich so etwas ähnliches wie ein Drehkreuz, ein Knotenpunkt. Wer auf die andere Seite des großen Teiches will, macht hier noch mal Halt. Es ist also ein strategisch guter Ort, um ein Boot für die Weiterreise zu finden.

Es ist Samstag. Nur noch drei Tage bis zur Abfahrt. Plötzlich klingelt das Telefon. „Moin! Bernhard hier." Bernhard? Ich versuche, ihn gedanklich zuzuordnen. Wer war das noch gleich? „Ich nehme euch mit!" Ach was! Jetzt machts Klick. Klar, Bernhard, der österreichische Kapitän, der Richtung Kanaren unterwegs ist. „Hi Bernhard! Was hast du gerade gesagt?" Ich bin mir nicht sicher, ob ich ihn gerade richtig verstanden habe. „Ich habe mich für euch entschieden. Für Anna und dich", wiederholt der 55-Jährige. „Waaas?! Das ist ja unglaublich! Vielen, vielen lieben Dank!" Ich raste vor Freude aus. „Das ist ja Wahnsinn! Großartig! Danke!" Sobald ich aufgelegt habe, renne ich im gesamten Haus hoch und runter, bis es wirklich jeder kapiert hat: Anna und ich haben ein Boot! Und das, noch bevor die Reise überhaupt begonnen hat. Anfängerglück? Wir freuen uns auf jeden Fall riesig! Am 7. Oktober wollen wir uns bei Calpe/Alicante im Hafen treffen. So haben wir also drei Tage Zeit, um von Mainz nach Spanien zu trampen. Etwa 1300 Kilometer. Sollte passen!

Unterwegs ins Abenteuer

ES WAR KEINE FREMDE, SONDERN EINE NEUE WELT. SCHLIEẞLICH WAR ES GENAU DAS, WAS ER IMMER GEWOLLT HATTE: NEUE WELTEN KENNENLERNEN.
Paulo Coelho

Es ist noch dunkel, als Mama, Papa, meine Schwester und mein kleiner Bruder gemeinsam mit mir das Haus verlassen. Es ist der 4. Oktober 2016. Wir fahren zu Anna. Gleich geht die Reise los, ich bin angespannt. Dann machen wir ein letztes Familienfoto, drücken uns noch mal ganz fest und Papa zeichnet mir wie gewohnt ein Kreuz auf die Stirn. „Gott segne und beschütze dich."

Annas Vater fährt uns noch auf den Rasthof bei Grünstadt, dann sind wir auf uns allein gestellt. Nun liegt es ganz in unserer Hand, wo uns die Reise hinführt.

Rasanter Ritt ans Meer

**VERGISS NIE, DASS ALLES EIN GANZES IST.
VERGISS DIE SPRACHE DER ZEICHEN NICHT.
UND VOR ALLEM VERGISS NICHT,
DEINEN PERSÖNLICHEN LEBENSWEG ZU GEHEN.**
Paulo Coelho

Von Zuhause habe ich eine Pappe und Eddings mitgebracht. Bereits im ersten Auto, sprich, bei Annas Vater, lasse ich die noch leere Pappe zu einem wegweisenden Schild werden. Es wird mich zukünftig immer wieder an meinen großen Traum erinnern. „-> SPAIN -> CHILE“ male ich in großen Buchstaben darauf. Und damit ist mein Ziel klar: Nach Chile soll es gehen. Falls du dich jetzt fragst: „Hä? Wollte der nicht nach Feuerland?“, kann ich Folgendes antworten: „Stimmt, und tatsächlich gehört ein Teil Feuerlands zu Chile.“ Hinzu kommt, dass Chile so einen wunderbar kurzen Namen hat, der natürlich viel besser auf die Pappe passt als Feuerland. Und außerdem zieht mich Chile irgendwie so unbeschreiblich an. Strahlt so eine ganz eigene, starke Magie auf mich aus. Warum? Das weiß ich auch nicht. Ich habe herzlich wenig Ahnung von diesem Land, doch ja, es zieht mich nahezu magnetisch an. Glücklicherweise habe ich zu einer besonders robusten Pappe gegriffen. Ein Umstand, der sich später noch auszahlen wird.

Hoch motiviert und voller Reiselust trampen Anna und ich an jenem Dienstag über die französische Grenze gen Süden. Mit dabei meine 30 Kilo schwere Ausrüstung, die sich auf eine acht Kilo schwere Reisetasche und einen 78-Liter-Trekkingrucksack verteilen. Ich wiege zwar selbst nur etwa 57 Kilo, aber was solls. Wo ein Wille, da ein Weg!

10 Monate – 1 Vision, lautet mein erster Tagebucheintrag. Von nun an habe ich nur noch Chile im Kopf und es kann mir gar nicht schnell genug gehen. Ich will einfach dort ankommen. Doch eins ist

gesetzt: Ich reise ausschließlich per Anhalter! Und dementsprechend geben wir halt beim Trampen Gas. Ja, das funktioniert. Man kann schnell oder langsam trampen. Etwas südlich von Dijon sprechen wir einen Mann mit Kölner Autokennzeichen an. „Fährst du gen Süden?“, fragt Anna. „Was heißt denn ‚gen Süden‘?“, erwidert der Kölner. „Naja, wir wollen nach Spanien“, lächelt Anna. „Hmmm … Joa, also gut. Ausnahmsweise.“ So richtig begeistert wirkt er zwar nicht, aber dafür nimmt er uns doch ganz schön weit mit. Mal eben sechs Stunden lang. Das sind über 600 Kilometer. Dankeschön!

Es ist 20 Uhr, als uns nur noch 1,5 Stunden Autofahrt bis zur spanischen Grenze fehlen. Wir stehen auf einer Raststätte. Ein Schweizer Pärchen hat uns bis hierher mitgenommen. Das Pärchen schläft in ihrem Kleinbus, Anna und ich in der Hängematte am Rand der Raststätte. Sie wollen uns morgen mit nach Spanien nehmen. Großartig! Aber nur, wenn wir nicht verschlafen. Denn um 4.15 Uhr geht es schon wieder weiter. Und noch mal gute 600 Kilometer gen Süden. Nach noch nicht einmal 24 Stunden Trampen sind Anna und ich bereits in Spanien. Rasant, würde ich sagen. Eigentlich zu rasant. Wir haben ja drei Tage Zeit für diese Strecke.

Wieder stehen wir auf einer Raststätte. „Lass uns mal schauen, ob wir hier nicht einfach bleiben können“, sage ich hoffnungsvoll zu Anna. „Also Strom gibt’s hier“, stellt sie freudig fest, „und WLAN scheinbar auch!“ Diese Argumente reichen uns. Zwischen Autobahn und Autobahnauffahrt, an der Spitze der Raststätte, spannen wir inmitten von Palmen unsere Hängematten auf. Das hat ja fast schon Karibikcharakter. Nur den Straßenlärm sollte man ausblenden. Wir bleiben zwei Nächte an diesem „idyllischen“ Ort.

Dann trampen wir am 7.Oktober noch das letzte Stück nach Benidorm/Calpe, wo wir unseren ersten Kapitän treffen werden. Nämlich Bernhard, geborener Österreicher und selbsternannter „Crazy Captain“. Na, das kann ja lustig werden. „Bist du auch ein bisschen aufgeregt?“, fragt mich Anna, als wir zum Boot laufen. „Oh ja!

Schon! Mal schauen, was uns erwartet." Dann erblicken wir „unser" Boot. Zumindest für die kommenden fünf Wochen wird es unser zukünftiges Gefährt und Zuhause sein. Es ist zehn Meter lang, heißt „Safira" und ist ein Stahlboot. Robust und etwas rostig. Neben Bernhard ist auch Stefan mit an Bord. Er ist ein Freund von Bernhards Sohn und wandert eigentlich zurzeit quer durch Europa. Zu Fuß. Jetzt macht er halt mal eine kleine Pause und begleitet Bernhard für ein paar Wochen. Bernhard ist in der Türkei gestartet und segelt nun durchs gesamte Mittelmeer Richtung Kanaren. Und genau da wollen wir auch hin!

An Bord werden wir täglich einen kleinen Betrag in eine sogenannte Bordkasse einzahlen, da durch die vielen Häfen und das Essen ja doch einige Kosten entstehen. Ansonsten habe ich mir vorgenommen, Bernhard am Ende noch ein kleines Filmchen über die gemeinsame Segelreise zusammenzuschneiden, und das wir helfen werden, wo immer wir können, versteht sich praktisch von selbst. Es heißt ja nicht umsonst: „Hand gegen Koje".

Es ist der erste Abend an Bord, als ich folgende Zeilen in meinem Tagebuch notiere. Durchatme. Alles sacken lasse.

Irgendwann abends.
So schön. So atmosphärisch. So besonders. So eigen.
Schwingungen.
Wellen.
Wellen der Freude,
der Freunde,
des Bootes – unserem Treffpunkt – unserem Wohnzimmer.
So schön.
Leise Musik im Hintergrund.
Das Plätschern, vielmehr ein Rauschen des Meeres im Stereosound.
Egal, wohin ich höre.

Ich bin wahrlich von Freude erfüllt! Nachts wache ich um 4 Uhr auf und notiere abermals: *so schön.*

Leinen los

DIE VERGANGENHEIT IST GESCHICHTE, DIE GEGENWART GESCHENK UND DIE ZUKUNFT ÜBERRASCHUNG.
Unbekannt

Am 9. Oktober geht es dann endlich so richtig los. Ehrlich gesagt bin ich bisher noch nie wirklich gesegelt, zumindest nicht auf hoher See. Zwar habe ich mal innerhalb einer Woche einen kleinen Katamaran-Segelschein gemacht, um über das brusttiefe Meer in den Niederlanden zu sausen, aber das hier ist doch eine ganz andere Nummer. Und auch sonst bin ich eher der, der auf Berggipfel steigt und die Wälder liebt, als am Meer zu verweilen. Klingt das nicht fast schon etwas zu ironisch, dass ich nun die Segelboote als Mittel und das Meer als Weg gewählt habe? Tja, eine andere Wahl hatte ich ja nicht. Und außerdem: Für Neues und ein bisschen Abenteuer bin ich doch immer zu haben. Neuland entdecken und den Horizont erweitern – das wollte ich doch! Also ist es vielleicht sogar genau das Richtige. Und so beginnt der erste Segeltag.

„Uiuiuiuiuiui!", murmelt Bernhard etwas enttäuscht vor sich hin. „So gut wie gar kein Wind eigentlich." Das geht doch ruhig los. Langsam treiben wir entlang der spanischen Mittelmeerküste. Dass wir am zweiten Tag gleich mal stürmische See haben werden, ahnen wir noch nicht. Dass mir speiübel werden wird auch nicht. Ein gelungener Start! Wir haben hier unter Deck aber auch eine wirklich herrliche Geruchskombination: Motorgerüche kombiniert mit totem Fisch. Das beißt. Insbesondere in der Magengegend. Dazu das fröhliche Geschaukel – willkommen auf See! Die Wellen im Mittelmeer sind übrigens besonders tückisch, da sie sehr kurz sind. So wird das Boot schneller hin- und hergeworfen, während man auf dem Atlantik meist sehr lange Wellen hat, die etwas magenschonender sind.

Doch die Entlohnung lässt nicht lange auf sich warten: Nach ein paar weiteren stürmischen Tagen genießen wir einen ganz besonders schönen Sonnenuntergang und ich entdecke zum ersten Mal Delfine in freier Wildbahn. Traumhaft. Wie die sich ums Boot winden, abtauchen, dann wieder aus dem Wasser springen. Verspielte Gesellen.

Das Leben an Bord der „Safira“ ist bester Laune: Wir singen, tanzen, machen Musik, kochen und liegen in der Sonne. Es vergehen nur wenige Tage, dann frage ich Bernhard: „Darf ich meine Hängematte an den Schlagbaum hängen?“ Der Schlagbaum ist die Stange unterhalb des Großsegels und der einzige mir ersichtliche Platz für die Hängematte. Doch Bernhard schüttelt reflexartig den Kopf und verschwindet unter Deck. Dacht‘ ich mir doch. Schade! Wäre ja auch zu witzig gewesen! Wenige Minuten später kommt Bernhard wieder raus. Er schaut mich mit großen Augen an und meint fröhlich: „Naja, eigentlich liebe ich ja verrückte Ideen, also mach schon!“ Ich lache und mache mich gleich ans Aufhängen. Ja, so liebe ich unseren „Crazy Captain“! Und schwupp, verschwinde ich in meiner Hängematte und lasse über der Reling baumelnd den Tag ausklingen. Ein Träumchen! Das ist doch ein Träumchen! Ich freue mich und blicke aufs dunkelblaue Meer.

Wenn wir nicht gerade in der Sonne liegen oder in der Hängematte baumeln, kochen wir, machen den Einkauf, sobald wir irgendwo anlegen, halten Nachtwachen und klar, beim Segelhissen freut sich Bernhard auch über jede helfende Hand!

Für mich ist diese Zeit auch ein kulinarisches Experiment: Schon lange liebäugle ich mit der veganen Ernährung. In diversen Fastenzeitexperimenten habe ich mich eigentlich bereits selbst überzeugt. Dennoch: Wie das nun mal mit einer Gewohnheit wie dem Essen ist, fiel mir eine radikale Umstellung bisher doch sehr schwer. Für diese Reise habe ich ein paar Rezepte aus einem veganen Kochbuch eingepackt. Und nun stehe ich auf der „Safira“ plötzlich in der Küche und habe Zeit zum Experimentieren. Zum Ausprobieren. Zum einfach mal Machen. In den ersten zwei Tagen in der Bucht von Calpe habe ich Fisch in allen Formen verzehrt. Sei es gebraten, roh, gekocht, paniert – ganz egal. Es war auch echt lecker. Aber nach zwei Tagen hat mein Magen rebelliert. Und da Anna auch schon immer mal ausprobieren wollte, sich vegan zu ernähren, nehmen wir den Fischüberfluss zum Anlass. Nur Käse, ein ganz bisschen Fisch und Honig will ich noch als Ausnahme gelten lassen. Vorerst.

So segeln wir munter von Hafen zu Hafen. Ich nutze die Zeit auch, um meinen ersten Videoblog (VLOG) zu schneiden, den ich für Freunde, Familie und alle, die diese Reise verfolgen wollen, auf YouTube veröffentliche. So wissen auch meine Eltern, was ich so erlebe, und dass es mir – mal abgesehen von ein bisschen Seekrankheit – hier wirklich blendend geht. Ganz bewusst bin ich ohne Handy in dieses Abenteuer gestartet. Dass ich mich nicht täglich zu Hause melden würde, war also von vornherein klar. Denn meine Eltern haben meinen Geschwistern und mir schon früh eine sehr wertvolle „Regel" mit auf den Weg gegeben: „Wenn wir nichts von euch hören, geht es euch gut. Und wenn irgendetwas Schlimmes passiert, werden wir schon von euch hören." So war ich damals schon auf Klassenfahrten und wusste getrost, meine Eltern machen sich keine Sorgen. Ganz im Gegenteil: Sie wissen sogar, dass es mir gut geht. Wie wundervoll entspannend! Und genau diese Abmachung gilt auch jetzt.

Am zehnten Tag der Reise skype ich dann zum ersten Mal mit meiner Mama und meinem neunjährigen Bruder. „Ich bin so einsam!", wirft er mir plötzlich entgegen. Krass. Autsch! Tut mir leid. Es läuft mir eiskalt den Rücken runter. Ja, ich bin nun weg, weg vom Leben in der Heimat. Und das sicherlich auch erstmal für eine ganze Weile. Mir wird nun ganz deutlich bewusst (gemacht), wie sehr ich vermisst werde. Doch gleichzeitig notiere ich nur einen Tag später: Momentan bin ich am Überlegen, die Reise auf eine Weltumrundung per Anhalter auszudehnen. Ich bin gespannt! Irgendwie merkwürdig. Kontrovers. Doch ich bin voll in meinem Abenteuer drin. Ich lebe jetzt den Traum, auf den ich so lange hingelebt und hingefiebert habe. Vielleicht habe ich deswegen gerade nur das eine im Kopf: per Anhalter durch die Welt zu reisen.

Wir segeln entlang der spanischen Küste weiter gen Atlantik. Eines Nachts während meiner Nachtwache erlebe ich den bisher magischsten Moment der Reise: Während ich so nichts ahnend über die Reling ins dunkle Wasser pinkle, erscheinen plötzlich große Gestalten unter mir. Sind das schon wieder Delfine? Ich schaue genauer hin, versuche mehr zu erkennen. Glücklicherweise strahlt der Mond ziemlich hell, denn wir haben Vollmond. Dann erkenne ich sie. Wow! Das sind ja wirklich Delfine! Sie tauchen auf und wieder ab. Vier dieser eleganten Wesen tanzen regelrecht um die Bugspitze. Ist das jetzt Zufall oder habe ich die irgendwie angelockt? Ich muss schmunzeln und schaue dem Schauspiel begeistert zu. Welch wundervolle Begegnung! Mir fehlen die Worte. Zu mystisch ist die ganze Szenerie.

So wie in diesem Moment komme ich in diesen Tagen immer wieder an den Punkt, das Gefühl zu haben, all dies sei nicht real. Es fühlt sich schlicht und ergreifend so an, als würde ich es nur träumen, gar nicht in Wirklichkeit erleben. Als wäre alles so fern, vielleicht auf einem anderen Planeten. Und neben diesen magischen, ja mystischen Momenten, ist diese Reise für mich auch eine Art „Schule des Lebens". Klingt vielleicht etwas bescheuert, aber da auf so einem Segelboot stets neue, sich eigentlich fremde Menschen zusammenkommen und dann von heute auf morgen 24 Stunden täglich gut miteinander auskommen wollen, braucht es entsprechendes Entgegenkommen von allen Seiten. So darf ich mich in Vertrauen, Offenheit, Optimismus, Flexibilität, Geduld und Lösungsorientierung üben. Ich sehe es als großes Geschenk und darf es besonders in den kommenden Wochen vermehrt leben.

Während wir Stefan ein paar Häfen zuvor von Bord lassen, steigt in Malaga nun Jürgen zu. Jürgen ist Ende 40, kommt aus der Berufsschifffahrt und möchte auf der „Safira" Urlaub machen. Zusammen wollen wir auf die Kanarischen Inseln segeln. Das Gute ist, dass Jürgen viel Erfahrung hat. Das Schlechte hingegen, dass der Hamburger leider irgendwie so ein deutscher Deutscher ist: eher misstrauisch und pessimistisch, Fleisch-, Ei- und Käseliebend und ein Klugscheißer obendrein. Ein gewagter Kontrast zu Anna und mir. Doch was solls?! Zwei Wochen werden wir mindestens zusammen verbringen. Das sollte genügend Zeit sein, um zusammenzuwachsen, irgendwie ein Miteinander zu erlernen. Und genug Zeit, sich auf seine Stärken zu konzentrieren. Also: Leinen los!

Tag 15. Irgendwann kurz nach 15 Uhr, irgendwo zwischen Malaga und Gibraltar. Das Blau der letzten Tage hat sich in ein Grau verwandelt. Das Blister, also das Vorsegel, treibt uns mit knappen drei Knoten, was noch nicht einmal sechs km/h sind, langsam gen Westen voran. Ich sitze an meinem Lieblingsplatz, in der Hängematte. Wieder einmal baumle ich fröhlich über der Reling hin und her, lasse mich treiben. Ein simples Leben. Was für jeden Sicherheitsliebenden ein Albtraum ist, ist für mich ein Träumchen. Und wie ich so in meinem kleinen Reich sitze, schiebt sich ein Kopf mit 'nem Bernhard dran aus dem Cockpit hervor. „Probier mal!" Er hält mir ein Stück Baguette, bestrichen mit Guacamole und verziert mit einem Petersilienblatt, hin. „Vielen Dank!", freue ich mich über den Service. Tja, der weiß wirklich, wie man mir eine Freude macht.

Am nächsten Tag stehe ich am Steuer, habe das Ruder fest in der Hand. Die Wellen werfen uns hin und her und mit neun Knoten queren wir die

Straße von Gibraltar. Es geht geradewegs aufs afrikanische Festland zu. Es ist nicht mehr weit bis nach Marokko. Die Straße von Gibraltar ist das Nadelöhr zwischen Mittelmeer und Atlantik und dementsprechend wollen hier einige Boote hindurch. Es ist eine regelrechte Schiffsautobahn. Ein Frachter nach dem anderen passiert diese Meerenge und dazwischen die Segler, die neben den riesigen Containerschiffen so klein, verletzlich und instabil wirken. Ein Spiel mit den Giganten. Und wehe, der Segler weicht nicht aus. Auch wir zittern ein wenig, bis wir endlich die Straße passiert haben. Wie gut, dass wir heute so gute Wetterbedingungen haben und fast 17 km/h zurücklegen können. So lassen wir geschwind die Meerenge hinter uns und erblicken vor uns den unendlich wirkenden Ozean: den Atlantik!

Diesmal begleiten uns nicht nur Delfine, sondern auch einige Segler. Denn es ist Herbst und in Mitteleuropa wird es zunehmend kälter, doch auf den Kanaren, die auf Höhe der Sahara liegen, bleibt es auch im Winter recht warm. Für einige Segler Grund genug, sich auf den Weg gen Süden zu begeben. Außerdem beginnt so allmählich auch die Saison der Atlantiküberquerungen. Anna und ich haben also rein theoretisch die perfekte Zeit abgepasst.

Wieder einmal fällt mir auf, was diese Reise ausmacht: wenig Planen, viel Erfahren! Wir probieren aus, müssen die Dinge nicht im Voraus wissen. Nicht kennen. Anna kannte ich vor der Reise auch nicht wirklich. Sie machte einfach einen offenen, sympathischen Eindruck auf mich, und das reichte aus, um sie zur gemeinsamen Reise einzuladen. Ich würde sagen: Volltreffer, ohne dass ich das so geplant hätte.

Wenn wir schon mal da sind – Zwischenstopp in Afrika

Eine leichte Brise geht. Es ist relativ kühl. Gut eingepackt sitze ich an Deck und halte Wache, während die anderen schlafen. Noch ist es dunkel. Wir segeln entlang der marokkanischen Küste gen Süden. Eigentlich ist es sehr ruhig hier, doch plötzlich kommt ein Fischkutter ziemlich schnell näher. Sehr spät erst erkenne ich, dass dieser Kutter direkt auf uns und wir auf ihn zufahren. Anspannung macht sich in mir breit. Während die anderen nichtsahnend tief und fest schlafend in der Koje liegen, hängt plötzlich alles an mir. Ich muss handeln, uns sicher um diesen Kutter manövrieren. Ich wähle 10 Grad Backbord, sprich nach links, habe aber eigentlich keine Ahnung, wie man sich richtig verhalten muss. Naja, Hauptsache ausweichen. Während die

„Safira“ einen kleinen Schlenker macht, antwortet der Kutter mit interessanten Lichtzeichen: einem dreifachen Blinken, oder war es gerade doch ein vierfaches Blinken? Soll das „Hilfe!“, „Achtung!“ oder „Danke!“ heißen? Bestimmt will er sich für das Ausweichmanöver bedanken, rede ich mir ein, beziehungsweise, hoffe ich mal. Denn gerade noch so hat die „Safira“ die Kurve gekriegt. Puh, das war knapp! Ich atme erleichtert durch. Dieses Manöver ist geschafft.

Langsam verschwindet der Kutter wieder in der Dunkelheit. Endlich mal Abenteuer bei der Nachtwache!, scherze ich, nachdem ich mich von dem kleinen Schreck erholt habe und erinnere mich, dass ich bereits zweimal bei meiner Nachtwache eingeschlafen bin. Diesmal wäre es womöglich ziemlich verhängnisvoll ausgegangen. Aber du meinst es gut mit mir, oder?, zwinkere ich gen Himmel.

6.57 Uhr. Bald geht die Sonne auf. Die Sterne verschwinden langsam. Doch noch ist es dunkel. Was ist das dort vorne? Wieder ein Kutter? Ich blicke genauer hin, bin aufmerksam. Und ja, wieder ist es ein Kutter. Wieder fahren wir zunächst voll auf einander zu, und wieder erscheint ein dreifaches Blinken. Erneut lenke ich 10 Grad Backbord. Und wieder passieren wir souverän das entgegenkommende Boot. Easy!, freue ich mich. Fühlt sich ja fast schon routiniert an! Dennoch, spannend ist es jedes Mal aufs Neue. Und dann denke ich mit ein wenig Wehmut an meine Familie und meine Freunde. Ich hätte sie am liebsten alle bei mir, damit sie auch solche kleinen Abenteuer erleben dürften. Ich blicke gerne zurück. Auch wenn ich sie gerade hinter mir gelassen habe, haben sie mich geprägt und machen mir möglich, meinen Weg zu gehen. Welch großes Glück!

Nur acht Minuten später ziehen mich die ersten Farben des Sonnenaufgangs in ihren Bann. Und es wird immer magischer. Rot- und Gelbtöne spiegeln sich in den ruhigen Wellen wider. Wir sind auf der Höhe von Afrika. Der Motor brummt, doch meine Aufmerksamkeit richtet sich jetzt ganz allein auf den neuen Tag, der gerade anbricht. Minute für Minute, Moment für Moment. Es wirkt, als würde sich der neue Tag regelrecht entpuppen, aus seinem Kokon schlüpfen. Langsam, ganz langsam aber beständig, entfaltet sich eine neue, einzigartige Schönheit.

Mich erfüllt Dankbarkeit, all dies erleben zu dürfen und so versuche ich, meine Empfindungen in Kunst auszudrücken. Ich lege die Kamera an, doch vielleicht ist der Augenblick zu schön, zu besonders, zu magisch, um ihn auf ein Foto zu bannen. Vielleicht.

Als die anderen aufwachen, ist der neue Tag schon lange angebrochen. Sie haben von jener Magie wohl nichts mitbekommen. Wir genießen ein leckeres Frühstück zusammen, während dem ich mich leider noch mit irgendwelchen zynischen Bemerkungen von Jürgen herumärgern muss. Dann falle ich in einen tiefen, dreistündigen Schlaf. Es sind die Nachtwachen, die ich beim Segeln so sehr genieße. Dann gibt es kein nerviges Gelaber, keine blöden Kommentare. Es herrscht Frieden, tiefe, ungestörte Ruhe.

Afrika liegt nun vor uns im dichten Nebel. Das Festland können wir noch nicht sehen, doch uns strömen schon erste Gerüche vom Festland entgegen. Weit kann es nicht mehr sein. Und die Vorfreude wächst.

Gegen Nachmittag laufen wir dann in den Hafen der marokkanischen Hauptstadt Rabat ein. Kaum angekommen, ertönen Klänge, die afrikanischer nicht sein könnten: Trommelschläge. Wild und laut, aber rhythmisch. „Lass uns die Trommler mal suchen!“, rufe ich Anna zu. Auch sie kann es kaum abwarten, diesen neuen Kontinent ein Stück weit zu entdecken. Sobald die Einreisebehörde meinem Reisepass seinen allerersten Stempel verpasst hat, machen wir uns auf die Suche. Ich habe Europa bislang noch nie verlassen. Jetzt steht uns eine neue, ganz andere Welt bevor. Als wir das eingezäunte Hafengelände verlassen wollen, warnt uns der Wachmann noch im Vorbei-

gehen: „Passt auf! Hier ist es gefährlich. Wohin wollt ihr denn?" „Nur zur Musik.", antworten wir etwas kleinlaut. Gefährlich oder nicht, wir gehen trotzdem! Zu verlockend sind die wilden, afrikanischen Klänge der Trommelgruppe. Wir laufen nicht lange, dann finden wir sie unter einer Brücke. Dort, wo es am besten schallt, üben sie. Ich lache. Gewieft! So wird man gehört! Doch sie trommeln nicht nur so wild und so laut sie nur können, nein, sie tanzen, springen und drehen sich im Kreis. Permanent. Stundenlang. Beeindruckend! Willkommen in Afrika!

Und wieder fühlt es sich so unglaublich utopisch an. Wollte ich nicht nach Südamerika? Jetzt stehe ich in Afrika. Verkehrte Welt? Ist alles nur ein Traum? Irgendwie weder noch.

Wir bleiben sechs Tage im Hafen. So haben Anna und ich Zeit, Rabat etwas besser kennenzulernen. Besonders spannend finde ich das Straßenleben hierzulande: Sobald eine Ampel auf Grün umspringt, setzt ein Hupkonzert ein. Gefühlt alle Autos, die nicht gerade in erster Reihe stehen, drücken gleichzeitig auf die Hupe. Und das, noch bevor das erste Auto überhaupt eine Chance hat loszufahren. Faszinierend. Und an keinem anderen Ort dieser Welt habe ich so viele so geübte Autofahrer getroffen, die so perfekt die Kupplung am Steilhang kommen lassen können. Ob das durch den akustischen Druck der anderen kommt? Ich weiß es nicht.

Als Fußgänger sollte man in der Hauptstadt allerdings auch geübt sein. Als Anna und ich die Straße überqueren wollen, stehen wir etwas ratlos am Rand. Wir stehen mittlerweile bestimmt schon fünf Minuten da und kommen partout nicht über die Straße. Autos und Mopeds ohne Ende. Es gibt einfach keine Lücke. „Wie machen das denn die Einheimischen?", fragt mich Anna. „Gute Idee! Lass uns einfach mal schauen, wie die das machen." Wir beobachten die einheimischen Spaziergänger. Kurze Zeit später erreichen wir rennend die andere Straßenseite. Das Geheimnis ist also: Renne so schnell du kannst. Alles klar! Weiter geht es über den Gehweg, der von unzähligen Menschen und ihren Verkaufsständen bevölkert wird: Popcorn, Zuckerrohr, Orangensaft – ganz egal was, Hauptsache süß.

„Fällt dir das auch auf?", frage ich Anna, während ich auf den Müll auf dem Weg deute. „Oh ja! Ist ganz schön viel hier!" Auch Anna wirkt nicht gerade begeistert. „Hast du mal eine Mülltonne oder einen Mülleimer gesehen?" Wir schauen uns um, können aber weit und breit nichts entdecken.

Kein Wunder, wenn dann die Menschen ihren Müll einfach so irgendwohin werfen. Wir laufen weiter. Männer pinkeln an den Straßenrand. Hier geht es wirklich drunter und drüber.

Dann gelangen wir in die Altstadt. Hier gibt es eine Einkaufsstraße der ganz besonderen Art. Denn diese „Straße“ besteht aus schmalen, verwinkelten, alten, steinernen Gassen mit vielen kleinen Läden. Teppiche, Gewürze, Handgefertigtes aus Ton, aus Stoff oder Holz, Zuckerrohr in ganzen Stangen, Teekannen, Trikots, Tücher und, und, und – hier wird alles Mögliche angeboten, und das in und vor den winzigen Läden. Sie sind von oben bis unten vollgestopft. Manchmal entdecken wir erst auf den zweiten Blick den Verkäufer. Es ist eine verrückte Mischung aus beißenden Gerüchen und bunten Kleidern. Für unsere noch zarten Sinne erst einmal etwas überfordernd. Wir halten inne, versuchen zu realisieren, wo wir sind. Das Motorengeräusch eines herannahenden Mopeds dringt in mein Ohr. Ziemlich schnell schlängelt es sich durch die engen Kopfsteinpflastergassen. Fix gehen wir hinter einem Kleiderständer in Deckung.

Später treffen wir einen Marokkaner, der uns gerne seine Stadt zeigen würde. Glücklicherweise spricht er auch Spanisch. Auch wenn mein Spanisch noch lange nicht besonders gut ist, irgendwie hilfts trotzdem. Dazu spricht Anna Französisch, was in Marokko auch sehr praktisch ist, denn hierzulande spricht man sowohl Arabisch als auch Französisch. Wir verabreden uns für den nächsten Tag. „Können wir das wirklich machen?“ Anna hat Zweifel. „Naja, wird schon gut gehen.“ Ich höre auf mein Bauchgefühl. Ein Gefühl, auf das ich mich im Laufe der Reise noch häufig verlassen werde. Es fühlt sich richtig an. Am nächsten Tag treffen wir den sehr freundlichen

Faisal und er nimmt uns praktisch per Anhalter mit seinem Auto mit durch Rabat. So schnell kann man unter Einheimische kommen. So gefällt uns das: Wir trinken gemeinsam Pfefferminztee, das Getränk, das man hier den ganzen Tag über trinkt, lachen viel und lernen die Stadt noch mal aus einer anderen Perspektive kennen. Das ist Nordafrika. Wir spüren sehr wohl die Nähe zu Europa, aber eben auch, dass wir auf einem ganz anderen Kontinent gelandet sind.

Als die vom Atlantik in die Hafeneinfahrt hereinbrechenden Wellen abnehmen, geht die Reise mit dem Segelboot weiter. Eine komplette Woche haben wir nun auf etwas ruhigere Wellen gewartet, denn sonst ist ein Verlassen des Hafens praktisch unmöglich. Der Drogenspürhund schnüffelt einmal durch alle Winkel unseres Bootes, dann bekommen wir unseren Ausreisestempel und fahren geradewegs auf die Kanarischen Inseln zu.

Das erste große Zweifeln

Auch wenn die Wellen etwas abgenommen haben, sind sie doch noch immer sehr gut spürbar. Das Boot schaukelt hin und her. Vergangene Nacht habe ich einen VLOG geschnitten und dadurch gar nicht geschlafen. Und gegessen habe ich bisher auch noch nichts. Dass diese Kombi nichts Gutes verheißt, merke ich schnell: Mir wird schlecht. Krampfhaft versuche ich, meine stärker werdende Übelkeit zu unterdrücken, zunächst mit der frischen Seeluft, dann mit einem Akkupressurpunkt am Handgelenk. Und so sehr ich es mir auch wünsche, das Boot macht keinerlei Anstalten, ruhiger zu werden. Ganz im Gegenteil: Dieses beständige, stundenlange Geschaukel bringt das Fass letztendlich zum Überlaufen. Ich hänge über der Reling, werde los, was ich loswerden kann, bin kreidebleich. Ich muss mich festhalten, um nicht komplett über Bord zu gehen. Zu gerne würde ich diesen Wellengang jetzt einfach ausschalten. Auch wenn es nur für eine halbe Stunde wäre! Doch das sind hier auf dem Atlantik bloß verwegene Wunschgedanken. Willkommen zurück auf dem Ozean!

Drei Tage lang bin ich außer Gefecht gesetzt. Drei Tage lang hänge ich über der Reling oder einem Eimer. Und in den drei Tagen ist das Boot kein bisschen ruhiger geworden, es schaukelt noch genauso. Ach ja, das Meer. Besonders leid tun mir die anderen drei an Bord. Trotzdem kümmert sich Bernhard aufopferungsvoll um mich. Vielen Dank!

Mittlerweile sind Anna und ich schon drei Wochen an Bord der „Safira". Wie gut, dass ich erst jetzt so richtig seekrank werde!, denke ich mit ein bisschen Galgenhumor. Dennoch, in diesen Tagen voller gnadenloser Übelkeit komme ich selbst stark ins Schwanken. Was will mir diese Periode der Seekrankheit sagen? Ist da was faul an meiner Idee, über den Atlantik zu trampen? Soll ich das Segelabenteuer abbrechen? Würde ich bei der längsten Etappe womöglich die ganze Zeit, sprich drei Wochen lang, seekrank sein? Ist das noch erträglich? Oder soll ich doch lieber einen Flieger nach Chile nehmen? Oder soll ich vielleicht noch mal nach Deutschland zurückkehren, den Geburtstag meines Papas mitfeiern und dann direkt nach Chile fliegen? Ich bin am Grübeln. Am Zweifeln. Am Schwanken. Denn ehrlich gesagt, kann ich im Moment das Meer wirklich nicht mehr sehen. Ich habe keinen Bock mehr. Und aufhören, unsere „Safira" hin- und herzuwerfen, will dieses Meer scheinbar auch nicht.

Ich bin verunsichert. Und nach jedem erneuten Kotzen denke ich reflexartig und irgendwie freudig an diesen Plan B, den ich mir gerade aus dem Ärmel geschüttelt habe. Nämlich: nach Chile zu fliegen.

Als es mir dann endlich nach drei Tagen Erbrechen wesentlich besser geht, werde ich auch wieder zuversichtlich. Ich rufe mir meinen Traum in Erinnerung und mit einem Mal höre ich die Stimme meines Herzens. Sie macht mir Mut, spricht mir gut zu, doch weiter zu segeln und schlussendlich Südamerika per Anhalter zu erreichen. Mit neuem Mut, neuer Kraft und Zuversicht segeln wir weiter durch die atlantische Weite gen Westen. Obwohl diese Weite so enorm wirkt, fühlt es sich so an, als würde mein Blick nicht weit reichen. Gefühlt kann ich gerade mal 300 Meter weit sehen, dann ist der Horizont erreicht. Blau und Weiß – das ist alles, was ich sehe, wenn ich nach vorne schaue. Zwei Farben. Weite und Wellen. Und eine unbändige Leere zugleich. Wir sind nun seit fünf Tagen ununterbrochen auf dem Wasser unterwegs. Wieder sinniere ich ein bisschen vor mich hin, und schreibe in mein Tagebuch:

STILLE
Was ist eigentlich STILLE?
Keine geräuschlose Kulisse
Vielmehr eine von vermeintlichen Störgeräuschen befreite Atmosphäre
Ein Ort der Sehnsucht

Ein Raum. Nicht von geografischer Dimension
STILLE
Man kann in ihr zur Ruhe kommen
Zur Ruhe. In der STILLE
Frieden finden. Den Inneren
Urkomisch, dass im Krieg geballert, gedröhnt und geschrien wird?
Dort ist kein Platz für Frieden
Für Ruhe
Für STILLE

Und wie ich diese Zeilen so ins Tagebuch schreibe, kommt Bernhard, unser selbsternannter „Crazy Captain", aus dem Bootsinnern, schnappt sich eine Rassel und singt: „Ich bin ein Kind, ein Deppertes, in meinem Hirn, da scheppert es!" Dabei nickt er permanent mit dem Kopf und strahlt übers ganze Gesicht. Hahahaha, großartig! Ich muss lachen und mir wird wieder bewusst, dass ich auf einem besonderen Boot gelandet bin. Dann steige ich ins Konzertchen mit ein, indem ich meine Oberschenkel zum Klingen bringe.

Kurze Zeit später landet ein kleiner braun-gelber Vogel auf unserem Boot und wir werden so zur schwimmenden Insel. „Schau mal da, ein Vögelchen!" Anna hat ihn zuerst entdeckt und strahlt vor Verwunderung und Begeisterung zugleich. „Was macht der denn hier so weit weg vom Festland?" „Scheint ein Zugvogel zu sein", mutmaße ich. „Vielleicht will er ja auch auf die Kanaren." Wir haben Ende Oktober und da sind so einige Zugvögel auf dem Weg gen Süden. Unser fliegender Freund sieht aber schon ziemlich erschöpft aus und gleichzeitig heilfroh, diese „Insel" gefunden zu haben. Auch unser Kapitän erfreut sich an dem kleinen, zierlichen Reisekameraden und lässt ihn gleich mal auf seine Schulter wandern. „Oh, ein Papagei", lacht Anna. Und mit Bernhards scheelem Blick hat die Situation tatsächlich ein bisschen Piraten-Flair, auch wenn das Vögelchen alles andere als ein großer Papagei ist.

Nach ein paar Stunden rappelt sich unser geschwächter Reisefreund wieder auf und zieht seines Weges. Doch lange müssen wir nicht warten, schon legt der nächste Vogel eine Bruchlandung hin und macht Rast auf der schwankenden „Safira". Wir geben ihm Süßwasser zu trinken und ein paar Körner zu fressen. „Ganz schön tapfer", staune ich über diesen fliegenden Freund, der noch kleiner und zerbrechlicher wirkt als der erste. Tausende von Kilometern fliegen sie bei Wind und Wetter und nur sehr selten können sie eine Pause einlegen. Tagelang sehen sie nur Wasser unter sich, was für sie schnell zur tödlichen Gefahr werden kann. Ganz schön mutig, diese Knirpse! Wir schauen unserem kleinen Freund beim Trinken zu. „Hoffentlich wird er hier nicht auch seekrank", scherzt Anna. Er wirkt noch ein bisschen, als hätte er etwas auf den Kopf gekriegt, etwas benebelt eben.

In den nächsten Tagen dürfen wir immer wieder als schwimmende Rettungsinsel fungieren. Bis plötzlich die Kanarischen Inseln in Sicht kommen. Nach sieben Tagen Non-Stop-Segeln erreichen wir Teneriffa. Hier wird Jürgen das Boot verlassen. Anna und ich haben uns mittlerweile mit Jürgen immer mehr angefreundet, wir verstehen uns nun um Längen besser mit ihm. Das ist für eine erfolgreiche, gemeinsame Zeit auf einem kleinen Boot unglaublich wertvoll, denn sich aus dem Weg zu gehen, funktioniert hier nicht. Man muss einen Weg finden, miteinander auszukommen, sonst wird es sehr, sehr unangenehm. Und genau diese Enge, diese Herausforderung ist eine große Chance! Es gibt nämlich zwei Möglichkeiten: Entweder regen wir uns permanent über den anderen auf, ärgern uns über das, was uns aufstößt, oder wir fokussieren uns auf die positiven Seiten des anderen. Denn jeder Mensch hat so einiges Positives, was er mit sich bringt. Jeder einzelne! So freunden wir uns zum Beispiel mit dem Humor von Jürgen an und lachen immer mehr gemeinsam. Anna lernt von ihm diverse Knotentechniken und weiteres Segler-Know-how, da Jürgen ein echter Profi ist und sein Wissen gerne teilt. Wir unterhalten uns gegen Ende der gemeinsamen Zeit immer intensiver, und ich nehme seine Ansichten auf die Welt einfach mal als Inspiration beziehungsweise Perspektivwechsel hin. Denn wer sagt denn, dass meine oder seine Meinung die richtige ist?

Ja, wären wir nicht „gezwungenermaßen" so lange auf diesem kleinen Boot zusammen gewesen, hätten wir Jürgen wohl einfach als spießigen und stieseligen Deutschen abgestempelt. Welch wunderbare Schule fürs Leben sind diese drei Wochen auf der „Safira“ doch, die mir die Augen dafür öffnen, Menschen nicht gleich in irgendwelche Schubladen zu schieben, sondern unserem Gegenüber eine Chance zu geben, sich zu entfalten.

Und so kommt es, dass wir zum Abschluss sogar noch einen gemeinsamen Ausflug in die berühmte Masca-Schlucht auf Teneriffa machen. Nachdem wir zuvor mit Auto und Bus in die Höhe gefahren sind, wandern wir 600 Höhenmeter hinab durch die Schlucht, bis wir wieder am Meer rauskommen. Wir steigen zwischen Felswänden aus rötlich-orangem Vulkangestein hinab und begegnen einer Vegetation, wie ich sie zuvor noch nie gesehen habe. Die Pflanzen besitzen meist eine dicke Cuticula, also eine dicke Wachsschicht, welche sie vor der Verdunstung bei großer Trockenheit schützt. Wir finden Schilf, Palmen und viele Kakteen mit leckeren Kaktusfeigen, ihren Früchten. Es ist ein extremer Lebensort. Ein Ort, der mich fasziniert.

Zurück im Hafen, brechen wir noch am selben Abend mit Bernhard Richtung Gran Canaria auf. Gran Canaria ist die größte der sieben Kanarischen Inseln und zudem befindet sich dort der größte Segelyachthafen der Kanaren. Die Chancen, ein Boot für die Weiterfahrt zu finden, dürften dort also am größten sein.

Gar nicht so einfach, ein Boot zu finden

**ÜBERNIMM DAS TEMPO DER NATUR:
GEDULD IST IHR GEHEIMNIS.**
Ralph Waldo Emerson

Der Sturm hat sich bereits gelegt, als mich Bernhard weckt. Es wird für mich der letzte Segeltag sein – zumindest auf der „Safira“. Um das besonders zu genießen, schalte ich den Autopiloten aus, der sonst so beliebt ist, da er viel Arbeit abnimmt. Ich setze mich selbst ans Steuerrad, blicke auf den Kompass und halte den Kurs. Das Steuer mal selbst in die Hand zu nehmen ist irgendwie eine besonders schöne Erfahrung – den Kurs selbst zu bestimmen und zu halten.

Auf dieser Reise hält oft jemand anders das Steuer in der Hand, beziehungsweise ich übergebe es gerne vertrauensvoll in andere, fremde Hände. Dem anderen mein Vertrauen zu schenken, er werde schon die richtige Richtung ansteuern, er werde schon wissen, was er tut, kann unheimlich erleichternd sein. Ganz nach dem Motto: Kontrolle ist gut, Vertrauen ist besser. Wie gerne wollen wir doch im Alltag möglichst alles kontrollieren, bestimmen, darüber entscheiden – eben das letzte Wort haben. Auf dieser Reise drehe ich den Spieß mal um: Ich fahre nur mit, lasse die anderen steuern. Ich entscheide nur über die grobe Richtung – welche „Umwege" wir jedoch machen, welche Ufer wir ansteuern, wo ich letztendlich ankommen werde, das liegt in der Regel mehr an meinem Kapitän beziehungsweise Fahrer als an mir. Ich lasse mich treiben.

Müssen wir denn immer das Gefühl haben, das Steuerrad in unseren eigenen Händen zu halten? Oder wollen wir uns lieber für die vertrauensvollere Variante entscheiden? Für diese, die uns vom Gefühl befreit, alles kontrollieren zu müssen, die uns diese enorme Last nimmt? Sicherlich ist es anfangs nicht einfach, das Zepter aus der Hand zu geben, doch mit ein bisschen Übung tut es wirklich gut! Manchmal passieren im Leben Dinge, bei denen wir das Gefühl haben, uns gleitet förmlich das Ruder aus den Händen. Und insbesondere dann ist es von unschätzbarem Wert, vertrauensvoll loslassen zu können. Nicht krampfhaft zu klammern. Stattdessen darauf zu vertrauen, dass es da jemanden gibt, der dein Steuer jetzt übernimmt. Gleichzeitig ist es wichtig, immer wieder das Steuer für dein Leben in die Hand zu nehmen. Ganz bewusst eine bestimmte Richtung einzuschlagen, eventuell zu wenden, zu manövrieren. Ich denke, es braucht die Mischung. Nimm das Steuer in die Hand, wenn du etwas ändern kannst, und lass dich vertrauensvoll steuern, wenn du die Richtung gerade nicht selbst bestimmen kannst oder es sich gut anfühlt, den anderen steuern zu lassen!

Noch vor Mittag kommen wir am 33. Tag meiner Reise in Las Palmas, Gran Canaria, an. Es ist Anfang November, und wir wünschen uns ein Boot, das uns bald nach Südamerika mitnimmt. „Südamerika, wir kommen!", rufe ich hochmotiviert Anna zu, als Bernhard den Anker in die Bucht neben dem Hafen wirft. „Ja! Wir kommen!", schallt es von Anna zurück. Weil sich nun alles darum dreht, ein neues passendes Boot zu finden, springen wir noch

am ersten Abend aufs Dinghi, ein etwas robusteres Schlauchboot von Bernhard, und paddeln durch die Bucht und den Hafen.

Vom Dinghi aus kommen wir mit den ersten Kapitänen ins Gespräch. Wir fragen uns durch. Oft hören wir das gleiche: Sie sind schon voll. Kein Platz mehr. Aber immerhin: Es gibt wirklich viele Boote, die den Atlantik überqueren wollen. Allerdings starten auch schon über 100 davon am kommenden Tag. Dafür sind wir jetzt jedoch zu spät dran. Sie wollen alle in die Karibik und nehmen an der ARC („Atlantic Race Crossing“) teil. Es ist eine Art Wettrennen über den Atlantik.

Während wir uns also einen ersten Eindruck verschaffen, herumfragen und erste neue Bekanntschaften machen, ändert sich plötzlich schlagartig das Wetter. Der Himmel verdunkelt sich, es fängt an zu grummeln. Ein Gewitter zieht auf. „Mist! Jetzt aber schnell!“, rufe ich Anna zu. Wir hatten das Dinghi kurz an einem Steg festgemacht, um weitere Kapitäne ansprechen zu können, doch nun müssen wir halt auch wieder zurückpaddeln! Schnell springen wir ins Schlauchboot und paddeln los. Regen setzt ein, und der Wind nimmt zu. Blöd nur, dass wir geradewegs gegen den Wind anpaddeln müssen, um nicht aus der Hafenbucht aufs offene Meer getrieben zu werden. Ein ungutes Gefühl steigt in mir auf. Jetzt bloß nicht aufhören zu paddeln! Erste Blitze schießen herab. Ein kurzes, sehr helles Aufleuchten, dann der Donner. „Schau mal, Joshi, die winken uns doch, oder?“ Anna hat ein Boot entdeckt, auf dem zwei Männer stehen und uns zu sich heranwinken. Wir paddeln hin. Es sind zwei Polen, die mit ihrer Luxusyacht vor Anker liegen. Wir sind heilfroh, bei ihnen einen Zwischenstopp einlegen zu dürfen. „Hi guys! How are you?“, quatschen sie uns auf Englisch an. „Ziemlich gut! Nur ein bisschen feucht …“, antwortet Anna. Kaum sind wir an Bord geklettert, bieten sie uns erstmal was Alkoholisches an. „Jaja, schon klar!“, lache ich. „Hey! Wollt ihr unsere Sauna sehen?“ Nur zu gerne wollen sie uns ihre Yacht mit eingebauter Sauna zeigen. Natürlich schauen wir uns alles an.

Als es schon längst dunkel ist und der Regen nach wie vor nicht aufhören möchte, springen wir wieder zurück ins Dinghi und paddeln die letzten Meter zu „unserer Safira“ zurück. Wenn wir heute eines gelernt haben, dann dies: Segler scheinen ein sehr weltoffenes Völkchen zu sein!

In den kommenden Tagen stellen wir fest: Egal ob Portugiesen, Spanier, Italiener, Schweizer, Norweger, Dänen, Russen, Franzosen oder Deutsche – der Hafen ist ein Treffpunkt verschiedenster Nationen. Auch was die Kommunikation angeht, trifft man sich hier in der Mitte, denn die meisten Kapitäne können sich in zwei, drei oder mehr Sprachen ausdrücken. Anna und ich sind von diesem speziellen Völkchen sofort sehr begeistert. Ja, es ist eine wirklich spannende Menschengruppe voller kleiner Entdecker und aufgeschlossener Weltenbummler. Voller Menschen, die über ihren Horizont hinaussegeln wollen. Die sehen und erfahren wollen, was hinter dem sichtbaren Horizont verborgen ist.

Nun sind wir ja eigentlich nur hierhergekommen, um einen Zwischenstopp einzulegen. Zack, in ein anderes Boot und weiter geht‘s Richtung Südamerika – das war zumindest der Gedanke. „In drei Monaten bin ich in Südamerika, dann reise ich noch sieben Monate durch Südamerika, und dann komme ich auch schon wieder“, hatte ich vor der Reise lautstark prophezeit. Jaja, rein theoretisch wäre das sogar noch möglich, denn ich bin gerade mal seit vier Wochen unterwegs. Das hieße, laut Zeitplan hätte ich noch ganze zwei Monate, um über den Atlantik zu kommen. „Easy!“, denke ich mir! Doch wie sollen wir ein Boot finden? Ein Boot, das ausgerechnet uns mitnehmen möchte? Denn Segelerfahrung haben wir absolut keine – außer eben diese paar Wochen Segeln mit Bernhard. Dennoch, damit will ich mich nicht so wirklich küren. Das wäre wohl nur ein leeres Versprechen, und so etwas wie ein Zertifikat, also einen Segelschein, kann ich ohnehin nicht vorweisen. Auch Anna hat nichts dergleichen.

Doch warum in aller Welt mache ich das dann? Auf dieser Reise werde ich mir noch häufig genau diese Frage stellen und immer wieder zu der gleichen Antwort gelangen: Es ist das Unerwartete, die Überraschung, die all das Suchen, Warten, Hoffen und Bangen letztendlich in eine Wolke aus Freude, Fröhlichkeit, neuer Energie und Glück verwandelt. Ich verlasse Gewohntes und begegne Unverhofftem. Immer wieder überschreite ich meine Horizontlinie und stelle fest: Da ist ja gar kein Abgrund, nein, da geht’s weiter. Ich weiß nie, was mich hinter dem Horizont, im nächsten Auto, LKW oder Boot erwartet, doch ich gehe geradewegs darauf zu. Beängstigend?

Während meiner Reise lerne ich, mich eben genau auf dieses Unverhoffte, Unerwartete zu freuen. Auch, beziehungsweise erst recht, wenn ich mal sehr lange warten muss.

Dass das Umsteigen doch nicht so schnell gehen würde wie erwartet, erahne ich, als ich weitere 20 Tramper sehe, die alle in dieselbe Richtung wollen wie wir und fleißig auf der Suche nach Mitfahrgelegenheiten sind. Als ich vor der Reise Diverses über das Segelboottrampen las, lernte ich, dass es wohl cleverer sei, aufzufallen, lustig zu sein, Spaß und Freude zu vermitteln und im wahrsten Sinne des Wortes aus der Reihe zu tanzen. Jetzt weiß ich auch, warum. „Puuh! Das wird kniffelig!", bemerkt Anna, während wir so durch den Hafen schlendern und einem Tramper nach dem anderen begegnen. Doch jeden Tag findet auch irgendwer ein Boot, und jeden Tag kommen auch wieder neue Tramper. Es ist also ein Kommen und Gehen und für uns nur eine Frage der Zeit, wann wir diesen Hafen, diesen Umsteigeplatz, verlassen werden. Wir laufen an einigen Bootssuchenden vorbei, die uns nicht selten mit enttäuschten Blicken begegnen. Sie wirken gelangweilt, vielleicht sogar enttäuscht, weil auch wir jetzt ein Boot suchen, während sie noch immer keins gefunden haben. Klar, so ein Tramperalltag kann schon mal sehr zäh sein. Suchen, Warten, Hoffen und Bangen. Klingt nicht gerade ermutigend oder gar spaßig.

Doch mit was können wir praktisch in allen Bereichen super unerfahren Aussehenden trumpfen, um einen Kapitän für uns zu begeistern? Die Tatsache, dass ich schnell seekrank werde und zu den tendenziell Kotzenden gehöre, verschafft uns sicherlich keinen Vorteil. Aber einen Joker haben wir im Gepäck: die Motivation. Ja, wir sind zwei wirklich begeisterungsfähige, hochmotivierte junge Menschen, die einen ganz bestimmten Traum klar vor Augen haben und dafür alles tun wollen. Unser Wille ist so groß und stark, dass ein Nichtgelingen uns gar nicht erst in den Sinn kommt. Nein, ganz im Gegenteil!

Wir überlegen intensiv, wie wir aus der großen gelangweilt und fade wirkenden Bootssuchermasse herausstechen könnten. Wir wollen das bunte Schaf in der Herde sein! Tatsächlich liegt hier leider so etwas wie Konkurrenz in der Luft. Das ist sehr schade, aber scheinbar schwer vermeidbar, wenn alle dasselbe große Ziel haben und immer nur ein paar ein Stück vom Kuchen abhaben können.

Auch wenn wir nicht in die Konkurrenzdenkweise einsteigen wollen, ein bisschen rutschen wir dennoch unweigerlich hinein. Wir wollen uns trotzdem einfach auf die Kapitäne konzentrieren. Wie zeigt man fremden Kapitänen in nur zwei Minuten auf dem Steg, dass man hochmotiviert, enthusiastisch, unterhaltsam ist und wirklich gewillt, für eine angenehme Überfahrt zu sorgen? „Verrücktheit und Kreativität", sage ich zu Anna. „Das wird unser Schlüssel sein!" „Wir könnten ja was singen", schlägt sie vor. Ich bin begeistert. „Und ich schlage dazu auf einer Pfanne rum", ergänze ich. Dann dichten wir unser kleines Liedchen, schnappen uns Pfanne, Kochlöffel und die berühmt-berüchtigte „SPAIN-CHILE"-Pappe und wagen eine erste Kapitän-Such-Session. Fröhlich grinsend – noch so begeistert von unserem kleinen Brainstorming – quatschen wir die ersten Kapitäne an. Von nun an darf sich jeder, der uns über den Weg läuft, unser Ständchen anhören. Und unsere kreative Meisterleistung sieht in etwa so aus: Zur ungefähren Melodie von „Yellow Submarine" singen wir:

„We are looking for a boat,
for a boat,
for a bo-o-at!
We are looking for a boat,
for a boat,
for a bo-o-at!"

Und für die, die allem Anschein nach auch Deutsch verstehen, gibt es noch eine zweite Version mit der Melodie aus einer Mischung von „Auf geht's Deutschland schießt ein Tor" und „Yellow Submarine":

„Auf geht's, nehmt uns mit nach Chile,
mit nach Chile, mit nach Chi – l – e!"

Ja, natürlich ist das alles andere als eine musikalische Meisterleistung, doch darum geht es ja auch nicht. Die Kapitäne lachen oder grinsen zumindest, wir kommen ins Gespräch, und sie vermitteln uns weitere Kontakte. Wem wir singend und lärmend begegnen, der wirkt gleich viel aufgeschlossener. Und in der Tat haben wir bisher niemanden sonst entdeckt, der auch solch einen Quatsch zum Besten gibt. So werden wir schnell im Hafen als die beiden singenden Deutschen bekannt – vielleicht auch, weil wir mit 18 Jahren die jüngsten Tramper im Hafen sind.

„Unseren" neuen Kapitän haben wir bisher dennoch nicht gefunden. Wir überlegen noch mal genau, warum Segler überhaupt andere Menschen mitnehmen sollten. Es gibt verschiedene Gründe, doch die häufigsten sind folgende: Zur tatkräftigen Unterstützung beim Segeln (Segel hissen, reinholen, etc.). Zur Unterhaltung, damit sie bei der wochenlangen Überfahrt nicht vor Langeweile sterben müssen, da sie sonst allein oder nur zu zweit segeln würden. Für alltägliche Notwendigkeiten wie Kochen, Spülen, Nachtwache, etc.

Und genau da kommen wir ins Spiel. Viele denken, sie bräuchten einen Segelschein und zig Seemeilen Erfahrung, um überhaupt mitgenommen zu werden. Das mag auch bei dem einen oder anderen Kapitän, gefühlt insbesondere bei deutschen Seglern, zutreffen, die Mehrheit jedoch nimmt dich auch ohne große Segelerfahrung mit. Denn für Punkt 2. und 3. braucht man gar keine. Und genau da wollen wir ansetzen. Kochen liebe ich. Und Spülen ist doch auch super, danach hat man nämlich endlich wieder saubere Hände. Und Nachtwache – ja, das machen wir doch auch sehr gerne, denn nachts ist es auf dem Meer ganz besonders schön. Und Segel hissen, Segel reinholen, das kriegen wir auch hin. Wir sind ja auch gewillt, dazuzulernen.

Um unsere Chancen zu erhöhen, drucken wir, neben unserem ständigen Lustig-blöd-durch-den-Hafen-Wandern und Kontakteknüpfen, ein paar Flyer aus. Auf dem Flyer stehen ein paar Stichworte über uns, unsere Leidenschaften, Fähigkeiten und wie man uns kontaktiert. Diese DIN-A5-Flyer sollen uns „schmackhaft" machen. So ist es gar nicht nötig, uns persönlich zu treffen, und dennoch weiß man, dass wir gerne Kinder betreuen, dass Anna Klavier spielt und ich Fotograf bin, welche Sprachen wir sprechen und dass wir 18-jährige Deutsche sind, die mal eben Richtung Chile wollen. Im Hintergrund sieht man ein Foto von uns, wie wir singend im Hafen unterwegs sind. Also: hochaktuell! Fertig ist der Selbstbewerbeflyer. Ja, es ist durchaus eine gute Möglichkeit, ein Boot zu finden, und das wollen auch wir nicht außer Acht lassen. Auch wenn wir uns nicht nur darauf beschränken wollen, so wie es anscheinend andere tun, die mal eben ein paar Zettel ver-

teilen und dann warten. Nee, nee, das ist uns definitiv zu passiv. Es sind schon fast alle guten Stellen an Wänden, Fassaden, schwarzen Brettern und Regalen voll von irgendwelchen Flyern, doch irgendwie bekommen wir unseren auch noch irgendwo unter. Neben diversen Bootssuche-Anzeigen, werden hierüber auch Reparaturen gesucht, Teile verkauft und, und, und. Es ist also eine sehr beliebte Möglichkeit, im Hafen miteinander zu kommunizieren und den „Richtigen“ für seine Wünsche zu finden.

Wo ist der Haken?

3 Uhr morgens. Tag 3 unserer Bootssuche in Las Palmas. Anna und ich sitzen in der gerade mal 2x3m² kleinen Wäscherei des Hafens auf einer Bank. Hier kann jeder seine Wäsche für ein paar Euro waschen lassen. Neben den Waschmaschinen gibt es dort auch eine Holzbank und ein Regal voller Bücher. Auch in einem der Hafencafés findet sich ein überfülltes Bücherregal. Das sind Tauschregale, und so entdecken wir Bücher in verschiedensten Sprachen.

Nachts haben wir dieses kuschelige Räumchen für uns allein. Und warm ist es auch noch. Viel wichtiger als das: Hier gibt‘s WLAN und Strom. Diese Kombi wird gerade zwischen den Meeren immer wieder zur Herausforderung. Schon in Spanien habe ich bei einem Landgang ein Kaufhaus aufgesucht und im dritten Stockwerk etwa vier Stunden an einer Steckdose gesessen und das kostenfreie WLAN genutzt, um einen neuen VLOG auf YouTube hochzuladen. Ja, es wird sich immer ein Weg finden, wenn auch manchmal nicht ganz einfach.

Diesmal schreiben wir Segler über das Forum „Crewbay“ an. Das ist eine Plattform ähnlich dem deutschsprachigen Forum „Hand-gegen-Koje“, nur halt etwas internationaler. Wir sind also tagsüber im Hafen auf den Stegen präsent, hängen Flyer an allen verfügbaren Wänden auf, und in manch einem

Segelforum kann man uns auch antreffen. Denn es gibt tatsächlich auch einige Kapitäne, die aktiv nach Mitfahrern oder besser Mitseglern suchen. Die Suche ist also nicht einseitig, und wir müssen nur noch den „richtigen" Kapitän finden, der Interesse hat, uns mitzunehmen. Oder werden wir vielleicht sogar gefunden? Jedenfalls wollen wir keine Chance auslassen, unter den Seglern bekannt zu werden, denn das könnte uns bald ein Boot bescheren.

Gegen 6 Uhr, gerade noch vor Sonnenaufgang, kehren wir in unser altes Boot zu Bernhard zurück und legen uns endlich schlafen. Sieben Stunden später räkeln wir uns schon wieder aus der Koje, und unsere Bootssuche geht weiter. Wieder kommen wir an der lieb gewonnenen Wäscherei vorbei. Wir setzen uns noch mal einen Moment rein, wollen schauen, ob eventuell schon jemand über „Crewbay" geantwortet hat.

Wie die Generation Smartphone – also wir – so dasitzt und Nachrichten checkt, kommen plötzlich ein älterer Mann und eine Frau mittleren Alters hereinspaziert. „Bonjour!", begrüßen uns die beiden auf Französisch. „Bonjour! Ça va?", grüßen wir zurück. Jetzt ist Annas großer Auftritt gekommen, denn wenn's ums Französische geht, mache ich schon allein aus Respekt einen Rückzieher. Dafür kann es Anna umso besser. „Wie gut, sie dabei zu haben", denke ich, ohne zu wissen, worüber sich die drei gerade lachend unterhalten. Ab und zu nicke ich einfach mal freundlich mit dem Kopf. Als sie sich nach einer Weile verabschieden, drücke auch ich den beiden höflich die Hand, dann wende ich mich sehr gespannt Anna zu: „Und? Was haben sie gesagt? Was wollten die? Nehmen die uns mit?" „Heute Abend sind wir eingeladen!", klärt mich Anna freudig auf. „Wie? Wollen die uns mitnehmen?", frage ich verwirrt und hoffnungsvoll zugleich. „Ja, die segeln nach Französisch-Guyana." „Warte, liegt das nicht schon in Südamerika? Direkt nach Südamerika? Annaaaaaa!!! Wie geil ist das denn?!", flippe ich vor Freude aus. Die Freude auf den Abend ist riesig!

Erst seit drei Tagen sind wir in Las Palmas, dem größten Segelhafen der Kanaren, und schon jetzt hat uns ein Kapitän angesprochen, der uns vielleicht über den großen Teich mitnehmen möchte. Am Abend lernen wir unseren – hoffentlich zukünftigen – Kapitän besser kennen. Er heißt Bernard – witzig, unser letzter Kapitän hieß Bernhard –, ist 64 Jahre alt und kommt aus Cognac in Frankreich. Und wer nun mal in Cognac geboren ist, trinkt vermutlich auch sein ganzes Leben lang Cognac. So zumindest Bernard. Stolz präsentiert er uns seinen in einem kleinen, edlen Holzfass verwahrten Cognac. Ich probiere einen kleinen Schluck und finde ihn sogar ganz lecker. Und Anna findet das Fässchen so unendlich süß.

Bernard hat tatsächlich vor, ab Mitte Dezember über Kapverden (eine Inselgruppe auf Höhe des Senegals) nach Französisch-Guyana zu segeln. Die junge Frau neben ihm ist seine Tochter, sie wird allerdings nicht mitkommen. Umso lieber möchte er uns in seinem gerade mal 8,5 Meter langen Boot namens „Saudade" (Portugiesisch = „Vermissen") mitnehmen. Er rechnet zehn Segeltage bis Kapverden und anschließend noch mal etwa 20 Tage bis nach Französisch-Guyana. Bernard überlegt, auch noch über Trinidad & Tobago zu reisen, wo man im Februar den – laut Bernard – schönsten Karneval bestaunen kann. „Klingt doch super!", freue ich mich. Und zu allem Überfluss will er uns auch noch komplett kostenfrei mitnehmen. Er will also sogar das Essen für uns zahlen. „Wahnsinn!", denke ich. Gleichzeitig suche ich jetzt schon instinktiv nach dem Haken an der ganzen Sache. Dann lasse ich sie noch unser Herzensanliegen wissen: „Wir essen kein Fleisch", bringe ich auf Englisch hervor. Bernard erstarrt kurz, dann berät er sich mit seiner Tochter. Es sei kein Problem, erwidert diese wiederum. „Puuh!", denke ich etwas erleichtert. Gleichzeitig sitzt mir noch ein Kloß im Hals. Nun habe ich zwar offenbart, dass wir kein Fleisch essen, dass wir aber eigentlich überhaupt keine tierischen Produkte essen wollen, davon weiß Bernard noch nichts. Doch es fällt mir so unendlich schwer, dies zu sagen. Allein aus Angst, wir könnten zu voreilig wieder vom Boot runtergeschmissen werden. So verschweige ich es einfach. Ich biete allerdings gleich an, bei der Überfahrt zu kochen. Denn mein Gedanke ist ein simpler: Wenn ich koche, kann ich steuern, was ins Essen kommt. Die Gerichte müssen doch nur gut schmecken. So weit meine Fantasie.

Bernard findet uns scheinbar sehr sympathisch, insbesondere aber wohl Anna, die sich mit ihm auch in seinem geliebten Französisch unterhalten kann. Dabei sei angemerkt, dass Bernard für einen Franzosen wirklich gut Englisch spricht. Noch am selben Abend beschließt er, uns mitzunehmen. „Geil! DANKE!", schießt es mir durch den Kopf. Was für ein Geschenk!

Es ist an der Zeit, Bernhard Eins, unserem „Crazy Captain", Auf Wiedersehen zu sagen. Anna und ich packen unsere Rucksäcke, drücken Bernhard noch einmal ganz fest und wünschen ihm alles Gute. Von einem Ende der Marina geht es an das andere. Von einem zehn Meter langen Stahlboot, der „Safira“, die wir für fünf Wochen unser Zuhause nennen durften, ziehen wir in ein 8,5 Meter kurzes Kunststoffboot. Klingt nicht gerade gemütlicher. Doch tatsächlich ist es recht breit gebaut und mit Holz ausgekleidet. Sofort habe ich mich in die „Saudade“ verliebt. Klar, eng ist es trotzdem, aber nennen wir es einfach mal kuschelig. Werden wir einen Monat, zwei Monate oder sogar drei Monate mit diesem Bötchen unterwegs sein? Ich weiß es nicht, aber ich weiß, dass es sich schon fügen wird, wie es soll. Darauf vertraue ich.

Wir bleiben noch zwei Tage im Hafen von Las Palmas, und ich knüpfe weiterhin fröhlich Kontakte, während Anna sich mit anderen Trampern am Strand trifft. Eines Abends komme ich in der Sailors Bay mit einem Italiener und einem Schweizer ins Gespräch. Ich erzähle ihnen von meinem großen Traum, per Anhalter Südamerika zu erreichen und dann durch ganz Südamerika bis nach Feuerland zu reisen.

Schwer begeistert mustert mich der Schweizer. Dann sagt er: „Das finde ich toll!“ Und er gibt mir noch folgenden Rat mit auf den Weg: „Wenn du einen Traum hast, und wie ich sehe hast du einen, verfolge ihn. Bleib dran, auch dann, wenn es mal nicht mehr weiterzugehen scheint. Und sicherlich wird dieser Punkt kommen. Mach dann einfach eine Pause, wechsel die Perspektive, und dann kehrst du wieder zu deinem Traum zurück.“ „Dranbleiben. Träume leben“, manifestiere ich seine Aussage. Und der Italiener, vermutlich Mitte 30, fügt hinzu: „Ich stelle mir manchmal vor, wie die Situation wäre, wenn ich 50 Jahre alt wäre. Dann genieße ich den Moment wieder mehr und habe neue Energie.“ Mit meinen noch 18 Jahren lausche ich gerne solchen Weisheiten.

Am Tag drauf wollen wir Richtung La Gomera aufbrechen. La Gomera ist nur wenige Segeltage von Gran Canaria entfernt und gehört genauso zur spanischen Inselgruppe der Kanaren. Sie ist allerdings wesentlich kleiner als Gran Canaria und somit auch etwas ruhiger. Das ist unserem Kapitän wichtig, denn er möchte noch mal für ein paar Wochen nach Frankreich zurückkehren. Wir würden in der Zeit die Insel erkunden können und sollten auf das Boot aufpassen, damit sich niemand daran zu schaffen macht. Wenn er dann Mitte Dezember wiederkäme, würden wir Klarschiff machen und ziemlich direkt lossegeln. Los, Richtung Südwesten oder anders gesagt: Richtung Südamerika!

Und als sollte Bernard in seiner Sorge bestärkt werden, passierte in dieser Nacht etwas, das mir einen eiskalten Schauer über den Rücken jagt: Es ist kurz nach Mitternacht, als ich zum Boot zurücklaufe. Ich hole nur kurz meinen Laptop, um anschließend noch mal in die Wäscherei zu gehen. Ich verlasse das Boot, wie ich es vorgefunden habe, schließe die Tür zum Steg hinter mir und laufe los. Dabei fällt mir ein Jugendlicher auf, der seinem Freund etwas Unverständliches zuruft und irgendwie verdächtig durchs Hafengelände schleicht. Nur etwa 200 Meter weiter findet gerade eine große Party statt, und so kommen viele Jugendliche aufs Hafengelände. Dennoch, bei diesem jungen Mann habe ich ein sehr ungutes Bauchgefühl. So, als würde er sich beobachtet fühlen, dreht er immer wieder den Kopf. Langsam, aber sehr offensichtlich nähert er sich den Booten. Ich gehe wieder ein Stück zurück. Bleibe stehen. Irgendwie grummelt mein Bauch, will mich wohl warnen. Doch nach ein paar Minuten, in denen nichts passiert, drehe ich mich wieder um und gehe langsam Richtung Wäscherei. Noch einmal blicke ich zurück. Und genau in diesem Moment sehe ich, wie der junge Mann aus unserem Boot herausspringt. Ich erstarre kurz. „Was soll ich tun? Ich muss ihn aufhalten!“ Schockiert laufe ich ihm entgegen. Dann packt mich die Angst. „Was, wenn er bewaffnet ist?! Oder wenn er zusätzlich meinen Laptop klaut? Und wie soll ich ihn überhaupt aufhalten?“ Die Straße ist breit. In meinen Händen halte ich nur einen Laptop. In einem großen Bogen rennt der junge Mann um mich herum. Dann verschwindet er in der Dunkelheit. Bernard kommt halbnackt aus seinem Boot gestürmt. Und ich? Ich stehe da wie angewurzelt und bin handlungsunfähig.

Wir alarmieren andere Segler und die Polizei. Das Portemonnaie, ein paar Zigaretten und Küchenmesser fehlen. Zum Glück waren im Portemonnaie nicht mehr als 70 Euro. Trotzdem – verdammt ärgerlich! Bernard lässt sofort seine Kreditkarte sperren. Er tut mir so richtig leid. Er zittert und stottert, ist ganz bleich im Gesicht. Und ich stehe da und weiß nicht, wie ich ihm helfen kann. Wir warten noch auf die Polizei, dann legen wir uns schlafen. Am nächsten Morgen kann Bernard schon wieder ein wenig über den Spuk lachen: „Als ich den Krach hörte, habe ich die Vorhänge aufgerissen und bin dem Kerl entgegengesprungen. Der muss sich erschreckt haben! Hahaha! Ich war ja praktisch nackt …"

Mit diesem Schreck in den Knochen verabschieden wir uns von Gran Canaria. Das Boot, das mehr einer Jolle als einem hochseetauglichen Gefährt gleicht, vibriert. Der Motor knattert. Brummt. Es geht los!

Bernard hat uns stolz erzählt, dass dieses schnittige Gefährt die Wellen regelrecht runtersurfen kann. Klingt nach Spaß, denke ich mir. In der Tat hat das Boot an der Unterseite zwei kleine Finnen, wie wir es von Surfbrettern kennen. Dazu hat es kaum Tiefgang. Die Bedingungen scheinen also gut zu sein. Meine Hoffnung ist, dass es durch seine besondere Wasserlage vielleicht etwas weniger schaukelt. Für heute scheine ich tatsächlich von der Seekrankheit verschont zu bleiben, dafür kämpft Anna diesmal umso mehr. Mit bleichem Gesicht flüstert sie mir zu: „Kannst du mir eine von Bernhards Pillen geben?" „Klar!", antworte ich und klettere widerwillig ins Bootsinnere. Die „Saudade" schaukelt doch ganz schön! Wer mit Seekrankheit zu kämpfen hat, bleibt in der Regel so viel an der frischen Luft wie nur möglich. Und so ein bisschen spüre ich das nun doch.

Gegen Abend werfen wir in einer kleinen Bucht den Anker und ich übernehme das Kochen. Vielmehr versuche ich es. Ich will Bratkartoffeln machen und nehme mir gerne Zeit dafür. Ich brauche einfach Ruhe zum Kochen. Bernard scheint aber sehr hungrig zu sein und tigert unaufhaltsam durchs Boot. Spannung liegt in der Luft. Von Ruhe ist nichts zu spüren. Auch der französische Aperitif mit Erdnüssen und Cognac kann ihn nicht besänftigen. Als ich seiner Ungeduld nicht mehr standhalten kann, behaupte ich einfach, das Essen sei fertig und stelle es auf den Tisch. Doch die Kartoffeln sind nicht wirklich durch. Darüber kann auch der edle Rotwein nicht hinwegtäuschen. Schade.

Am nächsten Tag verlassen wir die Bucht und segeln weiter Richtung La Gomera. Es ist bereits Nachmittag, ich liege in der Koje und schreibe in mein Tagebuch, als es plötzlich von draußen ruft: „Joshi, bist du wach? Delfineeeee!“ Es ist Annas Stimme. „Ich komme!“, rufe ich zurück und schnappe mir die Kamera. Wo sind sie? Sind sie noch da? Ein prüfender Blick genügt, dann springt der nächste Delfin aus dem Wasser. Bestimmt fünf Minuten lang begleiten uns diese eleganten Tiere. Mal springen sie aus dem Wasser, dann tauchen sie unter der Bugspitze hindurch. Sie tanzen regelrecht ums Boot. Was für ein Spektakel!

Auch an diesem zweiten Abend ankern wir in einer Bucht vor Teneriffa. Wieder koche ich. Diesmal will ich eine neue Eigenkreation ausprobieren: Pasta alemana. Ich nenne sie so, da die Soße aus angedünsteten Zwiebeln und Apfelstückchen, mit Pfeffer und Muskatnuss gewürzt, besteht. Also alles andere als eine klassische Tomatensoße. Und weil ich mir Erdnüsse auch sehr gut in jener Kombination vorstellen kann, werfe ich diese gleich mit in die Pfanne. Ein grober Fehler, wie ich sofort erfahren darf. Bernard rastet regelrecht aus, als er das sieht. „Erdnüsse?!“, dringt Bernards aufgebrachte Stimme in meine Ohren. „Die darf man nur zum Aperitif genießen! Die gehören nicht ins Essen!“ Ich staune nicht schlecht. Dann wirft er einen prüfenden Blick in den Nudeltopf. „Hast du da keine Butter reingemacht?“ „Ganz genau“, antworte ich mit ruhiger Stimme. Er hatte zwar zuvor gesagt, ich solle Butter in die Nudeln geben, aber das sehe ich als Kochender doch etwas anders.

Da ich noch immer kein Französisch kann, muss er seiner Wut auf Englisch Luft machen, was die ganze Situation etwas entschärft – zumindest für mich. Dafür trifft es Anna umso mehr, bei der er sich ausgiebig auf Französisch beschwert. So sitze ich da und genieße mein Selbstgekochtes, während Anna vom nörgelnden Bernhard „zugemüllt“ wird. Die arme Anna! Wir würden uns wie Kaninchen ernähren, wirft er uns vor. Recht hat er ja. Wir versuchen, uns vegan zu ernähren. Wir versuchen, einen anderen Blick auf unsere Welt, unser Leben, unseren Konsum zu bekommen. Einen klareren, aufgeräumteren Blick. Und wir versuchen, auch brav und lecker zu kochen. Doch noch sind wir eben Kaninchen und keine alten Hasen.

Bernard hat den Atlantik bereits sieben Mal segelnd Richtung Karibik und fünf Mal zurück nach Europa überquert. Und das wohl immer mit seiner Frau an Bord. Oft hat er Jugendliche mitgenommen, eine Art Erlebnisreise veranstaltet. Klingt eigentlich richtig gut! Doch diesmal ist seine Frau nicht dabei, und ich vermute, sie war immer die, die ihn mit Essen ganz nach seinem Geschmack versorgte. Und dass seine Frau in seinen Augen perfekt kocht, kann ich mir nur zu gut vorstellen. Da kann ich wohl kaum mithalten! Hinzu kommt, dass er eben 64 Jahre alt und wohl oder übel ein bisschen in seinen gewohnten Mustern festgefahren ist.

Mit einem Mal wird mir bewusst, wie elementar das Essen beim gemeinsamen Unterwegssein ist. Was beim Österreicher Bernhard noch große Freude bereitete, macht uns bei Bernard, dem Franzosen, nur Sorgen. Essen als geselliges Ereignis des Tages hat auch in meinem Alltag zu Hause einen großen Stellenwert. Hier an Bord der „Saudade" kommt aber leider trotz der gemeinsamen Mahlzeiten kein Gemeinschaftsgefühl auf. Mein Bauchgefühl lässt nichts Gutes ahnen. Ich spüre, dass uns Bernard maximal bis auf die Kapverden mitnehmen wird. Wenn wir in La Gomera angekommen sind, will er mit uns reden. Dann wird eine Entscheidung fallen.

Tag 43, im Hafen von San Sebastián, La Gomera. Obwohl ich fast 12 Stunden geschlafen habe, bin ich angespannt. Es ist mittlerweile 10.17 Uhr. Lichtstrahlen dringen ins Bootsinnere. Bernard raucht eine Zigarette. Ihr Qualm verteilt sich im gesamten Boot. Irgendwie fühlt sich die Luft dünn an. Irgendwie nicht gut. Die Spannung im Bootsinnern ist förmlich zu spüren. Und wir alle drei halten sie aufrecht, warten darauf, dass einer von uns als Erster das Wort ergreift. Doch es passiert nichts. Nichts, außer, dass sich unsere leeren Blicke treffen.

Ich habe bereits gestern andere Kapitäne im Hafen angesprochen und gefragt, ob sie nach Gran Canaria segeln. Mir schwebt nämlich der Gedanke vor, einfach wieder zurück in den größeren Hafen zu segeln und dort nach einer neuen Mitreisegelegenheit zu suchen.

Neben unserem Boot liegt ein schmales, gerade mal sieben Meter langes Boot namens „Shalom". „Shalom. Frieden. Das könnte ich jetzt auch gut gebrauchen", denke ich mir im Hinblick auf diese enorm angespannte Situation. Der Kapitän der „Shalom" ist der 18-jährige Christoph. Er ist aus Hamburg hierher gesegelt und möchte ebenfalls den Atlantik überqueren und womöglich noch einen Freund in Ecuador besuchen. „Mit dem Boot?", frage ich ziemlich erstaunt und ungläubig zugleich. Mein Blick wandert zu seinem selbstgebauten Windpiloten, auf dem „Gott ist ein Seemann" mit Edding geschrieben steht. „Ja, dieser Junge muss ein starkes Gottvertrauen haben", mustere ich ihn. „Hast du keinen Motor?", frage ich neugierig. „Nein, nur so einen kleinen. Aber der funktioniert höchstens in ganz ruhigem Wasser im Hafen", antwortet Christoph mit kaum zuckenden Schultern. „Na, super!", denke ich mir. „Mit dem fahre ich auf gar keinen Fall mit! Viel zu gefährlich!" „Da passiert doch nichts!", weckt mich Christoph aus meinem Gedankenspiel. Er scheint sehr selbstbewusst und zuversichtlich zu sein. „Der Ärmelkanal, ja, der war gefährlich. Da tauchten ständig Bohrinseln, Frachter und andere Überraschungen wie aus dem Nichts auf. An Schlaf war dort nicht zu denken. Aber auf dem Atlantik? Da kann ich schlafen!" „Wie?! Und wer hält Nachtwache?", frage ich ihn verdutzt, fast schon schockiert. „Du begegnest auf dem Atlantik doch keinem einzigen Schiff. Der ist viel zu weitläufig. Da rammst du eher mal einen schlafenden Wal, der an der Wasseroberfläche treibt. Aber den siehst du auch nicht, wenn du wach bist!", entgegnet er mit einer Gelassenheit, dass mir fast schwindelig wird. „Wahrscheinlich hat er auch noch recht", denke ich und bin überzeugt davon, dass auch er auf etwas Höheres vertraut, irgendwas, das ihn beschützt. Ich habe größten Respekt vor ihm und seinem Vorhaben, während Anna tatsächlich schon mit einer Überfahrt mit ihm liebäugelt. Mutige Anna!

Und wie wir uns so von Boot zu Boot unterhalten, kommt ein mittelgroßer junger Mann, Mitte 20, vorbei. Er hat einen dichten Bart und lange blonde Haare. Ein bisschen vielleicht, wie man sich Jesus vorstellt. Doch er ist nicht Jesus. Nein, er heißt Albi, ursprünglich Albrecht, kommt aus Rostock und reist bereits seit anderthalb Jahren durch Europa. In den nächsten Tagen lernen wir dann noch Willy kennen. Er macht gerade ein Praktikum auf der Tauchstation in La Gomera und hat ebenfalls dieses Jahr Abitur gemacht. Und so bilden wir eine kleine Gemeinschaft von deutschen Jugendlichen, die zumindest einen Teil dieser Welt bereisen wollen. Albi, Anna und ich per Anhalter, Christoph mit seinem eigenen Segelboot und Willy eben etwas stationärer.

Doch was ist mit Bernard? Wird er uns mitnehmen oder doch vom Boot schmeißen? Am Donnerstag wird er nach Frankreich fliegen. Bis dahin müssen wir geredet haben.

Mittwochabends fasst er sich dann ein Herz, spricht uns an. „Trés difficile“, verstehe ich nur. Aber das verstehe ich. Es sei sehr schwierig. Vermutlich sei es sehr schwierig mit uns, mutmaße ich. Er betont es immer wieder. „Trés difficile.“ Viel mehr verstehe ich erstmal nicht, denn er redet auf Französisch mit Anna. Dann übersetzt sie mir seine Botschaft: „Ich möchte euch nicht rausschmeißen, ihr dürft entscheiden, ob ihr mit mir segeln wollt oder nicht. Aber wenn ihr mitkommt, wird es sehr schwierig werden.“ Ja, das haben wir gemerkt. Doch mich fasziniert, dass er uns die Entscheidung überlässt. Unterdessen wendet er sich wieder an Anna. Und Anna lässt mich wissen: Er spreche überhaupt nicht gerne Englisch und habe das Gefühl, seine Identität zu verlieren, wenn er weiterhin so viel Englisch sprechen würde. Mir bleibt der Mund offenstehen. Ich kann nur sehr schwer Verständnis für diese Aussage aufbringen.

Anna und ich beraten uns. Dann fällen wir die Entscheidung: Wir steigen von seinem Boot ab und suchen ein neues. Als Bernard das erfährt, fängt er an zu weinen. „Wow, das habe ich nicht erwartet“, erschrecke ich. Scheinbar tut es ihm wirklich leid, dass er uns nicht mitnehmen kann. Doch es ergäbe einfach keinen Sinn. Wenn bei jedem Essen gemeckert wird, die Stimmung permanent mies ist, willst du keine 30 Tage auf See in einem 8,5 Meter kleinen Boot aufeinanderhocken. Nein, dass willst du wirklich nicht! Und zudem erhoffen wir uns auf den Kanaren mehr Chancen, ein Boot zu finden, als dann in Kapverden abzuspringen und eventuell dort festzuhängen.

Bernard meint es gut mit uns, und er erlaubt uns, die nächsten zwei Wochen auf seinem Boot zu wohnen, während er nach Frankreich zurückkehrt, um noch irgendwelche bürokratischen Dinge zu erledigen.

Echt schade, dass wir mit unseren jeweiligen Essensansprüchen keinen tragbaren Kompromiss finden konnten. „Doch irgendwie soll es wohl so sein! Wir werden schon ein neues Boot finden“, spreche ich mir Mut zu. Dennoch, die nächsten Tage bin ich hin- und hergerissen. Alles fühlt sich irgendwie falsch an. Trauernd denke ich an die Trennung von meiner ersten großen Liebe zurück. Schon komisch, dass mich die Trennung von Bernard an das Ende der Beziehung mit meiner Freundin erinnert. Irgendwie bringt so eine Entzweiung doch immer enttäuschte Erwartungen mit sich. Man hatte sich das halt anders vorgestellt. Zudem verstärkt sich auch noch das Gefühl, Anna und ich sollten ebenfalls getrennte Wege gehen.

Partnerwechsel

Mittlerweile ist Bernard nach Frankreich zurückgeflogen und wir haben es uns auf seiner „Saudade" gemütlich gemacht. Ich staune noch immer, dass er uns trotz Trennung vertraut, dass wir verantwortungsbewusst und achtsam mit seinem Boot umgehen. Die „Saudade" ist ihm wirklich viel wert, das wissen wir. Er hat sie in sehr mühevoller, monatelanger Kleinarbeit liebevoll ausgeschmückt. Nun soll seine wahrscheinlich letzte Atlantiküberquerung folgen.

Auch wenn wir immer wieder von jungen Menschen hören, die sich einfach ein Segelboot schnappten und ohne jegliche Erfahrung lossegelten, hat Bernard vielleicht gemerkt, dass wir uns das nicht zutrauen würden. Fakt ist: Sein Bootsschlüssel und damit verbunden sein Boot und sein Vertrauen liegen in unseren Händen. Sicherlich ist es auch eine Win-Win-Situation in der Hinsicht, dass sein Boot „bewacht" wird und wir eine Unterkunft haben. Dennoch, ein enormes Vertrauen gehört trotzdem dazu!

Zwei Boote weiter liegt ein Lette im Hafen. Also sein Segelboot. Mit dem Letten ist Albi von Teneriffa hergereist. Am Abend laden sie Christoph und uns auf ihr Boot zu einem Whiskeyabend ein. Uldinch, der Lette, hat schon mal vorgeglüht. Scheinbar in landesüblicher Form: Zwei-Liter-Tetrapack-Rotwein. Ich steige die Stufen, die unter Deck führen, hinab und erschrecke gleich mal. An seiner Wand hängt ein Gewehr. Uldinch erzählt uns, er liebe Stürme und die raue, kalte Ostsee sei genau das Richtige für ihn. Außerdem segle er am liebsten allein. Er nimmt einen großen Schluck aus der Whiskey-Flasche. Natürlich schenkt er auch uns ein. Normalerweise schmeckt mir solch harter Alkohol gar nicht, doch Uldinch scheint Experte auf diesem Gebiet zu sein. Der 69-jährige Lette hat bereits hauchdünne Apfelscheiben geschnitten. „Zu einem Schluck Whiskey kaut ihr am besten auf einer Apfelscheibe", weiht er uns ein. „Dann brennt's nicht mehr so." Er lacht. Wir probieren einen Schluck, dann lauschen wir wieder seinen Erzählungen. Scheinbar findet er auf seinen Segeltörns reichlich Zeit zu fantasieren, denn seine Geschichten klingen wild und ungestüm. Und so wird der Abend mehr oder weniger ein Alleinunterhalter-Abend. Der alte Lette leert ein Glas nach dem anderen, erzählt dazu seine überzogenen Geschichten, und die Jugend hört gebannt zu. Ein witziges Zusammentreffen!

An diesem Abend leeren wir zu fünft drei Whiskey-Flaschen. Zwei davon dürfte Uldinch allein getrunken haben. Umso respektabler, dass er trotz des vielen Alkohols noch still sitzen konnte. Eine schwache Blase hat er auf jeden Fall nicht! Albi erzählt uns am nächsten Morgen, Uldinch sei unter Deck einfach zusammengeklappt und hätte schnarchend den Rest der Nacht auf dem Boden verbracht. „Jaja, der Lette …“, grinse ich.

Nach ein paar erfolglosen Tagen der Bootssuche im Hafen von San Sebastián, der Hauptstadt von La Gomera, wollen wir gemeinsam was unternehmen. Zu viert mieten wir ein Auto, cruisen über die Insel und übernachten irgendwo im Wald. So bekommen wir zwar einen ganz netten Eindruck von dieser kleinen, vielfältigen Insel, doch mir reicht das nicht. Ich verspüre große Lust, durchs waldige und bergige Inland zu wandern, eine kleine Trekkingtour zu machen. Zunächst wollen wir zu viert aufbrechen, doch irgendwie beschließen wir kurzfristig doch, zwei Grüppchen zu bilden: die Strandgruppe mit Christoph, Anna und Willy und die Wandergruppe bestehend aus Albi und mir.

Faul wie wir sind, legen wir die ersten 15 Kilometer und 1000 Meter in die Höhe per Anhalter zurück. Im Inland der Insel angekommen, geht es zu Fuß weiter. Drei Tage lang laufen wir durch den Regen. Bei 95 Prozent Luftfeuchtigkeit trocknet rein gar nichts mehr, stattdessen wird es nur noch nasser. Das Mikrofon meiner Kamera versagt, die Schuhe werden zu kleinen Aquarien. Zum Glück habe ich meinen Schlafsack in einer Plastiktüte verpackt, und Albi kann ich mit einer Rettungsdecke aushelfen, sodass auch er einen halbwegs warmen Schlaf finden kann. Der trockenste Ort, den wir für die letzte Nacht im Freien finden können, ist eine Bushaltestelle, weshalb wir auch sofort beschließen, hier zu übernachten. Dann trampen wir wieder zurück zum Hafen. Auch wenn jetzt meine Isomatte schimmelt, habe ich die Zeit doch sehr genossen. Es hat einfach so gutgetan, mal wieder ins Grüne einzutauchen.

Mit neuer Energie setze ich meine

Bootssuche fort, drehe täglich meine Runde und frage Boote an. Mittlerweile frage ich allein. Auch Anna fragt rum. Doch wir fragen getrennt. Es ist Zeit für Veränderung! Mit Anna bin ich die ersten zwei Monate gereist. Es war wirklich sehr wertvoll, zusammen zu starten. Doch irgendwann kommt der Punkt, ab dem wir uns mit kleinen Dingen auf die Nerven gehen. Und gleichzeitig wächst die Neugierde in mir, wie es wohl ist, mit jemand anderem oder sogar allein weiterzureisen.

Nach einigem Herumfragen steht für mich nun fest: Entweder nehmen mich jene Engländer mit, die mit Albi über Gambia nach Kapverden segeln wollen, oder ich suche mir ein Boot zurück nach Teneriffa. Teneriffa liegt zwar nicht auf meinem Weg, ist aber die nächstgelegene größere Insel, wo die Chancen besser sein dürften, ein Boot zu finden.

Mittlerweile sind zwei Wochen vergangen, seit Anna und ich Bernard die Entscheidung, nach einem neuen Boot zu suchen, offenbarten. „Es wird aber sehr schwierig werden, noch ein neues Boot zu finden", hatte uns Bernard gewarnt. „Ach, wie ermutigend!", dachte ich damals. In diesen Tagen kommt mir der Gedanke, Bernard zu fragen, ob er mich nicht doch mitnehmen könnte. „Bernard ist doch eigentlich so ein Lieber", denke ich. „Ok, er raucht. Und ob er jemals mit meiner Art des Kochens glücklich werden könnte …?" Ich zweifle, schwanke und verstehe: „Vergiss es!", ruft es in mir. „Die Möglichkeit mit Bernard ist gegessen!"

Zwei Tage später verlasse ich La Gomera. Am Tag zuvor habe ich ein paar junge Norweger kennengelernt, die mich nun nach Teneriffa mitnehmen. Die Jungs sind zwischen 24 und 27 Jahre alt, arbeiten auf einer Ölplattform und haben gerade wieder vier Wochen Urlaub. Sie arbeiten stets zwei Wochen lang, dann haben sie wieder vier Wochen lang Urlaub. Und scheinbar verdienen sie auch ziemlich gut, denn diese 49 Fuß, sprich 15 Meter lange Luxusyacht haben sie für 140.000 Euro gekauft, wie sie mir stolz erzählen. Geld scheint ihnen wichtig zu sein. Und neben Geld reden sie eigentlich permanent über Gras und Frauen. Ich höre einfach nur zu. Doch was sie wirklich gut können, ist Englisch sprechen. Ihre Aussprache, Grammatik und Vokabular scheinen perfekt zu sein. Hut ab! Und auch wenn ich ihren Gesprächen eher still lausche, freue ich mich umso mehr, dass sie mich überhaupt mitnehmen. Mich, als einfachen Tramper. Und nicht nur mich. Als ich Albi von der Möglichkeit, mit den Norwegern mitzusegeln, erzählte, wollte er gleich mit. Die Norweger nickten und Albi sprang mit aufs Boot. Und so beschließen wir kurzerhand, in Teneriffa gemeinsam nach einem Boot zu suchen. „Wie wunderbar!“, freue ich mich.

Albi ist übrigens 26 Jahre alt, sprich acht Jahre älter als ich, und fühlt sich ein bisschen an wie ein großer Bruder, zu dem ich aufschauen kann. Er hat ja auch schon bedeutend mehr Reiseerfahrung als ich und kann fließend Spanisch und Englisch. Mit La Gomera lasse ich also auch die „Saudade“, Willy, Christoph und Anna zurück. Anna und Christoph stehen auf dem Steg. Sie winken. Die nächste Trennung. Ich wünsche Anna von ganzem Herzen alles Gute und eine großartige Weiterreise. Und für mich beginnt in diesem Moment ein neues Kapitel meiner Reise. Und so schreibe ich in mein Tagebuch:

Aufbruch

Ich liebe Aufbruch
Die Taschen packen
Weiterziehen
Weiter, ins Unbekannte
Auf zu neuen Pfaden
Neuen Ufern
Entdecken
Finden
Genießen
Ich habe eine Idee
Mehr nicht
So ist es, das Leben
Überraschungen, die gibt es überall
Ich will sie finden
Die positiven
Ich will aufbrechen
Die Taschen packen
Weiterziehen

Gipfelglück zwischen den Häfen

MENSCHEN, DIE DIE BERGE LIEBEN, WIDERSPIEGELN SONNENLICHT. DIE ANDEREN, DIE IM TAL GEBLIEBEN, VERSTEHEN IHRE SPRACHE NICHT.
Stefan Schröder

Teneriffa. 9 Uhr. Kaum sind wir im Hafen von Santa Cruz angekommen, machen sich die vier Norweger auf den Weg, um einen McDonald's zu finden. Albi und ich denken stattdessen gleich wieder an die Bootssuche. Wir wollen unsere Chancen nutzen, keine Zeit verlieren. Mit einer Guitarlele, also einer Ukulele mit Gitarrensaiten, und der legendären Pappe bewaffnet, wollen wir unseren zukünftigen Kapitän ausfindig machen. Wir reimen einen kleinen Song und singen den Seglern ungefragt unser Ständchen. „Hey, das klingt richtig gut! Ihr seid die ersten, die sich wirklich Mühe geben. Bei euch merkt man gleich, dass ihr wirklich gerne mitkommen wollt", hören wir öfters. „Aber leider haben wir keinen Platz mehr." Das hören wir mindestens genauso oft. „Na gut." Wir senken für einen Moment enttäuscht die Köpfe, rappeln uns dann aber wieder auf und machen weiter. Ich bin mir sehr sicher, dass wir in den kommenden Tagen ein Boot finden werden!

Für dieses Ziel ist uns auch kein Weg zu umständlich. Wir kochen noch ein Nudel-Lauch-Pilz-Pfännchen, dann verlassen wir für ein paar Tage das Boot der Norweger und trampen in den Süden Teneriffas, in den Hafen San Miguel. Dort erhoffen wir uns weitere Chancen. Es ist Nachmittag, und ich stehe mit Albi an derselben Stelle der Hauptstraße wie einen Monat zuvor mit Anna, als wir Jürgen auf Teneriffa absetzten. Wieder heißt es: Trampen. Wieder den Daumen rausstrecken und warten. Doch lange brauchen wir nicht zu warten. Es vergehen gefühlte 20 Minuten an der Ampelkreuzung, dann hält ein Pole. Die Scheibe wird runtergekurbelt, und uns springt in Englisch ein „Wo wollt ihr hin? Nach San Miguel? Kommt rein!" entgegen. Fünf Sekunden später sitzen wir im Auto, die Ampel springt auf Grün um, und wir düsen gen Süden der Insel. Diesmal hatten wir keine Pappe, die unsere Richtung anzeigte, dafür eine Menge Glück, denn der polnische Urlauber will exakt in denselben Ort, zu seinem Hotel, das unmittelbar neben dem Hafen liegt. So etwas nenne ich einen „Direktlift".

Es ist Nikolaus, der 6. Dezember 2016. Doch irgendwie kommt kein vorweihnachtliches Gefühl auf. Bei 20°C krieche ich frühmorgens aus dem Schlafsack. Nein, heute werde ich nicht wie in den letzten 17 Jahren den Nikolausabend mit Papa als verkleidetem Nikolaus im Kreise meiner Lieben verbringen. Das gemütliche Beisammensein, zusammen Geschichten lesen und Lieder bei Kerzenschein singen, während es draußen schon lange dunkel und kalt ist. Nein, dieses Jahr wird es zum ersten Mal ganz anders laufen. Doch was ich dieses Jahr habe, ist Zeit, innezuhalten, nachzudenken. In den letzten Jahren war der Advent oft eine sehr volle, eher stressige Zeit, und von Stress kann im Moment bei mir wirklich nicht die Rede sein.

Wir schultern wieder unsere Rucksäcke, laufen durch den Hafen und sprechen Kapitäne an. Natürlich wieder singend und entsprechend fröhlich. „Wie? Watt? Dat gibt's ja nicht!“, schreit es plötzlich aus einem Boot heraus. Wir stehen vor der blauen „Pantera“, einem Stahlboot, als der Kapitän lauthals loslacht. „Sonja, das musst du sehen!“, ruft er ins Boot hinein und lacht weiter. Dann kommt auch Sonja aus dem Bootsinnern. Michel steht immer noch lachend an der Reling und kann es nicht fassen, dass sowohl Albi als auch ich vor ihm stehen. Wir. Zusammen. Kein Wunder, dass er so verdutzt ist: Albi haben die beiden zum ersten Mal in Gibraltar angetroffen, Anna und mich hingegen nur ein bis zwei Wochen später im Hafen von Marokko kennengelernt. Sie lagen damals mit ihrem Boot direkt neben uns. Sonja und Michel sind Mitte 30, haben ihre Jobs gekündigt und sind aus Würzburg losgesegelt. Ganz nach dem Motto: „Never try, never know.“

Bei einer Tasse Tee unterhalten wir uns noch ein Weilchen, dann wollen Albi und ich wieder aufbrechen. Wir wollen nämlich den höchsten Berg Spaniens, den Vulkan Teide, besteigen. 3718 Meter ragt er über dem Meeresspiegel heraus. Wir wollen gerade den Steg verlassen, da ruft uns Sonja hinterher: „Habt ihr noch eine Stunde Zeit? Wenn ihr wollt, nehmen wir euch mit hoch." „Klar, die Stunde können wir warten!", rufen wir zurück, denn von 0 Meter auf 3718 Meter wollten wir nun auch nicht wandern. Wie immer wären wir einfach ein Stück getrampt, aber dieses verlockende Angebot nehmen wir natürlich sehr gerne dankend an.

Rasant winden wir uns also eine Stunde später bis auf 2300 Meter in die Höhe. Mitten in den Krater des ehemaligen Supervulkans. Man fährt praktisch in den riesigen erloschenen Krater hinein, und nur die höchste Spitze des Kraterrands ist letztendlich der 3718 Meter hohe Teide. Eine hochfaszinierende Landschaft!

Zum Glück steht der größte Teil hier auch unter Naturschutz und wurde zum Nationalpark erklärt. Mit Sonja und Michel machen wir noch einen Spaziergang, dann brechen Albi und ich bei anbrechender Dunkelheit zu unserem kleinen Abenteuer auf: die Teidebesteigung bei Nacht. Nun stehen uns über 1400 Meter in die Höhe bevor. Der Traum ist der, bei Sonnenaufgang auf dem Gipfel zu stehen. Wir laufen an diesem Abend nicht mehr weit, dann rollen wir Isomatte und Schlafsack aus. Es ist Zeit, ein paar Stunden zu schlafen. Während wir am Morgen noch bei etwa 20°C aufgewacht sind, fühlt es sich hier oben sehr kalt an! Wir sind inmitten einer Landschaft aus Vulkangestein.

Es ist gerade mal ein Uhr nachts, als der Wecker klingelt. Ich erinnere mich: „Ja, ich wollte doch zum Sonnenaufgang am Gipfel sein. Also gut!" Dann werfe ich noch einen Blick aufs Thermometer: 3°C. „Verstehe! Darum habe ich gestern Abend so gefroren." In San Miguel waren es mittags sicherlich über 25°C. Wir packen alles ein, um 2.30 Uhr wandern wir dann los. Albi hat zwei Stunden geschlafen, ich immerhin vier. Beste Voraussetzungen für die kommenden acht Kilometer Strecke und 1400 Höhenmeter.

Auch wenn ich einen Teil des Gepäcks bei den Norwegern auf dem Boot lassen konnte, die 25-Kilogramm-Marke dürfte ich trotzdem erreichen. Doch unsere Aufmerksamkeit gilt nun ganz dem Weg. Es ist eine sternenklare Nacht, sodass wir sogar ohne Stirnlampe starten können. Als Albi dann zum zweiten Mal über größere Steine stolpert, knipsen wir doch das Licht an. Der Weg wird schwerer, steiler und gefühlt noch steiniger, doch wir kämpfen uns hoch und erreichen um Punkt 5 Uhr die Schutzhütte auf 3200 Metern ü. NN. Wir torkeln nur noch, ich fühle mich halbtot. Darum wollen wir eine Pause machen, jedoch nur ganz kurz, denn die Zeit drängt. Schwindelig und durchgefroren versuchen wir also, in jener Berghütte warmen Unterschlupf zu finden, doch der Hüttenwirt will uns partout nicht reinlassen. „Nur ganz kurz!", bitten wir ihn, nach Worten suchend. Nicht ganz willig öffnet er uns dann doch noch die Tür. Ich fühle mich immer noch wie auf Droge, doch die warme Hütte tut verdammt gut! Wir trinken ein bisschen Wasser, essen einen Apfel, dann geht's weiter, weiter gen Himmel!

Mittlerweile wandert eine ganze Karawane aus Lichtern den Berg empor. Sie kommen alle von dieser Berghütte und tragen ein Lämpchen auf dem Kopf. Wir reihen uns ein und stapfen gemeinsam Stein für Stein in die Höhe. Langsam dämmert es. Die Sterne verschwinden, wir knipsen die Stirnlampen aus. Der Krater kommt uns immer näher, und die Luft wird immer dünner. Bisher dürfte mein höchster Berg 2700 Meter hoch gewesen sein, doch das hier ist ein ganz anderes Level! Und als ob die Luft hier oben nicht schon dünn genug wäre, liegt plötzlich ein ziemlich beißender Geruch in der Luft. „Das riecht ja nach verfaulten Eiern!", ruft Albi und rümpft die Nase. Auch ich ringe nach Luft, nach guter, sauberer Luft. Dann sehen wir, woher dieser Gestank kommt: direkt aus dem Berg. Gelbe Rauchfahnen steigen empor. Das ist Schwefel. „Na lecker!", denke ich. „Jetzt bloß nicht umfallen." Langsam tappe ich weiter. Es sind die letzten Meter bis zum Gipfel.

Der Horizont verfärbt sich schon rot-orange, als Albi und ich uns in die Arme fallen. Wir haben es geschafft! Es ist 6.30 Uhr. Wahnsinn! Auch Albi steht einfach da, total erledigt, aber glücklich. Sprachlos, aber angekommen. „Wir sind so stoned!", rutscht mir dieser schlechte Witz von den Lippen. Und dann werden wir Beobachter eines ganz besonderen Spektakels. Während die Sonne auf der einen Seite aufgeht, erscheint auf der anderen Seite über dem Meer ein neuer Vulkan. Es sieht magisch aus! So als würde da ein Geist vom Berg schweben. Es ist der Schatten, den der Teide aufs Meer wirft. Nur wenige Minuten hält dieses Spektakel an, dann wandert die Sonne zu hoch, und der Schatten verschwindet wieder. Eine Momentaufnahme. Ein „Augen-Blick".

Das Panorama bleibt aber nach wie vor grandios! Wir blicken geradewegs vom braunen Vulkan ins blaue Meer hinab. Rundum nur Meer und ein paar Inseln. Wir packen den Kocher aus. Es ist Zeit für ein stärkendes Frühstück! Wir kochen Porridge, eine Art Haferbrei, und weil es so kalt ist – das Thermometer zeigt -1° C an –, packen wir auch gleich noch unsere Schlafsäcke aus. So lässt es sich über den Wolken leben! Wir bleiben und genießen.

Als fast alle Menschen wieder abgestiegen sind – und ja, es waren sehr viele Menschen hier oben –, schnappe ich mir den leeren Kochtopf, Albi seine Guitarlele, und gemeinsam musizieren wir in den neuen Tag hinein. Jetzt kann ich so richtig durchatmen, denn der Aufstieg war krass! Extrem! Und gleichzeitig absolut wundervoll!

Für den Aufstieg haben wir vier Stunden gebraucht, nach weiteren vier bis fünf Stunden auf dem Gipfel steigen wir nun wieder ab. Oder besser: stolpern den Berg hinab, denn wir sind nun völlig ausgelaugt. Doch genau solche Aktionen sind es, die ich liebe: raus aus der Komfortzone, rein ins Abenteuer. Das ist es, was mich erfüllt. Und das, obwohl es alles andere als bequem ist. Doch oben angekommen werden Glückshormone ausgeschüttet, und ich kann mich kaum noch halten vor lauter Freude und Staunen. Staunen über diese schier einzigartige Schönheit der Schöpfung! Und dann stehe ich plötzlich wieder da und sage: „Danke!“ Danke, dass ich all dies erleben darf.

Meinen Schlafmangel kann ich dann auch in der kommenden Nacht unter einer großen Kiefer ausgleichen, während Albi bereits in den Hafen getrampt ist. Ich habe mir dabei bewusst eine Kiefer ausgewählt, um am nächsten Morgen ganz bequem einen Kiefernnadeltee kochen zu können. Was man dafür braucht? Nichts außer kochendem Wasser und eben Kiefernnadeln. Im Idealfall nehme man die jungen hellgrünen Nadeln, aber es schmeckt auch mit den älteren Nadeln sehr gut.

Nach etwa 13 sehr erholsamen Stunden Schlaf stehe ich auf, lasse die schützende Kiefer zurück und trampe wieder zur „No Stress“, der Luxusyacht der vier Norweger. Sie wollen nämlich morgen mit uns nach Gran Canaria segeln, wohin ich ja eh noch mal aufgrund der guten Bootschancen zurückkehren wollte.

Am nächsten Morgen legt die „No Stress“ dann Richtung Las Palmas, Gran Canaria, ab. Ich freue mich schon, dort erneut mein Glück zu versuchen.

Doch während ich da so vor mich hinträume, schalten die Norweger plötzlich auf halber Strecke den Motor aus und springen ins Wasser. Als die vier, Troud, Tommy, Tor und Tore wieder an Bord geklettert sind, drehen sie um. „In Las Palmas ist kein Platz für uns“, erklärt uns Troud. „Wir fahren wieder nach Santa Cruz zurück.“ Schade eigentlich. Wieder einmal hat sich der vermeintliche Plan ohne mein Zutun geändert. Flexibel zu sein, das lerne ich auf dieser Reise. Nach einem kurzen Moment bin ich überzeugt: Es soll so sein! Vielleicht kommt ja morgen DAS Boot, das ich schon so lange suche, in Santa Cruz, Teneriffa, an und wir können Richtung Südamerika aufbrechen. Wer weiß das schon?! Es hat doch alles seinen Sinn. Und wieder einmal weiß ich nicht, was nur ein paar Stunden später am Tag sein wird. Nimm‘s leicht!, denk ich mir und freue mich plötzlich darüber. Irgendwie umgibt mich so ein befreiendes Gefühl, und gleichzeitig spüre ich: Ich werde noch ein Boot finden. Wann? Das ist nebensächlich. Vielleicht ja morgen schon. Vielleicht auch erst im April. Zeit – wodurch definiert sich eigentlich diese „Zeit“? Durch die Uhr? Durch den Kalender? Ich bin unterwegs mit der „No Stress“. Zufall? Schicksal!

Als wir zwei Tage später den Hafen mittlerweile regelrecht „abgegrast“ haben, treffen wir einen älteren Kapitän, der direkt nach Patagonien segeln will. Das wäre doch perfekt für uns! Aber ob es klappen wird, wissen wir noch nicht, denn eigentlich hat er schon zwei Mitfahrer. Wir schlendern noch ein wenig durch den Hafen, doch irgendwie wirkt alles mit jeder neuen Absage öder und trister, und in mir macht sich eine ganz andere Sehnsucht breit.

Ein Weihnachtsengel auf Teneriffa

UM DORTHIN ZU GELANGEN, MUSST DU DEN ZEICHEN FOLGEN. GOTT ZEICHNET DEN WEG VOR, DEN JEDER MENSCH GEHEN SOLL. DU MUSST ALSO NUR ERKENNEN, WAS ER FÜR DICH AUFGEZEICHNET HAT.
Paulo Coelho

Ich brauche Urlaub! Bäume, Laub, Hängematte!, notiere ich in meinem Tagebuch. Ich spüre, wie mir neue Kraft fehlt. Vermutlich waren es die vielen Eindrücke in den letzten Wochen, zu viele erfolglose Versuche, zu viel Wandel, immer ging's weiter. Man kann einfach nicht immer nur unterwegs sein. Ich sehne mich nach einem Buch, einem Kocher und Zeit. Aber noch mehr wünsche ich mir ein Boot, auf dem ich einige Zeit bleiben kann, auf dem ich mein kleines Reich eröffnen kann.

Albi und ich beschließen, ins bergige Hinterland Teneriffas zu trampen. Mit dabei ist noch ein weiterer Deutscher. Wir wollen ein paar Tage durchhängen, Waldluft schnuppern, mal durchatmen. Die Kanaren sehen in den Wintermonaten in Küstennähe sehr trocken und irgendwie leblos aus, während es im Inland noch oft sehr grün ist. Zurzeit leert sich zudem der Hafen stark. In großen Schritten geht es auf Weihnachten zu, und viele Segler fliegen dafür noch mal zurück zu ihren Familien. Da wird es immer trostloser und ernüchternder, im Hafen nach neuen Booten zu suchen. Ab Neujahr stünden die Chancen wieder besser, dann käme ein neuer Schub an Seglern, lässt man uns wissen. Und wir haben wirklich keine Lust, Weihnachten in einem leeren Hafen zu verbringen, ganz im Gegenteil: Wir wünschen uns zunehmend eine Familie, am liebsten eine einheimische, die gemeinsam mit uns Weihnachten feiern möchte. Auch wenn Albi keine wirkliche Beziehung zum Glauben hat und ihm Gott herzlich wenig bedeutet, Weihnachten scheint ihm doch nicht ganz egal zu sein. „Wir können uns ja mit einem Pappschild in die Fußgängerzone stellen und drauf schreiben: ‚Wollen mit euch Weihnachten feiern'", scherzt Albi. Dabei ist dieser Scherz gar nicht so unernst gemeint, und einen Versuch wäre es wert, finde ich.

Doch über Weihnachten und vor allem darüber, wie die Reise sonst weitergehen soll, wollen wir uns in den kommenden Tagen – hoffentlich im Wald – Gedanken machen. Für den Moment bin ich einfach nur fertig. Müde. Ausgelaugt. Schwach und motivationslos. Die vergangene Nacht an einem kleinen Strand war auch nicht so ganz das Wahre. Ich brauche eine Pause, möchte neue Energie und neue Hoffnung sammeln, ein Boot zu finden, und vielleicht sogar einen wunderschönen Ort über Weihnachten.

Ein paar Autos und Begegnungen später kommen wir im Bergdorf von Las Mercedes an. Hier kaufen wir noch ein bisschen Essen ein, um für die nächsten Tage im Wald versorgt zu sein. Gerade noch rechtzeitig schaffen wir es in den Dorfladen, bevor dieser wegen der Siesta schließt. Ich kann meinen Rucksack kaum noch heben, bin schwach und kraftlos. Es ist warm, und ich sitze auf meiner Pappe mit dem Pfeil nach Chile auf dem geteerten Boden. „Ich will nicht mehr! Ich kann nicht mehr!“, rutscht es mir raus. Dennoch versuche ich, mich zu motivieren. Es kann doch nicht mehr weit sein! Gleich sind wir im Wald! Wir laufen los. Die beiden voran, ich schleppe mich hinterher. Bedauerlich, dass meine mindestens 30 Kilogramm Gepäck auch nicht gerade leichter wirken als sonst.

Noch ein paar Minuten geht es entlang der Straße, dann erfüllt der Geruch von Eukalyptus die Luft. Wir biegen links in einen kleinen Pfad und schlagen uns den Weg durch die Brombeeren frei. Dann sind wir endlich im lang ersehnten Wald! Bäume, Schatten, kühle, frische Waldluft. Ich atme durch. Ganz tief atme ich ein und wieder aus. Ich kann schon jetzt spüren, wie eine gewisse Erholung in mir aufsteigt. Wir wandern noch ein Stückchen weiter, dann schlagen wir auf einer kleinen Lichtung unser Lager auf. Bei mir bedeutet das, die Hängematte zwischen zwei Bäume zu spannen, die Isomatte reinzulegen und nur noch in den Schlafsack zu kriechen. Genug für heute! Ich schlafe lange, schlafe tief und fest. Es tut unheimlich gut.

Der nächste Tag ist der 70. Tag dieser Reise. Aber was bedeutet diese einfache Zahl schon? 70. Sie steht symbolisch für eine Anzahl von Tagen. Allerdings kann ich die Tage nicht mehr wirklich spüren. Ich schreibe sie zwar auf, aber sie fühlen sich nicht greifbar an. So undefinierbar. Zwei Wochen, ok. 30 Tage, ok. Aber 70? Ist das viel oder wenig? Keine Ahnung! Aber ich spüre, dass es für meine Reise noch nicht so viel ist.

Wie so der neue Tag anbricht, baumle ich in meiner Hängematte, blicke gen Himmel und lasse meine Gedanken einfach umherschweifen. Lange Zeit denke ich an meine Familie und Freunde zu Hause in Deutschland. Zu gerne wäre ich an Weihnachten dort. Gleichzeitig spüre ich, dass es eben eine einzigartige Chance ist, Weihnachten mal fernab vom Gewohnten und stattdessen eben hier zu erleben. Vielleicht bin ich an Weihnachten aber auch schon auf dem Wasser unterwegs, auf dem Weg nach Patagonien? Ich denke an den Kapitän zurück, der uns eventuell direkt nach Patagonien mitnehmen wird. Abwarten.

Stundenlang hänge ich einfach da. Lasse meine Seele baumeln. Und zwar im wahrsten Sinne des Wortes. Ich denke darüber nach, dass ich, wie so oft, nicht weiß, wo ich heute Abend sein werde. Doch ist das wichtig? Nein!, höre ich eine deutliche Stimme aus meinem Inneren, und ich empfinde wieder diese intensive Dankbarkeit. Ich möchte für die wunderbaren Menschen danken, denen ich begegnen darf, und insbesondere all jene, die meinen Lebensweg begleiten. Dann werde ich wieder melancholisch, merke aber gleichzeitig, welch positive Kraft mir dieses Nichtstun hier im Wald schenkt. Ich spüre, wie ich mich langsam innerlich sortieren kann, wieder aufnahmefähiger für Neues werde. Wo ich vor einer Woche keine Hoffnung mehr gesehen habe, habe ich nun mit einem Mal wieder eine ganz neue Motivation.

Gegen Mittag schnappt sich Albi unsere Trinkflasche und meinen Wassersack, in dem sich vier Liter transportieren lassen, und marschiert los Richtung Dorf, um Wasser zu holen. „Danke, Albi!", rufe ich ihm noch hinterher, dann versinke ich wieder in der Hängematte und in meinen Gedanken.

Es vergeht einige Zeit, bis Albi wiederkommt. „Wo warst du denn so lange?", frage ich ihn erwartungsvoll. Schließlich weiß ich ja, dass der Weg zum Dorf maximal 15 Minuten dauern dürfte. „Es gibt gute Neuigkeiten!", lässt mich Albi wissen. Jetzt bin ich hellwach und gespannt: „Was ist passiert? Erzähl mal!" „Es war so: Auf dem Rückweg vom Dorf hat ein schwarzes Auto angehalten und wollte mich unbedingt mitnehmen." „Wie? Was? Das Auto wollte dich mitnehmen, obwohl du nicht einmal den Daumen rausgestreckt hast?", frage ich leicht verwirrt. „Ja, genau! Der Mann im Auto wollte mich unbedingt mitnehmen. Ich meinte noch, es seien nur fünf Minuten an der Straße zu laufen, aber er bestand regelrecht darauf, mich mitzunehmen." „Das klingt ja fast gruselig!", unterbreche ich Albi in seinem Erzählfluss. „Bist du denn eingestiegen?" „Ja. Das habe ich dann gemacht. Ich bin also eingestiegen und wir fuhren los" „Hat der dich nicht nach fünf Minuten wieder rausgeschmissen?"

In meinem Kopf startet ein seltsamer Film. Warum bestand dieser Mann darauf, Albi mitzunehmen? Hatte er doch etwas Böses im Sinn? Wollte er ihn vielleicht sogar entführen? Dass er Albi allerdings weder richtig entführt noch ihn verletzt hat, dass sehe ich ja. „Naja", fährt Albi fort, „wir haben uns prima unterhalten, er heißt übrigens Alejandro, und irgendwann habe ich ihm dann doch gesagt, dass er mich nun langsam rauslassen müsse. Er selbst wohnt allerdings auch ganz in der Nähe. Nämlich da, wo wir gestern in den Wald eingebogen sind." Ich staune nicht schlecht, dass er Albi trotz der kurzen Strecke so unbedingt mitnehmen wollte. „Und es kam noch besser: Er hat mir seine Handynummer gegeben und meinte, wir sollen anrufen, wenn wir mal Wäsche waschen oder warm duschen wollen." „Hammer!", rutscht es aus mir raus. „Dann rufen wir gleich mal an, oder?"

„Tuuut, tuuut, tuuut..." „Hola?" „Hi, hier spricht Albi. Wir wollten uns für dein liebes Angebot ganz herzlich bedanken und fragen, ob wir heute Abend vorbeikommen könnten?" „Si, si, claro!", antwortet Alejandro. „Wo seid ihr denn? Ich bin schon im Wald unterwegs und suche euch. Ich wollte euch nämlich zum Abendessen einladen." Albi schaut mich mit offenem Mund an. „Jaaa ... wir sind auch im Wald. Schwer zu sagen, wo genau. Am besten treffen wir uns gegen 17 Uhr bei dir zu Hause", schlägt Albi vor. „Alles klar. Bis später!" Alejandro legt auf, und wir schauen uns verwirrt an. Oder besser gesagt: fassungslos. Und zugleich total happy! Hat der uns gerade wirklich im Wald gesucht? „Jaja, das hat er gesagt", bestätigt Albi, der glücklicherweise hervorragend Spanisch spricht. Ein Segen in diesem Moment! Denn hätte Alejandro mich getroffen, hätte ich vermutlich nicht verstanden, dass er uns einladen wollte. Aber es kam mal wieder, wie es kommen sollte.

Während ich am Vormittag noch recht melancholisch und ausgelaugt in der Hängematte lag, erfüllen mich nun Euphorie und Hoffnung, Weihnachten doch mit Einheimischen und im Warmen verbringen zu können. Als wir an Alejandros Tür klingeln, bin ich sogar ein bisschen aufgeregt. Werden wir bei ihm länger bleiben dürfen? Und wer ist Alejandro eigentlich wirklich? Beruhigend ist der Gedanke, Albi dabeizuhaben, sodass zumindest sprachliche Barrieren gut überwindbar sein sollten.

Dann öffnet sich die Tür, und ein fröhlicher Alejandro heißt uns willkommen. „Mi casa es tu casa!", betont er gleich zu Beginn. „Mein Haus ist dein Haus." Was für ein wundervoller Satz! Wir sollen uns wie zu Hause fühlen, das scheint ihm sehr wichtig zu sein. Ich schaue mich in seiner Wohnung um. Alejandro lebt bescheiden und allein. Er arbeitet von zu Hause aus für Julio Iglesias, einen etwas älteren, berühmten spanischsprachigen Sänger. Die Geschichte, wie Alejandro an diesen Job gekommen ist, muss einfach erzählt werden: Alejandro war schon als junger Erwachsener sehr begeistert von Julio Iglesias, fand jedoch einfach keine Website von ihm im Internet. Also programmierte er kurzerhand selbst eine und schenkte sie ihm auch noch gleich. Nicht die schlechteste Art, sich zu bewerben!

Wir fühlen uns bei ihm gleich total wohl! Und Alejandro scheint unsere Anwesenheit auch sehr gutzutun, denn er ist permanent sehr gut gelaunt, singt, imitiert Dialekte und macht einen Witz nach dem anderen. Ich habe den Eindruck, dass er sich ungemein freut, dass wir jetzt Gast bei ihm sind, und vor allem, dass wir ein offenes Ohr mitbringen. Alejandro erzählt und erzählt. Wie gut, dass Albi das meiste versteht und mich ins Gespräch einbeziehen kann. Unter anderem erzählt er uns, dass er seit zehn Jahren keinen Urlaub mehr gemacht hat. Zehn Jahre lang hat er permanent für Julio Iglesias gearbeitet, der wegen der Zeitverschiebung – Julio lebt in der Dominikanischen Republik – auch noch oft mitten in der Nacht anruft. Doch so gutmütig, wie Alejandro nun mal ist, steht er dann auf und erledigt die Dinge um drei Uhr nachts. Respekt!

Je besser wir uns kennenlernen, desto mehr wünsche ich mir, noch über Weihnachten hierbleiben zu dürfen. In elf Tagen ist schon Heiligabend. Alejandro ist übrigens 47 Jahre alt. Er könnte mein Papa sein und irgendwie habe ich ihn auch von Beginn an in mein Herz geschlossen. Dafür tut er aber auch echt sein Bestes: So stehen zum Beispiel nur drei Tage nach unserer Ankunft plötzlich neue Hausschuhe im Flur, und zu unserer Überraschung passen sie auch noch wie angegossen. „Ihr sollt doch keine kalten Füße haben!“, sagt er und blickt auf den Boden aus Fliesen. Wenig später stellt er uns auch noch eine Art mobile Heizung ins Wohnzimmer, wo wir schlafen. Außerdem errichtet er noch einen extra Tisch im Zimmer, damit wir einen zweiten Schreibtisch zum Arbeiten haben. Und Highspeed-Internet hat er auch noch! Morgens begrüßt er uns mit selbst gepresstem Orangensaft und Hörnchen, und abends wünscht er uns gut gelaunt „Buenas noches!“. Halleluja! Wo sind wir hier gelandet? Immer und immer wieder schauen wir uns mit einem kopfschüttelnden Schmunzeln an. Unfassbar!

Zu Beginn habe ich mich gefragt, was Alejandro dazu treibt, uns – wildfremde Vagabunden – so dringlich in sein Haus einzuladen? Es erschien mir irgendwie recht seltsam, doch jetzt realisiere ich, es sollte einfach so sein! Albi und ich waren ein Stück weit vereinsamt und Alejandro auch. Wir alle haben uns Gemeinschaft gewünscht – jetzt können wir sie leben und erleben.

Eine Win-win-Situation, könnte man meinen, und für mich ist es noch viel mehr: meine ganz persönliche Weihnachtsgeschichte 2016. Ständig sehe ich diese Parallelen: Während in der Bibel Engel den Hirten erschienen und sie aufforderten, dem Stern zu folgen und zum Stall zu ziehen, erschien uns Alejandro, der sinngemäß sagte: „Seht ihr den Stern über meinem Haus funkeln? Kommt her!“ Die Hirten waren auf den Feldern, wir im Wald. Es fühlt sich so unglaublich an, aber für mich steht fest: Alejandro ist mein Weihnachtsengel! Wie gut, dass wir diesem Stern gefolgt sind.

Es ist der 24. Dezember, und wir wohnen nach wie vor bei Alejandro. Der Wunsch, Weihnachten nicht auf der Straße zu verbringen, geht hiermit in Erfüllung. Und es kommt noch besser: In den vergangenen Tagen waren Albi und ich öfters bei Mika zu Besuch, der Verkäuferin vom Dorfladen. Seitdem wir bei Alejandro wohnen, kaufen Albi und ich bei Mika ein. Ihre Einladung zum „Kanarische-Spezialitäten-Kochen“ war wie ein Türöffner für einen herzlichen Kontakt. Von ihr lernten wir zum Beispiel den Mojo Verde und den Mojo Rojo kennen, Gewürzpestos, die aus ganz viel Knoblauch bestehen. Für Ersteres mörsert oder püriert man Petersilie, Knoblauch, Kümmel und Salz und vermengt es mit Sonnenblumenöl, für das Zweite verwendet man Chili, Knoblauch, Salz, rote Paprika, Sonnenblumenöl und Paprikagewürz. Zwei einfache, aber sehr leckere Pestos, welche ich sicherlich, wieder zu Hause angekommen, in bester Erinnerung nachmachen werde. Für Heiligabend lud sie uns dann wieder ein, diesmal, um in ihrer Familie zu Abend zu essen. Welch eine Freude! Als wir gegen Abend in ihre Wohnung

eintreten, duftet es unbeschreiblich. Mika hatte heute den ganzen Tag in der Küche gestanden. Es tut mir wirklich so gut, in einer Familie an Heiligabend zu sein, geht es mir dankend durch den Kopf, und ich muss lächeln.

Nach der Christmette um Mitternacht überraschen Albi und ich Alejandro zum Abschluss dieses wundervollen Weihnachtsabends mit selbstgebackenen Plätzchen. In den vergangenen Tagen hatten wir die Küche vereinnahmt und uns nach guter deutscher Tradition beim Backen ausgetobt. Alejandro freut sich sehr über unser kleines Geschenk. Er selbst kocht und backt nicht so gerne, umso schöner ist es, wenn wir ihn genau damit so begeistern können. Und als wären wir in Alejandros Haus noch nicht genügend beschenkt worden, besteht er darauf, Albi und mir jeweils ein Handy zu schenken. Wir wollen es wirklich nicht annehmen, doch Alejandro zeigt sich sehr enttäuscht, ja fast schon wütend. Als er nach ein paar Tagen nicht nachgibt, nehmen wir sein Geschenk dankbar an – auch wenn ich erst mal gar nicht richtig weiß, was ich damit anfangen soll, schließlich bin ich bisher doch auch ohne Handy sehr gut durch die Welt gekommen.

Die kommenden Tage verbringe ich unter anderem damit, Spanisch zu lernen. Die paar Brocken, die ich in der Zeit bei Alejandro aufschnappen kann, reichen mir nicht. Ich versuche, mir die Sprache mit der NLS-Methode beizubringen, die zwölf Kapitel, über 600 Wörter Grundwortschatz und fast alle Zeitformen beinhaltet. Es handelt sich dabei um eine Geschichte, die ich zuerst auswendig lerne und dann Tag für Tag aufsage, wiederhole und wiederhole, bis ich irgendwann nicht mehr wirklich drüber nachdenken muss. Ich ahne nämlich, wie wichtig Spanisch für mich werden könnte. Darum versuche ich dranzubleiben und beginne meine Tage mit ein bis zwei Stunden Selbstunterricht, auch wenn es sich im Moment noch sehr verkrampft anfühlt.

Gleichzeitig gehen wir in großen Schritten dem neuen Jahr entgegen. Provisorisch nähe ich bei meiner einzigen langen Hose die Löcher zusammen und wandere ein wenig durch die Gegend. Albi und ich fahren nun auch mal wieder in den Hafen, versuchen unser Glück erneut. Diesmal haben wir zusätzlich Flyer angefertigt, die wir im Hafen aushängen, damit Kapitäne, die eine Crew suchen, uns direkt kontaktieren können, obwohl wir nicht dauerhaft im Hafen präsent sind.

An diesem Samstag, dem 31. Dezember 2016, laufen wir aber wieder persönlich die Stege ab. Albi hat seine Guitarlele mit dabei, ich die Pappe, auf der unsere Richtung steht. Über Weihnachten haben wir die Bootssuche etwas schleifen lassen. Eine Pause tat gut, zumal uns ja prognostiziert wurde, über Weihnachten sei eh kaum ein Kapitän im Hafen. Also ist die Hoffnung groß, sie jetzt abzupassen, wenn sie womöglich schon wieder zurückkehren. Doch so lange und gut gelaunt wir auch suchen, wieder bleibt die Suche erfolglos.

Vielleicht soll es ja so sein, und wir sollen noch ein wenig länger bei Alejandro bleiben. Der will nämlich gar nicht, dass wir gehen, er würde uns am liebsten adoptieren. Wie schön, dass wir wirklich willkommen sind in seinem Haus! Und so lassen wir zu dritt das Jahr 2016 ausklingen. Wir fahren um kurz vor Mitternacht hoch auf einen Aussichtspunkt, von wo aus wir einen herrlichen Blick über Teneriffa haben. Weit unten leuchten die Lichter von Santa Cruz. Wo wir am Mittag noch auf Bootssuche waren, gehen jetzt erste Feuerwerke in die Luft, und am Horizont erhebt sich der mächtige, schneebedeckte Vulkan Teide. Über uns funkeln die Sterne. Gemeinsam zählen wir runter: „TRES, DOS, UNO – YEAAAH! FELIZ AÑO NUEVO!!!!“, rufen wir freudig gleichzeitig aus und fallen uns in die Arme. Auf dass es ein glückliches neues Jahr werde! Herzlich willkommen 2017!

Und im selben Moment habe ich eine Vision. Woher sie kommt, weiß ich nicht, aber sie scheint mir plötzlich ganz klar: Ich blicke auf einen Weg, der vor mir im Nebel verschwindet. Gerade mal den ersten Meter des Weges kann ich vor mir erahnen. Doch ich weiß nicht, wohin mich dieser Weg führt. Ich weiß nicht, was in einer Woche passiert. Ich habe keinen Plan von diesem Weg. Ich kann ihm nur folgen. Und ich spüre, dass ich mich vertrauensvoll auf diesen Weg einlassen und dem Nebel mutig entgegentreten darf. Denn ich weiß, wenn ich einen Meter nach vorne gehe, werde ich einen neuen weiteren Meter vor mir erblicken können. Bleibe ich aber stehen, ändert sich nichts.

Wenn ich zurückblicke, erstreckt sich hinter mir eine Landschaft voller Erlebnisse. Voller Erfahrungen. Voller gelebter Zeit. Voller Dankbarkeit und

Liebe. Eine Landschaft mit all den Begegnungen meines bisherigen Lebens. Und besonders deutlich erkennbar liegt hinter mir eine Landschaft, die durch 2016 gestaltet wurde. Doch nur wenn ich weitergehe und dann zurückblicke, wird die Landschaft hinter mir gewachsen sein. Mit großer Vorfreude blicke ich auf die Zukunft mit all dem, was ich am Wegesrand entdecken darf. Und ich spüre, ich werde geführt. Das hier ist keine Sackgasse, kein Pfad, der im Sande verläuft. Nein, ich bin überzeugt davon, dass ich geleitet werde. Ich glaube fest daran, dass etwas Größeres, Unbegreifliches den Weg geebnet hat. Sicherlich wird es die eine oder andere Abzweigung geben, an der ich mich entscheiden muss. Aber fürs Erste heißt es: Folge mit Vertrauen diesem Weg in den Nebel.

An diesem Tag nehme ich mir fest vor, fortan gut auf die Zeichen am Wegesrand zu achten. Und wenn der Weg noch so neblig sein mag!

Das wird was, ich weiß es!

ALLES WIRD GUT, UND WENN ES NOCH NICHT GUT IST, IST ES NOCH NICHT ZU ENDE.
Unbekannt

Tag 91. Wir sind wieder im Hafen, fragen uns durch. Ich werde bald ein Boot finden, das spüre ich! Mein Bauchgefühl sagt mir, dass sich in den nächsten Wochen sehr viel verändern wird. Vielleicht finden wir unser Boot für die Atlantiküberquerung, vielleicht setzen wir auch einfach „nur" nach Las Palmas/ Gran Canaria über. Es macht wieder richtig Spaß, Boote anzufragen, und Absagen nehme ich entspannter hin. Denn während ich bisher so unbedingt und möglichst schnell nach Südamerika wollte, sehe ich das jetzt etwas gelassener.

Ja, Südamerika ist mein Wunschziel, aber wenn mich ein Boot nach Afrika bringen würde, würde ich wahrscheinlich auch Ja sagen. Die Atmosphäre ist locker, auch weil ich förmlich spüre, dass sich bald einiges ändern wird.

Wie wir so über die Stege laufen, treffen wir auf ein Boot namens „Sailing the farm". Auf dem Boot, das von einer ziemlich alternativen Gruppe besegelt wird, sollen Pflanzen angebaut werden. Uns ist es gleich sehr sympathisch. „Das wäre ja der Oberhammer, wenn die uns mitnehmen würden!", sage ich begeistert zu Albi, als wir das Boot wieder verlassen. Wir schlendern weiter und entdecken mit einem Mal wieder die „Pantera". „Hä? Häää? Hääääää? I'm having a baaaaad dream!", ruft Michel, der aus dem Bootsinnern herauslugt, und schlägt sich die Hand vor den Kopf. Klar, wie sollte er auch ahnen, dass wir immer noch – knappe vier Wochen später – auf derselben Insel sind?

Mittlerweile bin ich seit mehr als drei Monaten unterwegs. Nachdem dieser „Engel" aus dem Dorf auftauchte, habe ich jetzt wieder unglaublich Lust, weiterzureisen. Ich bin hier angekommen, fühle mich total wohl, konnte neue Kraft schöpfen und fühle mich nun bereit, weiterzuziehen. So schreibe ich in mein Tagebuch:

Reisen.
Ankommen.
Weiterreisen.
Grenzen überschreiten.
Komfort Komfort sein lassen.
Begegnungen. Face to Face.
Ein breites Lächeln. Ein offenes Herz.
Glück. Friede. Dankbarkeit.

Unerwartet.
Erträumt.
Unterbewusst.
Der Magen dreht sich um.
Das Bauchgefühl wird zur Stimme.
Gott geht mit.

Wechsel. Ständig. Unbeständig.
Leben. Blühen. Laut.

Verrückt.
Verdreht.
Pläne?
Neue Ideen.

Unbegrenztheit. Vielfältigkeit. Kreativität.
Aufbrechen.
Leben lebt vom Aufbruch.

Am nächsten Morgen wache ich gegen 11.30 Uhr auf. Tief geschlafen habe ich heute Nacht. Und vor allem: schwer geträumt. Gefühlt brummt mein Kopf immer noch. Ich träumte, wir hätten den Kapitän von „Sailing the farm" im Hafen getroffen. Wir laufen ihm noch hinterher, doch wir bekommen nur ein „Nein. Kein Platz" zu hören. Er nimmt uns nicht mit. So weit der Traum. Ist das eine Voraussicht?

Am Nachmittag ruft mich Albi dann zu sich rüber. „Schau mal, ‚Sailing the farm' hat uns eine Mail geschickt!" Ein Schaudern durchfährt mich. Sofort denke ich an den Traum. Gespannt öffnen wir die Mail: „Sorry, we don't have space for two." Das war alles. Sie haben keinen Platz für zwei. Ok. Aber könnte jetzt wenigstens einer von uns mit? Ich hoffe es sehr! Dass wir uns bald trennen werden, habe ich auch schon seit ein paar Tagen im Gefühl. Dann diese Nacht dieser Traum. Dann diese Nachricht. Spannung baut sich in mir auf. Es ist so aufregend! Ja klar, das und zwar genau das ist Reisen. Wenn dein Bauch zu sprechen beginnt, bist du auf einer Reise.

Tag 100. Das neue Jahr ist schon fast zwei Wochen alt. Am Nachmittag brechen wir wieder zum Hafen auf, versuchen unser Glück erneut. Doch statt einer Zusage werden wir aus dem Hafen verbannt. Betretungsverbot. Bähm! Ein nicht gerade gut gelaunter Mitarbeiter verbietet uns, zukünftig die Stege zu betreten. Es fühlt sich wie ein Schlag ins Gesicht an. Schade!

„Immerhin erst jetzt!", zwinkere ich Albi zu, schließlich fragen wir schon seit einem Monat fast täglich am Hafen herum. So skurril es ist, wirkt es auf mich schon fast wie ein Zeichen. Dann laufen wir an den entferntesten Steg, wo „Sailing the farm" liegt, um es zumindest dort noch mal im direkten Gespräch zu probieren. Dieses Aluminiumboot gefällt uns nach wie vor sehr gut, auch wenn sie uns schon gesagt haben, dass höchstens noch Platz für einen Mitfahrer wäre „Wir brauchen nur noch einen Taucher", heißt es auf dem Boot. Na super! , denke ich mir und verabschiede mich innerlich von jeglicher Hoffnung.

Als wir vom Boot herunterkommen, treffen wir einen Hippie, der mir auf die Frage, woher er komme, zuerst nicht antworten will und dann mit einem breiten Grinsen rausrückt: „From the sun." Aha, von der Sonne also. Ich muss aufpassen, dass ich nicht loslache. Stattdessen frage ich einfach noch mal. Es stellt sich heraus, dass er aus Bayern ist. Er ist schon über zwei Jahre unterwegs und hat irgendwie nur Kleidung dabei. Geht scheinbar alles, staune ich und denke kurz an meine 30 Kilogramm Gepäck.

An diese Begegnung mit dem Hippie werde ich noch oft denken. Mir ist in dem Moment, als ich noch mal nachhakte, bewusst geworden, wie unwichtig es ist, aus welchem Land wir kommen, und wie wertvoll es manchmal sein kann, es gar nicht zu wissen. So laufen wir auch nicht Gefahr, jemanden in eine Schublade zu stecken – eben zu vorverurteilen. Die Vorstellung, wir kommen alle von der Sonne, gefällt mir. Sie strahlt so etwas Positives und Friedvolles zugleich aus.

Mit diesem Gedanken laufen wir zurück Richtung Hafenpforte. Es dämmert bereits. Doch da wir eh direkt an der Hafenmauer entlanglaufen, will ich meine Chance nicht vertun und halte plakativ mein Pappschild gut erkennbar Richtung Stege. „-> SPAIN -> CHILE". Ich denke, meine Botschaft ist klar, oder? Auf dem Steg, leicht unterhalb von uns, laufen in diesem Moment zwei junge Männer entlang. Sie sehen die Pappe und sprechen uns mit einem Schweizer Akzent an: „Jooo, also nach Chile wollen wir aber nicht." Wir kommen trotzdem oder genau deswegen ins Gespräch. Sie wollen zwar nicht nach Chile segeln, aber sehr wohl Richtung Südamerika. Und das Wundersame: Die Schweizer zeigen sogar richtiges Interesse an uns. „Wollt ihr gerade mal auf ein Bier vorbeikommen?", fragt uns plötzlich der Kapitän, der übrigens Bernhard heißt. Wirklich! „Aber sehr, sehr gerne doch!", antworten wir synchron. Dass ich gar kein Bier mag, sei an der Stelle mal dahingestellt. Auf dem

Boot angekommen, erzählen wir munter und kommen auch mit Bernhards Frau Marianne ins Gespräch. Wir verstehen uns wirklich gut!

Die beiden sind Anfang 30, frisch verheiratet und eigentlich in den Flitterwochen und wollen entlang der Barfußroute, also entlang dem Äquator, einmal um die Welt flittern beziehungsweise segeln. Sie sind – genau wie ich – seit knapp drei Monaten unterwegs. Da es aber auf manchen Etappen hilfreich ist, nicht nur in der romantischen Zweisamkeit unterwegs zu sein, wurden sie bereits auf der letzten Etappe von einem Freund auf ihrer „Jolene" begleitet. Die Atlantiküberquerung würden sie auch nicht unbedingt allein machen wollen, vielleicht ist das ja eine Chance für Albi und mich.

Wir kehren mit einem optimistischen, hoffnungsvollen Gefühl zu Alejandro zurück. Zum einen sind die beiden Schweizer sehr offen, und zum anderen haben sie selbst noch keinen Mitsegler für die Überfahrt. Es ist also wirklich noch alles offen! Angespannt schlafe ich ein.

Am kommenden Sonntag sind wir bereits einen ganzen Monat bei Alejandro. Unglaublich. Großartig! Ein Riesengeschenk! Alejandro will einfach nur das Beste für uns. Er will wirklich der beste Gastgeber der Welt sein, so scheint es mir, und dabei hat er gar nicht mal so viel Geld. Er ist ein Märtyrer. Ein Engel. Selbstlos. Vertrauensvoll. Lustig. Er ist wohl der wunderbarste Mensch, den ich auf dieser Reise bisher kennengelernt habe. Ständig fragt er, ob er uns nicht noch was Gutes tun könne, und bekommt von mir seiner Fürsorglichkeit wegen liebevoll den Spitznamen „Papa de Tenerife" verpasst.

Obwohl ich mich hier so wohlfühle, rumort in mir dieses Gefühl, die Stimme, ein leiser Ruf, der mich auffordert, wieder aufzubrechen. Ich will nach Südamerika, und das sehr gerne noch vor April/Mai. Denn ab Juni beginnt in der Karibik die Hurrican-Saison. In mir zerrt es, und mir kommt folgendes Bild in den Kopf: Du steigst nachts auf einen Berg. Es ist dunkel, du erkennst den Weg kaum. Als du oben ankommst, bist du fertig, erledigt, schwach. Unterwegs hast du dich durchgekämpft. Immer weiter, immer höher folgtest du dem Weg. Mal wolltest du aufgeben, mal hast du den Weg nicht finden können, doch letztendlich hast du durchgehalten. Jetzt stehst du da oben. Erschöpft. Noch ist es dunkel, doch es dämmert schon ganz leicht. Es vergeht noch einige Zeit, dann geht die Sonne auf! Dieser helle Stern funkelt dir entgegen, und voller Stolz blickst du vom Berg hinab. Du kannst nun immer mehr erkennen. Glück erfüllt dein Herz. Du staunst über das, was hinter dir liegt, und bist fasziniert von dem, was du in der Ferne entdecken kannst. Du genießt förmlich den Anblick. Ganz bewusst. Du wusstest nicht, was kommen würde, doch du hast dich einfach aufgemacht. Bist losgewandert. Los, in diese neue Erfahrung.

So erlebe ich auch diese Reise. Ich folge dem Weg, doch ich weiß nicht, was kommt. Ich spüre aber, dass es einzigartig, großartig, außergewöhnlich werden wird! Und ich freue mich auf den Sonnenaufgang!

Montagmorgen, 2 Uhr. Noch einmal öffne ich mein E-Mail-Postfach. Fünf neue Mails. Ich antworte auf die von Mama, dann schaue ich mir die anderen genauer an. Da! Eine Mail von Marianne. Aufgeregt öffne ich die Mail. Was werden die geschrieben haben? Was für einen Eindruck haben wir wohl hinterlassen? In den letzten Tagen waren wir übrigens noch mal bei ihrem Boot und haben einen Mojo Verde und einen Mojo Rojo dagelassen, in der Hoffnung, dass sie Knoblauch mögen und wir ihnen auf diese Weise eine Freude machen können. Beziehungsweise naja, ehrlich gesagt, natürlich auch, um eine positive Entscheidung herauszulocken. Ein bisschen schleimen darf sein.

Und dann lese ich ganz genau, Wort für Wort, ihre Mail: „... Wir warten noch auf die Antwort von einem Freund aus der Schweiz. Wenn der nicht kann, nehmen wir euch mit. Falls ihr dann noch wollt. P.S. Und Knoblauch mögen wir auch."

Über mein Gesicht zieht sich ein breites Grinsen. Unglaublich! Bitte, bitte, bitte! Ich juble „nur" innerlich, will ich doch Albi nicht wecken. Das wird was! Ich glaub' daran! Nein, ich weiß es! Zitternd lege ich mich schlafen. Sechs Stunden später weckt Albi mich. Nichtsahnend natürlich. Ich springe auf und erzähle ihm sofort von der nächtlichen Mail. Nun zittern wir gemeinsam. Ich bete, ich hoffe. Es ist einfach zu unglaublich. Und in meinem Tagebuch notiere ich: *Das wird klappen! Ich weiß das!*

Ich rolle meine Isomatte zusammen. Spüre, langsam wird es Zeit, den Rucksack zu packen. Ja, ich sitze auf heißen Kohlen, kann es kaum aushalten. Während ich schon meine ersten Sachen neu packe, kommt Alejandro rein. „Vas para siempre?" Oft muss ich nachfragen, da ich tatsächlich nur selten beim ersten Mal verstehe, was er mir sagen will. Doch diesmal habe ich es sehr wohl verstanden. „Ob ich für immer gehe?" Ja, er hat wirklich Angst, dass wir gehen. Für immer.

Nein, für immer definitiv nicht! Ich werde wiederkommen. Irgendwann. Doch bald werde ich weiterziehen, das sagt mir mein Bauch. Die andere Seite des Atlantiks wartet.

Noch am selben Abend kommt eine neue Mail ins Postfach rein. Doch sie ist nicht von den Schweizern und auch nicht von meinen Eltern. Sie ist auf Englisch geschrieben. Zwei Engländer, Vater und Sohn, sind gerade auf Teneriffa angekommen, wollen jedoch auch schon in wenigen Tagen Richtung Karibik aufbrechen und würden uns gerne mitnehmen. What? Wahnsinn! Die beiden Engländer müssen wohl unsere Anzeige in der Marina gelesen und mir daraufhin eine Mail geschrieben haben. Das Faszinierende: Sie würden uns direkt mitnehmen, praktisch die Katze im Sack kaufen. Seit zweieinhalb Monaten versuche ich nun schon mein Glück auf den Kanarischen Inseln, und auf einmal habe ich zwei Angebote gleichzeitig. Verrückte Welt.

Am nächsten Morgen sitze ich wieder am Laptop. Alle halbe Stunde checke ich meine Mails. Still sitzen kann ich schon lange nicht mehr. Ich logge mich sogar bei meinem GMX-Konto ein, denn dort treffen die Mails noch einen Moment früher ein. Plötzlich ist es dann so weit, um 10.15 Uhr erscheint eine Mail mit dem Absender „Marianne". Ein Klick genügt, dann lese ich: „… Ich habe gestern noch mal unseren Freund angerufen. Er hat abgesagt und somit ist für euch Platz auf der Jolene." Ich springe auf, rufe Albi her, wir lesen einmal, zweimal, dreimal laut die Mail durch und fangen dann gemeinsam an zu singen: „Jolene, Jolene, Jolene, Jolene, Jo-lene…" Der Song von Dolly Parton schallte schon in den vergangenen Tagen häufig hoffnungsvoll durch Alejandros Wohnung. Zwei sympathische Schweizer und ein wunderschönes, italienisches Boot nehmen uns mit über den Atlantik. Danke!

Geil, geil, geil!, notiere ich in meinem Tagebuch. Mir wird rückblickend bewusst, dass die „Saudade", die ich Anfang November schon nach wenigen Tagen auf den Kanaren gefunden hatte, einfach noch nicht das passende Boot für mich war. Es war noch nicht der richtige Zeitpunkt. Nein, ich sollte wohl noch etwas die Inseln erkunden, Albi, Alejandro und Mika kennenlernen und noch langsamer unterwegs sein, eben alles andere als überstürzt nach Südamerika reisen. Und dieses Gebremstwerden tat mir gut. Seit Neujahr habe ich auch so richtig das Gefühl, auf meiner Reise angekommen zu sein. Am Anfang fühlte es sich eher wie Urlaub an, wie eine kurzweilige Aktion.

Jetzt fühlt es sich wie ein großes Abenteuer auf unbestimmte Zeit an. Ich nenne es Reisen. So, wie das Leben jedes Einzelnen eine große Reise, ein Abenteuer auf unbestimmte Zeit ist. Volle Fahrt voraus! Endlich kann auch die ganze Anspannung abfallen.

Mitten in der Nacht wache ich auf. Krass, übermorgen ziehen wir um. Es fühlt sich sehr gemischt an. Große Vorfreude trifft die Trauer über den Abschied von unserer schönen gemeinsamen Zeit mit Alejandro. Mittlerweile sind wir zu einer kleinen Familie zusammengewachsen. Später am Tag fahre ich mit Alejandro noch mal an einen besonders schönen Strand. Mein Spanisch hat sich schon verbessert, und ich genieße es sehr, mich noch mal mit Alejandro zu unterhalten. So bricht die Nacht herein, und ich mache ein paar letzte Landschaftsfotos. Ein schöner erster Abschiedsschritt! Die nächsten Tage ist dann Packen angesagt.

Abschied, Umzug, Neubeginn

„ABSCHIED HEIẞT, WAS NEUES KOMMT, DENN ANDERSWO GIBT'S EIN HALLO. ABSCHIED HEIẞT, WAS NEUES KOMMT, ABSCHIED HEIẞT HALLO." – IN „DER KLEINE TAG"
Rolf Zuckowski

An Tag 111 der Reise ist es dann so weit: Wir machen noch mal am kleinen Lädchen im Dorf Halt, verabschieden uns von der lieben Mika, dann geht es gemeinsam mit Alejandro in den Süden Teneriffas. Mittlerweile ist das Boot umgesiedelt und liegt jetzt in Las Galletas im Hafen. Wie wir so über die Autobahn fahren, eröffnet sich plötzlich ein Blick aufs offene Meer. Auf das ewige Blau, das mich in den kommenden Wochen umgeben wird. In mir kribbelt's. Ich kann es noch immer nicht fassen! Wie oft habe ich in den vergangenen Monaten auf dieses Meer geschaut?! Wie oft habe ich mir innig gewünscht, dort schon unterwegs zu sein?! Das Meer ist für mich ein Ort der Sehnsucht, des Fernwehs.

Der stechende Abschiedsschmerz wird von meiner Vorfreude beiseitegeschoben. Dennoch bin ich sehr dankbar, diese Zeit bei Alejandro verbracht haben zu dürfen. Sie hat mich ins richtige Tempo des Reisens gebracht, mir die Möglichkeit gegeben, mich wieder etwas zu sortieren, und mich insgesamt sehr erfüllt.

Die Sonne scheint, es ist Ende Januar, und wir laufen in T-Shirt und kurzer Hose den Steg entlang. Dann entdecken wir sie, in einem wunderschönen Marineblau und mit einer im Wind wehenden rot-weißen Schweizerfahne: die „Jolene". Unser neues Zuhause und unsere neue Familie. Schon kommen Marianne und Bernhard, genannt Bärni, aus dem Bootsinnern und umarmen uns freudig. „Herzlich willkommen auf der Jolene!" Natürlich mit Schweizer Akzent. Ach ja, wie ich diesen Akzent liebe!

Dank Alejandro und seinem Auto können wir ganz bequem einkaufen gehen. Über 200 Liter Trinkwasser kaufen wir ein. Als wir das Wasser an Bord gehievt haben, steht das ganze Deck voller 8-Liter-Kanister. Dazu kaufen wir reichlich frisches Obst und Gemüse, Kartoffeln, Nudeln, Reis und alles, was das Herz begehrt. Natürlich auch einige Dosen für die Zeit, wenn das frische Obst und Gemüse aufgebraucht ist. Doch Marianne – bestens vorbereitet – hat ein passendes Buch zur Hand, welches uns verrät, wie wir die Lebensmittel möglichst haltbar aufbewahren können. So packen wir zum Beispiel stets drei Äpfel in eine Papiertüte und kaufen Obst und Gemüse so unreif wie möglich ein. Wir nutzen Netze, um Obst und Gemüse, das die gegenseitige Reifung beschleunigen würde, zu trennen. Zum Beispiel tut Äpfeln die Nähe von Bananen oder Tomaten gar nicht gut. Außerdem waschen wir die Dinge erst unmittelbar vor dem Verzehr. Um Platz zu sparen, schütten wir Nu-

deln, Reis und Bohnen in bereits leere Wasserkanister. Dass sich auch die beiden Schweizer vorwiegend pflanzlich beziehungsweise zumindest vegetarisch ernähren, macht es mir sicherlich leichter, mich wie zu Hause zu fühlen. Es fühlt sich einfach so richtig und so gut an, jetzt auf diesem Boot anzukommen!

Wir richten es uns gemütlich ein und überlegen, wo wir eigentlich hinsegeln wollen. In die Karibik oder nach Brasilien? Bärni hat die ersten Jahre seines Lebens in Brasilien verbracht und liebäugelt darum mit jenem Land. Mir wäre es natürlich auch sehr lieb, schließlich will ich ja nach Südamerika. Albi und ich versuchen sogar, Bärni dazu zu überreden, aber Bärni und Marianne entscheiden sich schließlich für die Karibik. Dort gibt es französische Übersee-Departements, die also politisch zu Frankreich gehören und somit eine Einreise sehr unkompliziert machen. Wir würden praktisch wieder in Europa einreisen. Wo genau es für uns hingehen wird, wird sich noch zeigen, doch klar ist jetzt erst einmal: Wir segeln zu viert in die Karibik.

Als Alejandro ein letztes Mal zum Boot kommt und den Steg entlangläuft, habe ich für einen Moment das Gefühl: Da kommt mein Papa. Es lässt mich zittern, ein Schaudern geht durch meinen Körper. Wow! Dass das so unter die Haut geht, hätte ich nicht erwartet. Zwar nur für sehr begrenzte Zeit, aber letztendlich doch eben für ganze sechs Wochen sind wir zu einer Familie zusammengewachsen. Und das aus dem Nichts. Ich bin den Tränen nah. Ein letztes Mal drücke ich Alejandro ganz fest, dann löst sich das Boot vom Steg. Bärni schmeißt den Motor an und dreht noch eine Extrarunde, denn auf dem Steg hat sich mittlerweile eine ganze Traube von Menschen – wohl vorwiegend Segler – angesammelt und winkt. Wir verlassen den sicheren Hafen und lassen Teneriffa hinter uns. Es ist der 116. Tag meiner Reise, der 28. Januar 2017.

Schaukelnd über den Atlantik

DIE GABE DER RUHE UND GELASSENHEIT IST BESONDERS NOTWENDIG. MIT IHR LASSEN SICH ALLE ÜBEL IN FREUDE ERTRAGEN.
Johannes XXIII

Kaum haben wir die Hafenausfahrt verlassen, weht mir frischer Wind ins Gesicht. Ich drehe mich um, blicke noch mal zurück und lasse diesen Moment wirken. Teneriffa, mein Zuhause für die vergangenen zwei Monate, wird immer kleiner. Plötzlich tauchen Delfine auf. Sie begleiten uns eine Weile raus aufs offene Meer, auf den schier unendlich wirkenden Ozean. Dann verschwinden sie. Es ist, als wollten sie uns eine gute Reise wünschen. Ich drehe mich noch einmal um und sage Teneriffa und den Kanaren endgültig: Adiós! Auf Wiedersehen!

Die Entdeckung der veganen Bratwurst

LACHEN, LEBEN, LIEBEN UND MANCHMAL EINFACH NUR DIE SEELE BAUMELN LASSEN.
Unbekannt

Die „Jolene“ steht schief, aber stabil im Wasser, reichlich Wind bläst uns gen Südwesten. Und Bärni legt sich erst mal schlafen, zumindest vermeintlich. Denn es vergehen gerade einmal fünf Minuten, bis Bärnis Stimme uns undeutlich aus dem Bootsinnern entgegenschallt. „Bist du mued?“, ruft Marianne zurück. Nur in Unterhose bekleidet, klettert Bärni zu uns an Deck, optimiert die Spinnakerstellung und verschwindet wieder in seiner Koje. Der Spinnaker ist übrigens ein besonders großes, bauchig geschnittenes Vorsegel aus leichtem Tuch. Ich muss grinsen. Bärni liebt das schnelle Segeln und da gehört die permanente Optimierung der Segelstellungen einfach dazu. Er selbst segelt viel bei Regatten auf europäischen Flüssen, bei denen wirklich ständig etwas angepasst werden muss. Mal sehen, wie schnell wir in die Karibik kommen werden, freue ich mich. Die meisten brauchen so 21 bis 24 Tage, sprich etwa drei Wochen. Proviant und Wasser haben wir sicherheitshalber mal für vier Wochen einkalkuliert, die Kosten des Einkaufs haben wir uns geteilt. 5500 Kilometer stehen uns nun bevor.

5.50 Uhr am zweiten Tag auf dem Atlantik. Ich setze mir Kopfhörer auf, schalte „Charlie Brown“ von Coldplay ein und blicke nach vorne. Nachtwache. Mit abwechselnd einknickenden Knien versuche ich, den Wellengang ein wenig auszugleichen. Es ist noch dunkel, ein paar Sterne funkeln und so richtig wach bin ich auch noch nicht. Doch die „Jolene“ treibt solide dahin. Marianne, die vor mir Nachtwache machte, gab mir eine kleine Einweisung, praktisch eine Übergabe. Dann ging sie schlafen und ich konnte mit meiner

Wache anfangen. Es geht nun vorwiegend darum, zu beobachten, ob sich der Wind ändert oder ein Containerschiff oder ähnliches auf uns zukommt. Wir umfahren ein Windloch, doch auch da muss ich nicht viel tun. Es ist eine entspannte erste Nachtwache auf der „Jolene". Vor Sonnenaufgang tauchen noch mal Delfine auf. Ein herrlicher Start in den neuen Tag!

Während ich da also so an Deck herumliege, kaue ich fröhlich auf einer Stange Sellerie herum, dippe sie in guten, deutschen Senf und finde, dass das richtig gut schmeckt. Ich verschlinge eine Stange nach der anderen. Herrlich! Und irgendwie kommt mir da die Bratwurst in den Sinn. Ich mag kein Fleisch, vermisse es wirklich nicht, aber Bärni liebt es. Und wozu isst der Otto Normalverbraucher Senf? Richtig, zu Fleisch! Oder genauer, am liebsten zur Bratwurst. Als Bärni dann mal wieder in Boxershorts an Deck klettert, um nach einem anderen Segelboot Ausschau zu halten, rufe ich ihm zu: „Bärni, willst du ´ne vegane Bratwurst?" Bärni bleibt stehen, man sieht ihm förmlich die Verwirrung an. Dann kommt er näher und fängt an zu lachen. „Hahaha, nee nee danke! Lass mal lieber!" Und schon wendet er seinen Blick wieder Richtung Segelboot. Dacht' ich's mir doch! Aber einen Versuch war es wert! Mit einem knackenden Laut beiße ich in die nächste Selleriestange.

Als es Abend wird, schnappe ich mir meinen Schlafsack und lege mich an Deck. Es ist unbeschreiblich magisch, um mich herum überall Sterne zu sehen, dazu dieses beständige Rauschen und Wanken des Bootes. Ich liege da und genieße. Sechs Stunden lang schaue ich den Nachthimmel, dann erwartet mich eine Überraschung. Langsam werden die Sterne von dicken Wolken verdeckt und der Wind nimmt zu. Plötzlich haben wir 25 Knoten Wind, das entspricht etwa 46 km/h. Mit der schnittigen „Jolene" machen wir acht Knoten Geschwindigkeit, sprich etwa 15 km/h. Zum Vergleich: Mit Bernhards Boot haben wir selten die vier Knoten geknackt. So sausen wir durch die dunkle Nacht geradewegs auf die Mitte des Atlantiks zu. Das macht natürlich Freude. Der Wind fegt uns um die Ohren. Mir wird etwas kalt und ich denke schon daran, reinzugehen, doch bin nicht schnell genug. Von einer auf die nächste Sekunde ist mein Gesicht klatschnass, gebadet von salzigem Meerwasser. Na super! Ich ahne, dass es den Schlafsack genauso getroffen hat. Das Kissen, der Daunenschlafsack, alles ist nass und salzig. Triefend verschwinde ich unter Deck.

Wenn auch in diesem Fall ein bisschen blöd, ist doch genau das die ganz besondere Magie auf dem Ozean: Wellen, Wasser, Wind und zwischen diesen

drei Gewalten treibst du mit deiner Nussschale über jenen großen Teich. Am Tage kommen Wolken und Sonne hinzu, in der Nacht sind es die Sterne und der Mond. Und die zwölf Meter lange „Jolene" fährt immer weiter gen Südwesten. Mit der Strömung und dem Wind im Rücken sind die Bedingungen ziemlich perfekt. So hissen wir den Spinnaker und lassen ihn ununterbrochen eine Woche lang hängen, nur kleine Justierungen werden noch vorgenommen. Unseren Kapitän langeweilt jedoch genau das zu Tode. „Da passiert doch nichts!", mault er mürrisch. Ja klar, als Regattasegler ist er eben Action gewöhnt. Für mich ist diese ruhige Überfahrt aber genau das Richtige. In meinem Tagebuch notiere ich: Ich glaube, ich bin im Träumeland. Das Boot schaukelt hin, schaukelt her und regelmäßig fange ich unerwartet an zu träumen.

An Tag fünf auf dem Wasser holt mich die Übelkeit dann doch wieder ein, die ich schon in den vergangenen Tagen nie richtig losgeworden bin. Ich liege wie gelähmt in meiner Koje oder an Deck und kann den anderen weder beim Spülen noch beim Kochen helfen. Dann speie ich auch noch nach nur einem Löffel Müsli über die Reling. Das Schöne an der Sache: Unmittelbar nach dem Übergeben geht es mir erst mal viel besser. Irgendwie befreiter.

Und tatsächlich. Auch am nächsten Tag fühle ich mich deutlich besser. Nur am Morgen, während meiner Wache von fünf bis neun Uhr wird es gegen Ende kritisch. Ich futtere wieder Müsli und kann den Moment retten, auch wenn ich wirklich keinen Hunger habe. Denn prinzipiell ist es sehr hilfreich, bei Seekrankheit zu essen.

Von Partys und Überholmanövern

Wirklich viel gelernt habe ich aus meinem nassen Schlafsack der vergangenen Nacht scheinbar nicht, denn diesmal triffts meine Kamera. Während ich nah an der Wasseroberfläche filme, schwappt eine Welle geradewegs über meine Spiegelreflexkamera, einer Canon 5DIII. Sie blinkt noch dreimal auf, dann gibt sie keinen Mucks mehr von sich. Jetzt halte ich sie noch mehr oder weniger nass in meinen Händen. Wie war das? Salzwasser ist der größte Feind der Technik? – Shit!, denke ich mir und blicke noch in einer gewissen Schockstarre auf dieses leblose Ding von Kamera in meinen Händen. Ich versuche, sie wieder anzumachen, Akku raus, Akku rein. Doch nichts. Kein Mucks. Kein Blinken. Einfach nichts. Was soll ich tun? Ist Reis nicht eine Allzweckwaffe, wenns um intensives Trocknen geht? Ich fülle mein Unterwassergehäuse mit Reis und packe die geliebte 5DIII dort hinein. „Hab‘ eine gute Auferstehung!“, wünsche ich ihr und nehme nun das Spektakel irgendwie recht gelassen hin. Zum einen ist sie versichert, was mich schon mal gelassener stimmt und zum anderen mache ich mir bewusst, dass ich gerade meinen Traum lebe und ein paar Rückschläge einfach mit dazugehören.

Sich noch mal das große Ganze, in meinem Fall eben den Traum, per Anhalter nach Südamerika zu reisen, vor Augen zu führen, relativiert vieles. Insbesondere solche Unfälle. Denn nur weil die Kamera vielleicht kaputt ist, ist ja nicht auch gleich mein Traum zerstört. Ganz im Gegenteil. Er würde schlicht und ergreifend maximal einen anderen Wind bekommen. In der kommenden Nacht träume ich – wie sollte es auch anders sein – von meiner geliebten Kamera. In meinem Traum funktioniert sie wieder. Später erzähle ich Albi von dem Traum. Und was sagt der dazu? „Ich habe heute Nacht auch geträumt, dass deine Kamera wieder geht.“ Waaas? Das ist ja hochspannend! Ich staune nicht schlecht. Irgendwie wundersam. Ein Zeichen? Hoffnung definitiv! In mir macht sich ein sehr gutes, zuversichtliches Gefühl breit. Ich möchte noch einen Tag warten, dann werde ich die Kamera wieder aus dem Reisbett holen.

Am Abend taucht ein anderes Segelboot in unserer Nähe auf. 90er-Hits schallen aus dem Bootsinnern der „Jolene“, wir singen und tanzen an Deck. Die Stimmung ist hervorragend und Bärni steht am Steuer. Dieses Boot da vorne, er möchte es unbedingt in den Weiten des Ozeans überholen. Der Ehrgeiz hat ihn gepackt. Wir funken es an, unterhalten uns. Jetzt ist Bärni voll in seinem Element: „Hey, ‚Jolene‘ here. Can you hear us? Over.“ Als das fremde Boot antwortet, geht uns ein Licht auf. Na klar, die kennen wir! Das ist nicht irgendein Boot. Nein, es ist die „Perfect Freedom“, von einem jungen englischen Pärchen, das wir aus dem Hafen von Santa Cruz kennen. Na, wenn das nicht noch mehr Grund ist, die nun zu überholen! Wir kommen der „Perfect Freedom“ immer näher. Der Autopilot, der normalerweise den Kurs hält, ist schon lange ausgeschaltet. Das übernimmt jetzt ganz allein unser Bärni. Als wir endlich an dem Boot der Engländer vorbeiziehen, jubelt er. Wie er sich freut, witzig! Es ist schon echt skurril, ein anderes Segelboot inmitten des ewigen Blaus anzutreffen. Und noch skurriler ist es, dessen Besatzung auch noch persönlich zu kennen. Eine schöne Begegnung und Abwechslung. Auch am nächsten Abend findet eine kleine Party auf unserem Boot statt. Diesmal unter Deck. DJ Bärni aus Bern sitzt am Pult. Die Mucke rockt. Man könnte meinen, der Bär(ni) steppt. Dieser alte Seebär! Wie schön es doch ist, den Kapitän so in bester Laune zu erleben. Die Segel stehen stabil, Marianne kocht Älpler-Makkaroni. Ui, riecht das lecker! Und Albi und ich schreiben Tagebuch. Das ist die „Family Jolene" unter Deck.

In den nächsten Tagen musizieren wir vermehrt. Marianne und Albi spielen Gitarre, Bärni guckt irgendwelche Serien oder hört Hörbücher unter Deck und ich groove mit meinen Rasseleiern bei den beiden Gitarristen mit.

Es ist Tag neun der Atlantikschaukelei. Vor drei Tagen habe ich meine Kamera im Salzwasser getauft. An diesem Samstagabend möchte ich sie aus dem Reisbett holen, denn den Träumen zufolge müsste sie ja wieder funktionieren. Spannungsgeladen entferne ich jegliche Reiskörner, dann stecke ich den Akku rein. Nichts passiert. Oder besser: noch nichts! Ich betätige den An-Schalter und siehe da, sie reagiert. Sie geht! Ich kann sie anmachen! Ob sie noch Bilder machen kann? Nervös fokussiere ich und drücke ab. Tadaaa! Wahnsinn! Sie ist wahrlich auferstanden! Sofort lasse ich es die ganze „Family Jolene" wissen. Was 'ne schöne Überraschung! Wobei, eigentlich habe ich es ja schon ein wenig geahnt ☺. Es funktioniert zwar nicht alles, sie ist noch ein wenig gehandicapt – etwa anderthalb Tasten und der An/Aus-Schalter spinnen noch ein wenig rum. Aber immerhin! „Bestimmt können wir da noch mit ein wenig Kontaktspray nachhelfen", kommt Bärni mit klugem Rat hinzu. Und tatsächlich! In den nächsten Tagen funktioniert die 5DIII Stück für Stück immer besser, so als würde sie sich von dem Schock erholen, eben langsam genesen. Hier ein bisschen Kontaktspray, dort ein bisschen WD40 – das sind unsere Wunderwaffen. Und schon kann das Fotografieren wieder beginnen!

Es ist bereits der zehnte Tag auf dem Wasser, als ich es zum ersten Mal schaffe zu kochen. Endlich! Wie schön, die anderen jetzt mal ablösen zu können! Während ich in der Küche stehe, landet der erste Fliegende Fisch an Deck. Es gibt wohl Segler, die essen diese Fische, Bärni und Marianne zeigen daran jedoch sämtlich wenig Interesse und Albi und ich vermeiden Fisch sowieso. Der fliegende Fisch ist aber auch ein guter Indikator dafür, dass wir schon ein gutes Stück gen Süden gesegelt sind und uns damit dem Äquator bedeutend nähern. Unter uns liegen 3000 bis 6000 Meter Wassertiefe. Blicke ich auf die Karte, sehe ich unser Boot ziemlich genau in der Mitte des Atlantiks – und das auch noch an meinem Geburtstag! Noch vor Sonnenaufgang krabble ich aus meiner Koje und setze mich an Deck. Ich lasse den Morgen kommen, genieße und versuche zu realisieren, was gerade passiert. Was für ein Geschenk, jetzt hier zu sein! 19 Jahre werde ich heute alt. Seit vier Monaten und sechs Tagen bin ich unterwegs. 33 Autos, ein Lkw, vier Segelboote und ganz viele liebe Menschen haben mich hierher gebracht. Hierher – über 1000 Seemeilen, sprich etwa 2000 Kilometer, entfernt vom nächsten Festland und circa 5000 Kilometer entfernt von Zuhause, wo heute meine Taufkerze brennt. So wie an jedem Geburtstag. Mama, Papa, meine Schwester und mein kleiner Bruder sitzen zu Hause in Deutschland und denken an mich. Das spüre ich. Das weiß ich. Über Twitter erhalte ich am Nachmittag die bestätigende Nachricht: „Die Kerze brennt und 1000 Küsse. Celine, Eli, Mama und Papa." Dankbarkeit erfüllt mein Herz.

Aber wie feiert man denn jetzt auf hoher See Geburtstag? Also viele Leute kann ich schon mal nicht einladen. Stattdessen spiele ich nach einem leckeren Frühstück mit Albi Kniffel und bekomme später sogar von ihm und Marianne einen selbstgebackenen Kuchen geschenkt. Dass wir einen Ofen an Bord haben, ist allerdings auch eher Luxus als Normalität. Am Abend machen wir dann noch Musik und zum Abschluss dieses einzigartigen Tages genießen wir schwarze Bohnen mit Tofu. Ein herrlich ungewöhnlicher Geburtstag!

Am Abend zuvor habe ich während der Nachtwache das vergangene Lebensjahr Revue passieren lassen. Mir wurde noch mal bewusst, wie glücklich ich leben darf! In mein Tagebuch notiere ich:

Wenn du jemanden anlächelst, wird er zurücklächeln.
Zumindest in den meisten Fällen.
Das Prinzip ist einfach, doch scheinbar versteht es nicht jeder.
Ach ja, und die Geschenke in unserem Leben sind unzählbar.
Unfassbar. Schön. Wundervoll. Einzigartig, jedes einzelne.
Ich bin dankbar für all die Menschen, die anhalten, mich einladen, teilhaben lassen an ihrem Leben. Es scheint mir, als wäre es eine besonders schöne Art zu reisen, das Trampen.
Per Anhalter durch die Welt.
Denn wenn du Menschen anhältst, werden sie dich einladen.
Wenn du Menschen einlädst, werden sie anhalten.

Und dann kommt mir noch ein Impuls in den Sinn:
Mach was!
Mach, was du willst.
Wirklich.
Mach es!
Aber mach' was!
Mach es mit Liebe!
Mit Leidenschaft.
Lebe, blühe.
Genieße es!
Du. Ja, du.
Jetzt bist du dran.
Du. Dein persönlicher Lebensweg.
Du.
Du bist dein.
Mach was!

Eine Lampe über dem Atlantik

Mittlerweile hat sich Bärni für eine Insel entschieden. Wir werden Guadeloupe ansteuern. Guadeloupe gehört zu Frankreich, also auch zu Europa. Ich blicke aufs Radar. Nun fehlen nur noch 900 Seemeilen, sprich noch nicht mal mehr 1700 Kilometer. Tatsächlich erscheinen dort schon die Antillen, die östliche Inselgruppe der Karibik. Mir geht es wirklich gut an Bord, ich habe mich an das unaufhörliche Hin- und Herwiegen gewöhnt. Dennoch: Karibik, ich freue mich sehr auf dich und deine Inseln!

Im Bettchen schlafe ich mittlerweile immer seltener. Draußen wird es zunehmend wärmer und in der Koje ist es einfach zu eng. Entweder werde ich im Schlaf durch den Wellengang auf Albi geworfen oder ich halte mich krampfhaft an der Matratze fest. Blöd nur, dass die Matratze auch hin und her rutscht. Alternativ breitet sich Albi so aus, dass er zwei Drittel der Matratze beansprucht und ich wie ein Spargel an der Kojenwand klebe. Albi kann dann zwar gut schlafen, ich jedoch gar nicht. Das Beste ist natürlich, wenn Albi Nachtwache hat, denn das bedeutet drei ruhige Stunden Schlaf für mich. Kommt Albi von seiner Nachtwache wieder in die Koje gekrochen, geht das Spiel von vorne los.

Das Schönste an der Nachtwache in diesen Tagen ist der Mond. Wir haben Vollmond und es ist absolut magisch, wenn dieses kreisrunde Lichtspektakel über dem Ozean aufgeht. Das sind die Momente, in denen ich gerne einfach nur dastehe, aufsauge und genieße.

Es ist gegen Mitternacht, der Vollmond steht am Himmel und die „Jolene“ wippt so daher, ich setze mir Kopfhörer auf und höre ein Hörbuch von Astrid Lindgren: Pippi Langstrumpf. Ewigkeiten habe ich das nicht mehr gehört. Nun wird es zu einer wahren Offenbarung. Ich halte mich hinten an den Wanten – das sind die Metallstangen, die den Mast halten – fest, überblicke die See und lausche, welch simple Lebensweisheiten mir Pippi mit auf den Weg gibt. Ich hätte nicht gedacht, dass sie so inspirierend ist. Pippi verkörpert das blinde Vertrauen, die Leidenschaft, macht mutig erste Schritte und setzt Träume und Ideen einfach um. Sie tut Dinge, die mit Pessimismus niemals möglich wären. Selbstbewusst, zuversichtlich und mutig geht sie auf die Herausforderungen zu. Sie vertraut auf ihre Kraft und dass sie alles kann, wenn sie nur will. Dabei springt sie singend durch die Welt, stets freundlich und gut gelaunt. Als Pippi eines Tages mit Annika und Tommy ausreist, um die Welt zu entdecken – so ganz ohne Geld – fragt Annika plötzlich besorgt: „Und wo schlafen wir abends?“ „Da findet sich was!“, ist Pippis Antwort. Ja, ich werde noch öfters auf dieser Reise an Pippi Langstrumpf, ihren Mut, ihr Vertrauen und ihre Begeisterungsfähigkeit denken!

Es ist Tag 16 auf dem Wasser. Ich setze mich ganz vorne auf die Bugspitze, dort bin ich für mich allein. Dort kann ich mit mir selbst reden, singen und über das Leben sinnieren, ohne dass es jemand hört. Es ist der einzige ungestörte Ort auf diesem Boot. Die „Jolene“ gleitet die circa drei Meter hohen Wellen rauf und runter, und mich erfüllt eine Welle der Dankbarkeit. Ich fasse es noch immer nicht ganz: Ich reise tatsächlich per Anhalter Richtung Südamerika. Über zwei Stunden sitze ich dort, dann höre ich ein „Joshi? Joshi? Bist du wach?“ Ich drehe mich um. Albi steht hinter mir. „Wir hatten schon Sorge, du wärst eingeschlafen.“ Gar nicht so unwahrscheinlich, denn wer mich kennt, weiß, dass ich fast überall einschlafen kann, wenn ich nur müde genug bin. Aber dafür müsste ich in diesem Moment auch noch ein bisschen lebensmüder sein, schließlich wäre es doch recht blöd, vom Bug des Bootes zu fallen.

Mittlerweile haben wir 28°C am Mittag und es wird täglich spürbar wärmer. Am Horizont können wir schon die klassischen Schäfchenwolken erkennen, die rund um den Äquator besonders typisch sind. Nachdem gestern der Wind noch mal zugenommen hatte, lässt er heute komplett nach. Bärni ist frustriert. „Genau jetzt bräuchten wir den Spinnaker!“ Dieses für schwachen Wind perfekte Segel ist jedoch nur wenige Tage zuvor gerissen und lässt sich nicht mehr reparieren. Tja, was soll man machen! Vielleicht schwimmen gehen? Bärni will eigentlich nicht so knapp vor der Ankunft im Meer rumdümpeln, sich von einer Flaute ausbremsen lassen. Dennoch lässt er sich gegen Mittag zu einem Badestopp überreden. Marianne, Albi und ich schlüpfen in die Badesachen und eine Minute später paddeln wir im ewigen Blau umher. Mit meiner Schwimmbrille auf den Augen blicke ich ins Wasser, wohl wissend, dass sich unter mir 3000, 4000 oder vielleicht sogar 5000 Meter in die Tiefe nur Wasser befindet. Und ich schwimme an dessen Oberfläche. Es fühlt sich wundersam an, fast schon unwirklich. Ich blicke immer wieder ins Wasser, versuche mir den Farbton für immer einzuprägen. Es ist ein ganz tiefes Blau. Lichtstrahlen brechen in die Tiefe. Alles scheint zu leuchten. Jegliche Partikel, meine Füße oder was auch immer im Wasser herumtreibt, leuchtet und ist von dem tiefblausten Blauton umgeben, den ich in der Natur je entdeckt habe. Was für eine Magie!

Wenig später springt der Motor wieder an. Mit 4,8 Knoten geht es voran. Es fühlt sich echt sehr langsam an, wobei wir uns auf der „Safira“, unserem ersten Boot, über dieses Tempo sehr gefreut hätten. Damals war schnell, was heute für uns langsam ist. Naja, so ändert sich die Perspektive, wenn man plötzlich 6-8 Knoten gewöhnt ist und auch mal fast 13 Knoten (etwa 24 km/h) schafft.

Wie wir so gen Westen motoren, steigt die Vorfreude. Mit jeder Stunde fühlt es sich irgendwie karibischer an. Und jeden Morgen landen mehr Fliegende Fische an Bord.

Mir tun die kleinen Biester echt leid. Da fährt weit und breit nur ein einziges Segelboot umher und genau auf diesem einen landen sie.

In der Nacht sinkt die Temperatur im Boot nur noch auf 25°C, am Tage sind es unter Deck über 28°C. Und unter Deck ist es am kühlsten – wohlgemerkt. Unser Obst und Gemüse hat tatsächlich lange gehalten, sodass wir erst jetzt die ersten Dosen aufmachen müssen. Die Kartoffeln sind zwar leicht grün geworden, aber es hält sich in Grenzen. Es lohnt sich also, das frische Zeug möglichst sorgsam zu verstauen. Es ist 11 Uhr morgens und die Sonne brütet schon. Wir vier sind alle an Deck, schauen gespannt nach vorne und suchen den Horizont ab. „Gleich müssten wir was sehen!", bestätigt Bärni mit einem Blick auf das Radar. Es fehlen nur noch 30 Seemeilen, sprich nur noch etwa 55 Kilometer bis zum Festland.

Plötzlich schreit Albi auf: „Daaaa! Da ist es! LAND IN SICHT!" Bärni holt sein Fernglas hervor. Auch ich sehe es. Es wirkt wie ein bläulicher Streifen am Horizont. Zunächst nur sehr vage zu erkennen, wird es mit jeder Minute nun deutlicher. Aus dem Streifen wird ein Balken und aus dem Balken eine Insel. Aus Blau wird dann plötzlich Grün. „Family Jolene" flippt aus! Jubelt. Feiert. Bärni trommelt auf seinem nackten Bauch, Marianne lacht und Albi spielt Gitarre. Ja, es ist ein wahres Fest und wir singen lauthals – wie sollte es auch anders sein – „Jolene, Jolene, Jolene, Jo - lene …"

Das ist es! Land! Wie wundersam es doch ist, nach 18 Tagen im vermeintlich ewigen Blau, in der Welt, wo Wellen, Wolken und Wasser die Landschaft gestalten, wie aus dem Nichts mit einem Mal grünes Land zu entdecken. Bäume, Strände, Klippen. Das muss das Paradies sein! Und als ich das denke, erspähe ich die ersten Palmen.

Den Nachmittag über schippern wir bei 30°C (unter Deck) entlang von La Désirade, einer langgezogenen, schmalen Insel, östlich von Guadeloupe. So können wir uns schon mal ganz gemütlich am Grün und den klassisch karibischen Palmenstränden sattsehen. Und das gestern noch so tiefblaue Wasser hat seine Farbe in türkisblau geändert. Wir können erste Häuser und Siedlungen zwischen dem dichten Grün ausmachen. Es wirkt alles sehr ruhig, bunt und einfach schön! Die Kanarischen Inseln waren im Vergleich braun und vegetationsarm, als ich dort im November ankam. Hier scheint der ewige Frühling zu blühen! Ich nenne es ganz einfach: traumhaft!

Während das Licht der untergehenden Sonne die Landschaft in sagenhafte Farben taucht, finden wir unseren ersten Ankerplatz. „Heute koche ich, okay?", frage ich in die Runde. Ich will unbedingt kochen, um dieses Fest zum Höhepunkt zu bringen. In meinem Kopf habe ich auch schon eine Idee: Ich mache vegane Pfannkuchen mit einem Curry-Kartoffelbrei à la Joshi. Dafür brauche ich Mehl, Wasser, Kartoffeln, Currypulver, Sonnenblumen- oder Rapsöl, Knoblauch, Salz, Kräuter wie Majoran oder Oregano und weitere Specials wie Ingwer, Sesam oder sonstige Gewürze. Darf übrigens gerne nachgemacht werden ☺.

Zunächst verrühre ich Mehl, Wasser und eine Prise Salz zu einer Masse, die langsam vom Löffel runterfließen kann. Dann wird ein Löffel Öl in der Pfanne stark erhitzt, der erste Pfannkuchenteig hineingegossen und angebraten. Als besonderen Clou kannst du Sesam, Majoran oder Oregano über den Pfannkuchen streuen. Ist er goldbraun, wende ich ihn einmal, dann folgt der nächste. Währenddessen bedecke ich die geschälten und klein gewürfelten Kartoffeln in einem Topf mit Wasser und koche sie, bis sie weich werden und das Wasser verdunstet ist. Dann zerdrücke ich sie mit einer Gabel und mische bei fleißigem Abschmecken Currypulver, Salz, etwas Öl, Knoblauch und weitere Specials wie Ingwer unter. Mein Tipp ist, die Pfannkuchen mit dem würzigen Kartoffelbrei zu füllen und als eine Art Teigtasche zu servieren.

Die Crew ist begeistert! Anschließend genießen wir noch etwas Schokolade. Albi, Marianne und ich unterhalten uns noch weitere sechs Stunden über Gott und die Welt, dann fallen wir allesamt glücklich und zufrieden ins Bett. Südamerika ist nun zum Greifen nah!

Karibik – das grüne Paradies?

PLÖTZLICH ERKANNTE ER, DASS ER DIE WELT ENTWEDER MIT DEN AUGEN EINES ARMEN, BERAUBTEN MANNES SEHEN KONNTE ODER ABER ALS ABENTEURER, AUF DER SUCHE NACH EINEM SCHATZ.
Paulo Coelho

Ich liege in meiner Hängematte zwischen Kokospalmen. Während freundlicherweise Marianne und Bärni die Einklarierung im Hafenbüro übernehmen, stelle ich fest: Der Strand ist tatsächlich weiß, das Wasser türkisblau und die Palmen über mir voller Kokosnüsse. Genau wie auf den Bildern, die man immer sieht. Ich bin sprachlos. Dankbar. Zwar konnten wir auf dem Radar genau beobachten, wie wir uns Guadeloupe Stück für Stück näherten, und trotzdem kam es dann irgendwie so plötzlich. Plötzlich waren wir auf der anderen Seite des Ozeans gestrandet.

Als ich am Nachmittag zum Boot zurückkehre, schwärme ich den anderen von diesem herrlich weißen Strand vor. Als die Sonne untergeht, spazieren wir für ein letztes „Familienfoto" noch einmal dorthin.

Während die anderen schon zum Boot zurückgehen, bleibe ich noch, um die Schönheit des Augenblicks mit der Kamera einzufangen. Doch schnell fühle ich mich ein bisschen mulmig so allein im Dunkeln am Karibikstrand. Auch wenn es politisch gesehen zu Europa gehört, herrschen hier andere Sicherheitsstandards. Das spüre ich gleich. Außerdem plagen mich noch andere Gedanken: Bald werde ich wohl allein weiterreisen, mit Kamera und Rucksack. Wie das wohl wird? Albi und ich haben beschlossen, demnächst getrennte Wege zu gehen. Mittlerweile bin ich seit zweieinhalb Monaten Tag und Nacht mit ihm unterwegs und irgendwann kommt das Gefühl auf, dass es gut wäre, alleine oder mit jemand anderem weiterzureisen. Ich kenne dieses Gefühl schon von der Reise mit Anna. Dennoch, der Gedanke, demnächst die Nächte irgendwo allein zu verbringen, verursacht mir Bauchschmerzen.

Außerdem ist da wieder der Wunsch, zunächst einmal ein bisschen anzukommen in dieser neuen Welt. Mir fällt der Tipp ein, den ich auf meiner Kursfahrt ans Veluwemeer bekommen hatte. Ich könnte ja wirklich mal so ein Austausch-Projekt ausprobieren! Das Prinzip ist einfach: Ich helfe circa 20 Stunden die Woche mit, entweder auf einer Farm, bei einem Projekt, in einem Hostel oder ähnlichem. Im Gegenzug für meine Arbeitskraft erhalte ich Unterkunft und Verpflegung. Zu finden sind solche Projekte unter anderem auf den Websites workaway.info oder helpx.net. So hätte ich einen Ort, an dem ich richtig ankommen kann, mit Geist und Seele. Die letzte Nacht auf der „Jolene" nutze ich also, um bis zum Morgengrauen verschiedene Projekte über die Websites anzuschreiben. Es dämmert bereits, als ich ins Bett gehen will.

Mein Plan steht: Zunächst einmal will ich diese Insel erkunden, die mit 1600 Quadratkilometern gerade mal doppelt so groß wie Berlin ist. Außerdem würde ich gerne ein zwei- bis dreiwöchiges Austausch-Projekt machen und dann im April/Mai weiter segeln. Denn das sollte die beste Zeit sein, um ein Boot zu finden, das mich ins 2000 Kilometer entfernte Kolumbien mitnimmt. Passt doch! Jetzt haben wir Mitte/Ende Februar.

Am nächsten Tag, Punkt 12 Uhr, verabschieden sich Albi und ich von dem wirklich lieben Schweizer Pärchen Marianne und Bärni. „Alles Gute!", wünscht mir Bärni und nimmt mich in den Arm. „Vielen, vielen lieben Dank für die schöne Zeit und fürs Mitnehmen!", entgegne ich und drücke Bärni gleich nochmals. „Fröhliches Weitersegeln!", umarme ich Marianne. Alle sind bester Laune. Ob es die karibische Sonne ist? Ich weiß es nicht. Aber dieser Abschied fällt mir wesentlich leichter als der von Alejandro. Jetzt heißt es für mich, Neuland entdecken! Abschied heißt, was Neues kommt, Abschied heißt Hallo. Ich bin voller Neugier, aber gleichzeitig schaue ich auch leicht flehend zu Albi rüber: „Können wir nicht doch die ersten ein bis zwei Nächte zusammen verbringen?" Ich weiß, dass Albi eigentlich gleich seines Weges ziehen will. Ein echter Vagabund eben. „Jaja, kein Problem", antwortet er lachend. Ein bisschen fühlt er sich für mich wie ein großer Bruder an, erfahren, sieben Jahre älter und schon fast zwei Jahre auf Reisen.

Mit Sack und Pack laufen wir zum nächsten Kreisel und strecken den Daumen raus. „Wohin wollen wir eigentlich?", frage ich Albi. Er übernimmt gerne das Kommando und ich bin nicht böse drum. Der große Bruder wirds schon wissen. „Ähm, einfach mal weg. Lass uns schauen, wohin uns das erste Auto bringt." Alles klar! Klingt gut! Wenige Minuten später sitzen wir bei zwei 18-jährigen Einheimischen im Auto, auf dem Weg zur iPhone-Werkstatt. Während sie darin verschwinden, setzen wir uns an einen Tisch. Albi breitet eine Karte aus. Da liegt also Guadeloupe vor mir. Einladend wirkt diese Insel und ich habe das Bauchgefühl, dass ich einige Zeit hier verbringen werde. Zunächst möchte ich erst mal in dieses grüne Paradies eintauchen, die Weiterreise reizt darum in diesem Moment so gar nicht.

Während wir über der Karte brüten, kommen zwei Jungs auf uns zu. „Hey, wir sind Ricardo und Clemenail. Können wir euch helfen?", sprechen sie uns gleich auf Englisch an. „Wir würden gerne an einen Strand", entgegnet Albi. „Das passt doch super!", freuen sich die beiden. „Wir nehmen euch nach Sainte-Anne mit. Da gibts einen schönen Strand." Fantastisch!

Kaum am Strand angekommen, schlafe ich erst mal eine Runde im Sand. Als ich aufwache, sind mein Rucksack und meine zweite Tasche weg. Sie sind einfach nicht mehr da, wo ich sie vorher noch abgelegt habe. Geschockt drehe ich mich nach allen Seiten um. Ich hatte die doch extra noch mit einem kleinen Schloss aneinandergekettet. „Albi?!", rutscht es mir etwas lauter raus als geplant. Der Strand ist voller Menschen, einige drehen sich um und gucken mich verwirrt an. Da entdecke ich Albi und er lüftet das Geheimnis. „Beruhig dich, ich habe deinen Rucksack und die Tasche. Ich wollte dir nur zeigen, wie einfach man dein Gepäck klauen kann." Erleichtert schlage ich die Hände über dem Kopf zusammen. Albi ist also nicht nur ein großer Bruder, sondern scheinbar auch ein kleiner Lehrer. Letztendlich bin ich ihm dankbar dafür, denn er schärft so meine Achtsamkeit. Und wer will schon mit einem Mal, vielleicht durch einen blöden Mittagsschlaf, sein ganzes Hab und Gut verlieren?! „Schlaf einfach mit dem Kopf auf dem Rucksack, statt nebendran", gibt er mir noch als Tipp mit auf den Weg.

Dann schlendern wir weiter zum nächsten Strand. Wir halten nun nach einem vegetationsreichen, für eine ruhige Nacht geeigneten Abschnitt, Ausschau. Ein paar Kilometer westlich, am Stadtrand von Sainte-Anne, werden wir fündig.

Am Morgen verkündet Albi: „Ich werde nun alleine weiterreisen. Du schaffst das schon. Weißt ja jetzt, wie du auf deine Taschen aufpassen musst." Er zwinkert mir zu. Also gut. Der Zeitpunkt ist gekommen. Nach viereinhalb Monaten Reise steht nun ein ganz neues Kapitel bevor. Wir packen die Rucksäcke, dann laufen wir noch gemeinsam zur Straße. „Ich trampe da lang. Was machst du?" Albi zeigt nach links. „Ich werde noch mal in die Stadt gehen. Also da lang." Ich deute nach rechts. Albi will also in den Westen der Insel reisen, ich erst einmal nach Osten. Das WLAN am großen Platz in Sainte-Anne lockt. „Danke für alles!", sage ich etwas melancholisch, ja, gerührt, und drücke Albi ganz fest. Zweieinhalb Monate sind halt doch eine sehr intensive Zeit. Albi schaut mich an. Da ist er wieder, dieser Großer-Bruder-Blick. „Es war ein inneres Blumenpflücken mit dir!", sagt er mir, dann umarmen wir uns noch einmal, bevor sich unsere Wege trennen.

Ab jetzt alleine

DU MUSST DICH DARAN ERINNERN, DASS ANGST NICHT ECHT IST. SIE IST EIN PRODUKT DER GEDANKEN, DIE DU KREIERST. VERSTEHE MICH NICHT FALSCH. GEFAHR IST SEHR ECHT, ABER ANGST EINE ENTSCHEIDUNG.
Will Smith

In Sainte-Anne angekommen, gönne ich mir erst mal ein leckeres Gurkenwassereis von einem der Straßenstände und setze mich auf ein paar Treppenstufen. Hier bin ich vor zwei Tagen noch mit Albi unterwegs gewesen. Die Sonne knallt. Es sind bestimmt an die 35°C. Während ich mein Gepäck betrachte, muss ich lachen. Ich hoffe, in der nächsten Zeit genügend Muskeln aufzubauen, um diese Masse tragen zu können. Bisher habe ich meist einen Teil zumindest an Anna oder Albi abgeben können, jetzt darf ich alles selbst tragen. 30 Kilogramm dürften es mindestens sein.

Als das Gurkeneis, das übrigens mein Frühstück und dazu noch ein sehr leckeres ist, nahezu aufgegessen ist, mache ich mich auf zum besagten WLAN-Spot. Doch weit komme ich nicht. Ein circa 1,85 Meter großer Mann quatscht mich an. Nachdem geklärt ist, dass ich praktisch kein Französisch spreche, fragt er mich auf Englisch, ob ich schwul sei. Etwas verwundert über diese Frage aus dem Nichts, verneine ich und wünsche ihm noch einen schönen Tag. Doch so einfach gibt er nicht auf. Er läuft mir noch ein Stück hinterher, dann kann ich ihn abschütteln. Vorerst zumindest. Am WLAN-Spot angekommen, nutze ich meinen Laptop zum Recherchieren und um Mails zu beantworten. Als der Akku bei null Prozent angelangt ist, mache ich mich auf den Weg zur Hauptstraße. Und plötzlich steht wieder dieser Mann vor mir. Kurzes braunes Haar hat er und seine braunen Augen schauen mir entgegen. „Ich würde dich gerne küssen, darf ich?“ Er macht eine Kussmundbewegung. Ich fühle mich gar nicht wohl. Wo kommt der jetzt schon wieder her? Und was soll diese Frage? Ein bisschen tut er mir ja leid, aber darauf habe ich echt keine Lust! Er hakt noch mal nach, fast schon bettelnd, als hätte ich ihn nicht verstanden. Aber doch, doch, ich habe sehr wohl sein „Anliegen“ verstanden, gebe ich ihm zu verstehen. Das kommt mir

alles etwas gespenstig vor. Also bewege ich mich flotten Schrittes zum nächsten Kreisel und strecke den Daumen raus.

Richtung Westen soll es gehen. Ich warte nur kurz, dann bin ich unterwegs mit Jerome, der mich bestens gelaunt an den Traumstrand „Plage de Petit Havre“ bringt, einen Ort abseits der Stadt, mit viel Natur und wenigen Menschen. Hier irgendwo werde ich also meine erste Nacht alleine verbringen.

Gegen Nachmittag koche ich mir einen Reis auf meinem Spirituskocher und schmeiße Currypulver und Bananenstückchen dazu. Schmeckt irgendwie karibisch. Das Schwimmen hat sehr gutgetan und eine Toilette gibt es auch noch am Strand. Wunderbar! Während ich also neben dem Kocher sitze und meine Reis-Curry-Bananen-Kombi, verfeinert mit Pfeffer und Erdnüssen, genieße, nehme ich im Augenwinkel eine schnelle Bewegung wahr. Nanu? Ich drehe mich um. Keine drei Meter entfernt, frisst ein Leguan, sicherlich über einen Meter lang, meine Bananenschalen auf. Das nenne ich mal Direktverarbeitung, lache ich über diese Überraschung. Ich hatte die Schalen nur kurz neben mich gelegt, um sie später zu entsorgen, doch so ist es noch besser: Sie sind schon entsorgt und dieses Kerlchen scheint sich auch noch drüber zu freuen. Ich staune über dieses faszinierende Geschöpf, das aus einer anderen Zeit zu stammen scheint. Und so neigt sich der 139. Tag meiner Reise dem Ende zu.

Statt weiter zu trampen, beschließe ich am kommenden Nachmittag, zu Fuß weiter zu wandern. Mit meiner acht Kilogramm schweren und dicken Tasche vor dem Bauch und meinem riesigen Rucksack auf dem Rücken werden aber selbst die zweieinhalb Kilometer Küstenwanderweg ziemlich anstrengend. Ich schwitze wie ein Verrückter, stolpere und blute, denn mit einer dicken Tasche vor dem Bauch sieht der kleine Joshi halt nicht so viel. Hinzu kommt, dass die überkreuzten Schultergurte der Tasche und des Rucksacks meine Arme derart abdrücken, dass diese recht schnell einschlafen und zu bitzeln anfangen. Das ist definitiv keine Kombi, die ich empfehlen kann! Dennoch hoffe ich, bald auch problemlos fünf bis zehn Kilometer mit dieser Gepäckkombi laufen zu können und dafür will trainiert werden! Außerdem ist der Weg wunderschön und gibt immer wieder tolle Blicke aufs Meer frei. Zusätzlich helfe ich meiner Motivation mit dem Spruch „Was mich nicht umbringt, macht mich härter." von Friedrich Nietzsche auf die Sprünge. Ich laufe und schwitze weiter und baue am Abend im Moskitosturm mein Nachtlager auf.

Ich bräuchte einen WLAN-Spot, denke ich am nächsten Tag, während ich mal wieder meine Sachen zum Trocknen und Auslüften aufhänge. Eigentlich wäre es ja auch mal ganz schön, ein paar Tage keinen Internetzugang zu haben, allerdings habe ich diese fünf Projekte angeschrieben und erwarte deren Antworten. Was also tun? Wo gibt es Internet und Strom? Natürlich, am Flughafen könnte es das geben! Also springe ich noch mal ins Meer, lerne ein bisschen Französisch und trampe dann zum Flughafen von Guadeloupe. Er ist so klein, dass ich zunächst gar keine Steckdose finde. Vorsichtig frage ich einen Mitarbeiter des Flughafens, ob es hier irgendwo eine gibt. „Na klar!", antwortet er und zeigt auf die Spielautomaten. Ich verstehe, bedanke mich und stecke kurzerhand einen der drei – in meinen Augen eh nur kinderverblödenden Automaten – aus und stecke stattdessen einen Mehrfachstecker wieder ein. Siebeneinhalb Stunden später, um 2.30 Uhr gehe ich kurz vor die Eingangstür des Flughafens und koche mir auf meinem Spirituskocher Reis mit Kidneybohnen. Kaum aufgegessen, kehre ich wieder zu meinem Laptop zurück. Ich beantworte Nachrichten, lade Bilder der vergangenen Tage auf den Laptop, bearbeite einige für die sozialen Netzwerke und schneide noch einen VLOG.

Gegen 10 Uhr reißt mich lautes Getrommel in der Eingangshalle aus meiner Arbeit. Mittlerweile bin ich seit 15 Stunden im Flughafen und staune nun

über die Karnevalskulisse, die mich umgibt. Es ist laut und wild. Im Vordergrund tanzen verkleidete Frauen, dahinter schlagen Männer auf riesige Trommeln, rasseln oder tröten auf großen Muscheln rum. Ein Spektakel – und ein großartiger Vorgeschmack auf den karibischen Karneval, der mich in den nächsten Tagen hier erwartet. Als das Schauspiel vorüber ist, lege ich mich auf eine Mauer vor dem Flughafengebäude und döse ein.

„Hey, are you all right?" Eine ruhige Stimme weckt mich. Ich blinzle in die Sonne. Vor mir steht ein junger Mann mit leichten Rastafaris, neben ihm eine junge Frau. Ich blinzle noch mal. „Jaja, doch. Mir geht's gut. Nur ein bisschen müde", antworte ich kleinlaut. „Wohin fliegst du?", fragen mich die beiden neugierig. „Ach, ich fliege gar nicht. Ich bin hier nur hergekommen, um Strom und Internet zu finden. Bin mit 'nem Segelboot hier angekommen." Die beiden werden jetzt so richtig neugierig. „Und wohin willst du jetzt?" „Gute Frage!", gebe ich lachend zurück. „Wohin wollt ihr denn?" „Nach Point-a-Pitre." „Hmmm …", meine ich genauso planlos wie zuvor. Point-a-Pitre ist die Hauptstadt von Guadeloupe und größere Städte lachen mich eben irgendwie so gar nicht an. Allein der Tatsache wegen, dass es oft recht schwierig ist, einen geeigneten Schlafplatz zu finden und die Kriminalitätsrate höher ist. Wir unterhalten uns noch eine Weile. Dann frage ich doch: „Könnt ihr mich ein Stück mitnehmen?" „Klar! Wir sind übrigens Andrey und Ruddy! Let's go!" Ich habe zwar keine Lust auf die Stadt, aber ich will einfach noch ein wenig mit den beiden unterwegs sein. Sie sind mir echt sehr sympathisch! Das sagt mir auch mein Bauchgefühl.

Kaum sitzen wir im Auto, gehen die Fensterscheiben runter und die beiden rufen permanent irgendwelchen Leuten irgendetwas zu. Für einen Moment denke ich, die kennen die alle. Aber nein, das kann ich mir dann doch nicht vorstellen. Sie nehmen halt einfach keine Hand vor den Mund. Irgendwie inspirierend! Warum schämen wir uns gerade in Deutschland nur so oft, andere Menschen anzusprechen? Woher kommt diese Barriere? Vielleicht daher, dass durchaus viele Menschen mitunter verunsichert, unwirsch oder gar abweisend reagieren, wenn sie unerwartet angesprochen werden? Wie wirkt das wohl auf Menschen, die aus kontaktfreudigeren Regionen dieser Erde zu uns kommen? Wie schade ist es doch, wenn wir uns von anderen distanzieren, abschotten, einen Austausch gar nicht erst entstehen lassen. Dabei kann man doch gewiss vom Gegenüber etwas lernen, etwas Neues erfahren und seinen persönlichen Horizont erweitern. Ich jedenfalls entscheide mich für die kommunikative Variante: Mut zum Reden! Denn Sprechen öffnet Türen! Für mich wird das Reden zu einem der Generalschlüssel auf dieser Reise. Und bestimmt kann man so auch die Welt ein bisschen mehr vereinen und freundlicher machen. Lasst uns nicht vor Fremden zurückschrecken, sondern das Gespräch suchen, Brücken bauen.

Die beiden helfen mir noch eine Sim-Karte zu organisieren, sodass ich besser erreichbar bin. Dann bringen sie mich zum Strand. „So, Superman, here we are." Rubby nennt mich immer Superman, keine Ahnung warum, aber ich mags. Es hat so etwas Schmeichelhaftes, so etwas Starkes! Am „Plage du datcha" angekommen, quatscht Rubby – wie sollte es auch anders sein – die gefühlt nächstbeste Person an. Der Mann mit dunkler Sonnenbrille verkauft selbstbemalte T-Shirts und ist derjenige, den ich von meinem Bauchgefühl her eher als letztes angesprochen hätte, doch Rubby stellt mich vor. „Das ist Joshi, dein Bruder. Okay, man? Pass bitte auf ihn auf!" Der Straßenverkäufer und -künstler nickt. Dann dreht sich Rubby noch mal zu mir um. „Er ist dein Bruder, wir alle hier sind Brüder. Hier bist du sicher. Hier kannst du bleiben. Und wenn's Probleme gibt, geh einfach zu ihm." Alles klar. Ich hatte Rubby zuvor gefragt, wo es einen sicheren Ort zum Nächtigen gäbe. Daraufhin hat er mich an diesen durchaus vollen

Strand am Stadtrand gebracht. Wir machen noch ein Gruppenfoto, die beiden schenken mir sogar noch einen Drink, dann verabschieden wir uns und ich bleibe am Strand.

Und wieder habe ich etwas Wichtiges gelernt: Mache die zu deinen Freunden, die du zunächst meiden willst. Oder abstrakter ausgedrückt: Liebe deine Feinde! Das ist eine Lektion, die mir im vermeintlich so gefährlichen Kolumbien noch viel helfen wird.

Nachdem ich die Nacht doch noch spontan bei zwei Deutschen unweit vom Strand verbringen konnte, genieße ich gerade noch den Morgen im Park, als mich eine SMS erreicht: „Du kannst heute schon kommen. Am besten kommst du direkt an den Plage de Bas du Fort. Bin dort bis 14 Uhr. Liebe Grüße, Priscilia“ Ich freue ich mich! Bei Priscilia werde ich mein erstes dieser Projekte gegen Verpflegung und Unterkunft machen. Ich habe sie über HelpX.net gefunden. Kurze Zeit später gehe ich an die Straße, strecke den Daumen raus. Das erste Auto, das hält, bringt mich gleich an meinen Zielort. So einfach kann es sein! Die kommenden drei Wochen werde ich bei Priscilia und Will im Garten helfen, Balken und Wellblech streichen und Türen schleifen, 20 Stunden die Woche. Ich teile es mir so ein, dass ich die 20 Stunden in drei bis vier Tagen der Woche abarbeite, um den Rest der Woche die Insel weiter zu erkunden. An den Tagen, an denen ich arbeite, finde ich auch Zeit, viel zu skypen. Es tut wirklich gut, nach einer so langen Zeit auf dem Atlantik und an den Stränden mal wieder Kontakt zu Familie und Freunden in Deutschland aufzunehmen. So verbinde ich die Möglichkeit, ein wenig anzukommen und gleichzeitig schon wieder neue Begegnungen mit Land und Leuten zu erleben.

Gleich zu Beginn begegne ich dem Nationalgetränk von Guadeloupe: dem Tepache. Dafür rührt man in einem kleinen Glas zunächst den Saft einer viertel Limette mit Rohrzucker zu einer Art Sirup an. Anschließend wird der Rum hineingegossen, das Ganze noch ein wenig vermischen und fertig ist ein köstlicher Trank. Das Gute: sowohl die Limette als auch das Zuckerrohr für Zucker und Rum wachsen zuhauf auf dieser Insel. Es ist also wirklich ein regionales Produkt. Und durch den „Sirup“ brennt der Alkohol gar nicht beziehungsweise man schmeckt ihn kaum und die Einheimischen trinken es munter den ganzen Tag über. Ein bisschen Rum geht doch immer! Ich

denke an den Whiskey mit den Apfelscheiben zurück. Auch eine geniale Kombi, doch der Tepache ist für mich definitiv das Leckerste, was ich an Alkoholischem kenne.

So begegne ich von nun an ständig und gefühlt überall einem Glas Tepache. Ich brauche nur durchs Dorf zu laufen und irgendwer bietet mir ein Glas an. Darauf kann ich wetten!

Am ersten Wochenende ist auch schon Karneval in Guadeloupe. Ich radle in die Hauptstadt und schaue stundenlang zu. Mit bunten, hochaufwendigen Kostümen und Masken verziert, mal fast nackt, mal mit Trommeln, Rasseln und dergleichen ziehen die Karnevalsgruppen durch die Straßen. Stundenlang. Nach fünf Stunden gehe ich wieder, während die meisten Bewohner am Straßenrand sitzen- und stehenbleiben, um dem Spektakel weiterhin zuzuschauen. Ich radle von den wunderschönen Kostümen regelrecht geflasht zurück zu Priscilla.

Übrigens setzen sich die Bewohner Guadeloupes aus afrikanischen Nachfahren – viele kommen aus dem Senegal oder sind Nachfahren von Afrikanern, die als Sklaven unfreiwillig hergebracht worden waren – und einigen Franzosen zusammen. Ich treffe auch auf einige, die entweder schon hierhergezogen sind oder es noch tun wollen. Für Franzosen durchaus eine attraktive Überlegung. Man bleibt im eigenen Land, hat aber tropisches Klima und das Karibikflair, das sicherlich von mehr Offenheit als auf dem französischen Festland geprägt ist. Und genau das darf ich erleben, als ich mir nach ein paar Tagen Garten umgraben wieder meinen Rucksack schnappe.

Es ist schon recht spät. Mir bleiben drei Stunden Tageslicht, dann wird es dunkel sein und vor mir liegt die Hauptstadt, die ich bei Nacht gerne meiden würde.

Mein Ziel lautet Port Louis. Dort gebe es ein wunderschönes Riff, verriet mir der Taucher Fred, der mich zuletzt per Anhalter mitgenommen hatte. Ich trampe los, habe aber irgendwie keinen Erfolg. Zwar nehmen mich vier Autos mit, doch ich fahre mit ihnen nur im Kreis um die Stadt herum. Es dämmert mehr und mehr und ich merke, wie die innere Anspannung steigt. Ich will hier einfach weg! In dem Moment stoppt ein Bus mit der Aufschrift „Port Louis“ an der Haltestelle neben mir. Ist das ein Zeichen? Ich überlege nicht lange und springe in den Bus.

Es ist stockduster, als der Bus nach einer knappen Stunde in Port Louis ankommt. Ich drehe mich nach allen Seiten um, tatsächlich bin ich der letzte Fahrgast. Der Busfahrer tankt noch und ich will schon aussteigen, da ich auch nicht weiß, ob er noch weiter fährt, da hält er mich auf. „Warte einen Moment!“, versucht er mit Händen und Füßen zu verstehen zu geben. Nanu? Was hat er vor? Nachdem er den Tankwart bezahlt hat, kommt er zum Bus zurück und fragt, wohin ich wolle. Ich erkläre ihm mit meinen wenigen Brocken Französisch und mithilfe der Karte auf meinem Handy, dass ich am Strand schlafen will. Er scheint es zu verstehen und schüttelt den Kopf. Dann greift er zum Handy. Er versucht mich etwas zu fragen, doch ich verstehe kein Wort. Das einzige, was ich verstehe, ist, dass er wohl jemanden anrufen möchte. Wahrscheinlich meinetwegen. Ich habe ein gutes Bauchgefühl und sage einfach „Ja“. Dazu lächle ich. Ich ahne, dass ich eventuell gleich eingeladen werden würde. Der Busfahrer dreht den Zündschlüssel um und fährt wieder los. Gespannt blicke ich durch die Frontscheibe ins Dunkle. Wo er mich wohl hinführen wird? Auf einmal drückt er mir sein Handy in die Hand und gibt mir zu verstehen, dass ich die angezeigte Nummer anrufen soll. Ich zögere einen Moment, dann drücke ich auf den grünen Hörer. „Tuut, tuut, tuut.“ „Bonsoir?“ Ich habe einen Mann namens Tof am Hörer und hoffe, dass er Englisch versteht. Leider versteht er jedoch nur ungefähr so viel Englisch wie ich Französisch. Es ist aber auf jeden Fall eine spannende Erfahrung, in Fremdsprachen zu telefonieren und das praktisch ohne Worte. Man sieht sich nicht und man hört sich (fast) nicht. So versuche ich, ihm in meinem mangelhaften Französisch kurz zu erklären, wer ich bin. Er erwidert ein paar Dinge, doch den Inhalt verstehe ich nicht. Er stottert irgendwas vor sich hin. Scheinbar versucht er, Englisch zu reden. Dann gebe ich dem Busfahrer das Handy zurück. Die beiden besprechen noch einiges. Was, bleibt für mich jedoch ein Rätsel. Werde ich nun bei ihm einen Platz für die Nacht finden können? Ich weiß es nicht. Wir fahren weiter.

Am Rand von Port Louis hält der Busfahrer an. Ich blicke auf mein Handy. Dank dem GPS kann ich jederzeit nachverfolgen, wo ich gerade bin. Das kann insbesondere beim Trampen sehr helfen. Dafür nutze ich die kostenfreie App „Maps.me". Oh, wie gut! Zum Strand ist es nicht mehr weit!, denke ich freudig beim Blick auf die Karte. Der freundliche Busfahrer wendet sich mir zu und zeigt in eine Richtung, in die ich scheinbar gehen soll. Ob dort Tof wohnt? Er zeigt es mir auch noch mal auf meiner Karte. Dann verabschiede ich mich und laufe in die dunkle Nacht hinaus. Voller Spannung und Ungewissheit. Aber bevor ich mich in Zweifeln verlieren kann, strahlt mir auch schon eine helle Taschenlampe entgegen. „Tof?", frage ich ins Licht hinein. „Bonsoir! Bienvenue! Ja, ich bin Tof." Er gibt mir die Hand, dann führt er mich zu sich nach Hause.

Tof wohnt in einer umgebauten Garage eines Freundes. Scheinbar reicht ihm das. Hinter der Garage hat er eine Terrasse gebaut mit Stühlen und Tischen. Überall ranken sich Passionsfrüchte hoch. Willkommen in seinem Restaurant! Tof ist Koch und kocht meist auf Bestellung, die meisten seiner Gäste kündigen sich vorher an. Echt klug, so kann Tof die nötigen Zutaten frisch und in der Menge abgestimmt einkaufen.

Wir stoßen natürlich mit Tepache an! Wie sollte es auch anders sein? Ich fühle mich bei Tof sofort sehr wohl, irgendwie zu Hause. So vertraut. Obwohl für mich alles unbekannt ist. Er verschwindet in der Küche und kommt kurze Zeit später mit einem sehr liebevoll dekorierten Teller voller Fisch und Salat wieder. Wow! Ich staune und bedanke mich bestimmt zehn Mal. Was für ein Geschenk!

Auch wenn ich versuche, mich vegan zu ernähren, solche großartigen Geschenke möchte ich nicht ablehnen. Da mache ich dann mal eine Ausnahme. Als ich den Teller leergegessen habe, steht sogar noch ein Eis vor mir. Habe er selbst gemacht, erklärt er mir, aus Passionsfrüchten. Ich liebe diese Dinger und das Eis ist vorzüglich. Wir lachen und unterhalten uns noch stundenlang. Keine Ahnung, wie das funktioniert, aber er erzählt mir seine Geschichten und ich ihm meine. Und das, obwohl ich kaum Französisch und er kaum Englisch spricht. Im Nachhinein wirkt es für mich wie ein kleines Wunder. Wie schön ist doch die Erfahrung, dass man sich wohl auch auf einer

anderen Ebene unterhalten kann. Gegen Mitternacht spanne ich meine Hängematte auf seiner Terrasse auf und schlafe glücklich ein. Als ich nach zehn Stunden aufwache, duftet es bereits nach leckerstem Kuchen. Tof erwartet Gäste, also mache ich mich auf zum Strand. Was für eine Begegnung! Eine Begegnung, die ohne die vier Autos, den Bus und eine Handvoll lieber Menschen nicht möglich gewesen wäre. Danke, chèr Tof!

Als ich kommende Nacht wieder allein im grünen Dickicht unweit vom Meer liege, kann ich nur schlecht einschlafen. Ich habe Angst und das macht ehrlich gesagt keinen Spaß. Ich erinnere mich an die kleine Pippi Langstrumpf, die einfach so komplett angstfrei durch die Welt hüpft. Für sie gibt es keine Scheu, keine Angst. Selbstbewusst vertraut sie auf das Gute in der Welt. Vielleicht ist es auch einfach alles noch zu ungewohnt für mich, versuche ich mich zu beruhigen und schlafe endlich ein.

Das geschenkte Haus

VERTRAUEN IST DIE SICHERSTE BRÜCKE VON MENSCH ZU MENSCH.
H. J. Brüggemann

Zurück bei Priscilia helfe ich von Montag bis Mittwoch wieder im Garten und befreie den verwilderten Garten von etwa 40 herumliegenden und teilweise schon wurzelschlagenden Kokosnüssen. Mit der Machete bahne ich mir den Weg durch den Garten. Hochmotiviert natürlich. Am Dienstag hole ich dann zum ersten Mal selbst eine Kokosnuss von der hauseigenen Palme

und öffne sie mit der Machete. Welch ein Genuss! Frisches Kokosfleisch und Kokosmilch. Mein Geheimtipp: hauchdünne Pfannkuchen mit Schokoaufstrich dazu Kokos-, Orangenstückchen und Mandeln. „Fantastique!", wie der Franzose sagen würde.

Am Donnerstag trampe ich dann wieder los. Bei strömendem Regen geht es Richtung Wasserfälle „Chutes du Charbet". Zwei Stunden und fünf Autos später stehen Albi und Louisa inmitten des herrlichen Grüns vor mir. Louisa kenne ich zwar noch nicht, aber wir fallen uns trotzdem in die Arme. Wie wundervoll, sich noch mal zu treffen! Drei Wochen, nachdem sich unsere Wege getrennt hatten, haben Albi und ich uns nun für heute verabredet. Doch nicht nur über dieses Wiedersehen freue ich mich sehr, nein, es wartet noch eine Überraschung auf mich: Anna und Christoph sind doch tatsächlich zusammen über den Atlantik gesegelt. Zusammen in dem sieben Meter kurzen Segelboot „Shalom". Ende Januar sind sie in Martinique gestrandet und seitdem die karibischen Inseln langsam gen Norden gereist. Über Dominica kamen sie vor ein paar Tagen in Guadeloupe an. Per Facebook hielten wir Kontakt und sie werden morgen nachkommen.

Trotz heftigen Regens machen Albi, Louisa und ich uns schon mal auf den Weg zur Schutzhütte. Weit sollte es eigentlich nicht sein. Warum uns die Einheimischen zuvor jedoch davon abgeraten hatten, bei solchen Regengüssen schmale Pfade entlang zu laufen, erfahren wir bald hautnah. Steil steigen wir den Berg hinauf. Durch die dichte Vegetation hangeln wir uns Stück für Stück in die Höhe. Der Boden ist schlammig, lehmig und sehr rutschig, dennoch macht es irgendwie Spaß. Allmählich verwandelt sich aber der Pfad in einen Bach. Wir waten durchs Wasser und sind uns irgendwann nicht mehr sicher, ob wir noch auf dem Pfad oder doch in einem Bach gelandet sind. Nach einer weiteren, schlammigen Kraxelei und einer Bach-, fast schon Flussdurchquerung, erreichen wir die Hütte. Hier können wir übernachten, unsere Klamotten trocknen lassen und auf Anna und Christoph warten.

Als die beiden am nächsten Tag tatsächlich in der Tür stehen, bin ich sprachlos vor Freude. In dieser Konstellation haben wir vier uns das letzte Mal auf der anderen Seite des großen Teichs gesehen, und nun sind wir alle hier. Allesamt per Segelboot, obwohl nur einer von uns wirklich segeln kann. Wie groß und weit diese Welt im einen Moment und wie klein und verknüpft sie im anderen wirken kann! Irgendwie ist das gerade so unwirklich! So unbegreiflich. Dann falle ich der freudenstrahlenden Anna um den Hals. Die anderen erzählen von ihren Erlebnissen und ich höre einfach zu. Dann wandern wir noch zusammen zu einem der Wasserfälle, bevor sich unsere Wege erneut trennen.

Ich möchte noch ein paar Tage im Dschungel unterwegs sein, noch tiefer eintauchen, die Natur spüren, riechen, hören und fühlen. Ich folge dem eingezeichneten Weg auf meiner Handykarte, staune über einen wunderschönen leicht versteckten Wasserfall und stehe plötzlich vor einem Schild mit der Aufschrift: „Dangerous!" Der Weg oder vielmehr der Pfad ist kaum zu erkennen. Es wirkt vielmehr, als wäre hier seit Jahren niemand mehr langgekommen. Selbst das Hinweisschild wirkt alt, rostet und die Farbe blättert ab. Ich entscheide mich trotzdem für diesen Weg. Umdrehen kann ich ja immer noch, überlege ich und krabble los. Ja, ich krabble. Denn weit komme ich aufrecht fortan nicht mehr. Wenn ich nicht krabble, kraxle ich, da ein steiles Stück überwunden werden muss. Als es bereits stark dämmert, schaue ich mich nach einem geeigneten Schlafplatz um. Dichter Regenwald – mehr sehe ich da nicht. Gleichzeitig ist das Gefälle viel zu groß. Also breite ich kurzerhand mein Lager auf dem Weg aus. Ich koche noch einen Reis mit Sojasoße und Karottenscheiben. Hunger habe ich eigentlich nicht, aber es schmeckt trotzdem ganz gut. In meinem Tagebuch notiere ich: *Kurz nach 8 Uhr abends, inmitten*

des Dschungels von BasseTerre! Total krasse Vogelstimmen. Der Regen setzt ein und ich hoffe, heute Nacht nicht überschwemmt zu werden. Liege nämlich mit der Isomatte auf dem Boden. Nur das Tarp schützt mich.

Ich staune noch ein wenig über diese atemberaubend schönen Klänge der tropischen Vogelwelt und als es allmählich still um mich herum wird und es bereits dunkel ist, singe ich noch vor mich hin und schlafe ein. Mittlerweile habe ich herausgefunden, dass es mir unheimlich hilft, neue geistliche Lieder zu singen – ich weiß, das klingt merkwürdig, aber im Prinzip sind das Popsongs mit religiösen Texten –, wenn die Nacht hereinbricht und Angst in Verzug ist. Statt mit der Angst, kommuniziere ich dann mit Gott und so breitet sich wohltuender Mut in mir aus.

Die Nacht über regnet es reichlich, immer wieder wache ich auf. Um 6.40 Uhr packe ich dann meinen Rucksack und krabble weiter. Was für ein Abenteuer tief im Regenwald von Guadeloupe! Mein Ziel ist übrigens die Soufrière, der höchste Punkt der Insel – ein Vulkan.

Doch weit komme ich nicht mehr. Der rutschige und ziemlich anstrengende Aufstieg im strömenden Regen macht mir nicht allzu viel aus, aber als ich einen reißenden Bach überqueren müsste, drehe ich um. Nein, das ist es mir nicht wert! Unterhalb der Überquerungsstelle ist ein Wasserfall, oberhalb auch. Würde ich also mitgerissen werden, wäre es vermutlich ein kurzer Prozess. Das Wasser ist braun und durch den Regen stark angestiegen. Ich würde auch nicht sehen können, wohin ich trete und wie tief es ist. Dazu kommt noch der 23 Kilogramm schwere Rucksack auf dem Rücken. Die Entscheidung ist gefallen. Jetzt verstehe ich auch das Warnschild vom gestrigen Tag! Also krabble ich zurück.

Statt auf den Vulkan zu steigen, trampe ich zu einem neuen Ziel in Basse-Terre. Doch anstatt direkt wieder im Regenwald zu landen, werde ich zunächst an einem Strand abgesetzt, wo es Buckelwale und Meeresschildkröten geben soll. Klingt auch sehr gut!, freue ich mich und als die Sonne durch die Wolken bricht, bekomme ich sogar die Möglichkeit, meine klitschnasse Ausrüstung auf einer Bank auszubreiten. Während meine Sachen trocknen, koche ich noch ein kleines Mittagsessen: Zucchini-Pasta. Dafür braucht es nicht viel, nur Nudeln, eine Zucchini, Knoblauch, Salz und natürlich Wasser zum Kochen. Die Zucchini schneide ich in kleine Würfel und verwahre sie zunächst mit Salz beträufelt im Deckel des Kochtopfes. Wenn die Nudeln ins kochende Wasser kommen, gebe ich auch die Zucchini und den Knoblauch hinzu. Das perfekte Essen für unterwegs.

Als ich nach dem herrlichen Mittagessen meinen Kocher spüle, kommt ein junges Pärchen mit ihrer zweijährigen Tochter auf dem Arm vorbei. „Hi, wie geht's? Sieht aus, als wärst du auf Reisen." Wir kommen ins Gespräch und ich erzähle meine Story. „Wir wohnen nicht weit von hier. Wenn du magst, kannst du gerne mal vorbeikommen und bei uns ein paar Nächte bleiben", sagt der junge Familienvater. Wie, was? Habe ich das gerade richtig verstanden? Haben die mich gerade – einfach so – zu sich nach Hause eingeladen? Ich muss mich einen Moment lang sammeln, dann antworte ich: „Ja klar! Sehr, sehr gerne! Wo wohnt ihr denn genau?" Ich halte den beiden meine digitale Karte unter die Nase. Der junge Vater, ich schätze ihn auf Ende 20, zeigt mir sein Haus auf der Karte. Das Schöne bei „Maps.me" ist, dass man ganz einfach einen Ort markieren und speichern kann. Und genau das tue ich jetzt. „Ich denke, in zwei bis drei Wochen schau ich mal vorbei. Vielen lieben Dank euch!" Dann spazieren die beiden weiter den Strand entlang. Ich finde es noch immer ein wenig verrückt und ziemlich unglaublich, dass Menschen mich einfach so zu sich einladen, aber ich freue mich natürlich sehr darüber.

Als meine Sachen wieder trocken sind, trampe ich weiter, doch gewiss werde ich zum Schildkrötenfotografieren in den kommenden Wochen noch einmal an diesen Strand zurückkehren. Wieder bringt mich das erste Auto an mein Ziel: zum Refuge de Mormetegér, der nächsten Schutzhütte tief im Regenwald.

Die Luftfeuchtigkeit im Landesinnern von Basse-Terre, dem wesentlich grüneren und feuchteren Teil der Insel, ist enorm. Die Hütte riecht sehr modrig, meine Ausrüstung schnell schimmlig. Gefällt mir ehrlich gesagt gar nicht! Darum spaziere ich am nächsten Tag nur noch ein wenig durch den matschigen Wald, um dann möglichst bald wieder zurück in mein „Basislager" bei Priscilia zu kommen. Das klappt auch überraschend gut. Beim Zwischenstopp an einem anderen Wasserfall habe ich großes Tramperglück und zwei Franzosen, die von meiner Story begeistert sind, bringen mich über die halbe Insel zurück „nach Hause". Merci infiniment!

Doch dort angekommen, werde ich erstmal heftig ausgeschimpft. „Du hast dich an den Mandeln bedient! Weißt du eigentlich, dass eine Packung 20 Euro kostet? Die sind aus Marokko!" Will, Priscilias Freund, rastet aus. Ich fühle mich ein bisschen vor den Kopf gestoßen, schließlich dachte ich, die Verpflegung sei inklusive. Und nein, natürlich wusste ich nicht, dass die Mandeln so viel gekostet haben. Woher auch? Ich bezweifle auch, dass das stimmt. Und leckerer als andere Mandeln haben sie jetzt auch nicht gerade geschmeckt, denke ich, während ich Will erst mal nur ein „Sorry. I'm so sorry" entgegne.

Schon irgendwie eine skurrile Sache: Da reise ich um die Insel und werde von wildfremden Menschen eingeladen. Einfach so. Bedingungslos. Für Will jedoch habe ich extra hochmotiviert im Garten mit angepackt, ihn entwildert, Kokosnüsse rausgerissen, „Unkraut" gejätet, Türen und Holzplatten geschliffen und vieles mehr und werde im Gegenzug für das Mitnehmen von ein bisschen Essen derart angemacht.

Als ich ein paar Tage später etwas Käse esse – irgendwie habe ich plötzlich einen Heißhunger auf Käse – rastet Will wieder aus. Ich verstehe das nicht, bis ich endlich das Rätsel löse: In der Projektbeschreibung hatten sie nur von einem Essen am Tag gesprochen. Eigentlich ist das Prinzip ein anderes, aber okay. Wieder was gelernt: Lies die Beschreibung zukünftig ganz genau! Ich bin trotzdem für die Zeit hier dankbar, auch wenn ich mich leider nicht so richtig „zu Hause" fühlen konnte.

An Tag 167 meiner Reise packe ich meine zwei Taschen. Will bringt mich netterweise zum nächstgelegenen Strand und damit ist mein erstes dreiwöchiges HelpX-Projekt abgeschlossen und ich bin wieder mit dem kompletten Equipment on tour.

Am Strand holen mich Wylém und Kevin (Kev) ab und die Reise geht weiter. Die beiden habe ich zwei Wochen zuvor im Norden der Insel kennengelernt. Wir hielten Kontakt und verabredeten uns für diesen Nachmittag. Mit ihrem goldigen kleinen Auto und seiner Stereoanlage, die den gesamten Kofferraum ausfüllt, düsen wir also los und machen die Insel unsicher. Sie nehmen mich zu einem Zuckerrohrfeld mit. Kevin verschwindet kurz, dann kommt er mit einer Zuckerstange wieder. Er bricht mir ein Stück ab: „Beiß rein!" Das mache ich doch zu gerne und genieße den herrlich süßen Saft. Er verschwindet wieder, diesmal geht er zum

Auto und holt eine Kokosnuss raus. Zwei gekonnte Hiebe mit der Machete – hier hat irgendwie jeder so eine Allzweckwaffe – und die Kokosnuss ist geteilt. Wir kratzen das Fleisch raus. Welch eine Traum-Kombi: Zuckerrohr und Kokosnuss. Das ist für mich Karibik pur!

Da die beiden nicht so viel Englisch sprechen und mein Französisch auch zu wünschen übrig lässt, helfen wir uns mit dem Google-Übersetzer weiter. Schon praktisch! Wir essen noch bei Wyléms Familie zu Mittag, bevor mir Kev noch unbedingt etwas Persönliches zeigen möchte: seine Krabben. Seine Familie fischt viel und besonders scheinen sie es auf Krabben abgesehen zu haben. Kev öffnet eine Tonne, die voller lebender Krabben ist. Er holt eine raus und fragt, ob ich sie auch mal halten wolle. Ich zucke zusammen und schüttele den Kopf. „Nee, nee. Lass mal lieber.“ Tage später kann ich auch beobachten, wie andere Einheimische Krabben fangen: Sie stellen in Uferzonen mit Obst gefüllte Fallen auf, und lassen dazu die Krabben einfach hineinlaufen. Dass ich so ein Ding in Ecuador mal probieren werde, kann ich mir im Moment noch nicht vorstellen! Am Nachmittag lassen mich Kev und Wylém dann an einem anderen Strand im Norden Basse-Terres wieder meines Weges ziehen. Es war wirklich ein wunderschöner Tag und ich wandere noch ein Stück entlang der Strände, bis es dämmert und ich ein schönes Plätzchen für die Nacht finde. Die nächsten zwei Tage wandere ich von Strand zu Strand um die traumhafte Nordspitze Basse-Terres herum und komme aus dem Staunen nicht mehr heraus. Flora und Fauna zeigen sich echt in ihren schönsten Farben.

Die Nächte sind durchwachsen. Teilweise schlafe ich sehr gut, teilweise bekomme ich es noch mit der Angst zu tun. Es bleibt ein beständiges Thema beim Alleinreisen, aber nach und nach entdecke ich für mich Methoden wie Singen und Nachtlager aufbauen in der Dämmerung ohne Stirnlampe, mithilfe derer ich die Angst dauerhaft mindern kann. Zum Glück!

Nachdem ich die herrlichen Strände an der Nordspitze entlanggewandert bin, geht es geradewegs zurück zum „Schildkrötenstrand". Seit meinem ersten Besuch freue ich mich tierisch darauf, wiederzukommen und die Meeresschildkröten zu fotografieren.

Ich brauche zwei Autos, dann bin ich da. Das erste nimmt mich 10 Minuten mit und verrät mir, wo genau ich die Schildkröten finden kann und das zweite bringt mich an genau diesen Strand. Perfekt! Ab in die Badesachen, schnell noch die Kamera ins Unterwassergehäuse gepackt und rein ins Wasser! Jetzt bin ich nicht mehr zu halten! Geduldig suche ich den Grund ab, bin ständig mit dem Kopf unter Wasser. Auf einmal sehe ich etwas Dunkles auf dem Grund des seichten Wassers. Vorsichtig schwimme ich näher und tatsächlich, der wunderschöne Panzer einer Schildkröte wird sichtbar. Fasziniert betrachte ich diese Schönheit, bleibe einige Zeit im Wasser und beobachte das Verhalten der Tiere. Allmählich verstehe ich deren Abläufe: Alle 10 bis 15 Minuten tauchen die Schildkröten zum Luftschnappen auf. Das ist der perfekte Moment zum Fotografieren. Ich habe echt Glück, und bekomme sogar noch eine Schildkrötenmama mit ihrem Jungen vor die Linse. Mein Herz hüpft. Faszinierend, mit welch einer Seelenruhe die Schildkröten durchs Wasser schweben, nur ein paar Flossenschläge und sie sind schon wieder einige Meter weiter. Ich hingegen, muss ganz schön mit meinen Armen und Beinen rudern, um überhaupt über Wasser zu bleiben. Wieder einmal wird mir bewusst, wie perfekt die Natur doch ist!

Am nächsten Tag kann ich mich erneut davon überzeugen, als ich am selben Strand durch ein kleines Korallengebiet tauche. Denn während ich im seichten Wasser, wo eher Seegras wächst, nahezu keinen einzigen Fisch sehen kann, umgibt mich plötzlich ein ganzer Fischschwarm, als sich unter mir die Korallen in allen erdenklichen Formen und Farben zeigen. Auch die Fische sind von marineblau über gelb gestreift bis unauffällig grau in allen Farben vertreten. Es gibt einfach alles! Ein Anblick, den ich nicht mehr vergessen werde!

Beglückt von diesen eindrücklichen Erfahrungen, packe ich wieder meine Sachen, um mich auf den Weg zu dem jungen Pärchen zu machen, das ich vor knapp zwei Wochen hier am Strand getroffen hatte und die mich in ihr Haus eingeladen haben. Ich darf spontan vorbeischauen.

Am Nachmittag meines 171. Reisetages stehe ich also vor deren Tür und klingle. Niemand antwortet. Hmmm, ist wohl noch keiner zu Hause. Ich mache es mir vor dem Eingang gemütlich und warte. Irgendwann kommt ein Auto. „Bienvenue! Schön, dass du da bist!“, begrüßen mich die beiden, Aline und Tanguy, herzlichst. Mit einem „Mi casa es tu casa!“ (= mein Haus ist dein Haus) lächeln sie mich fröhlich an. Ich fühle mich sofort zu Hause.

Den nächsten Tag nutze ich, um unter anderem ein Paket nach Deutschland zu schicken. Ich habe einfach zu viel dabei und das vertragen meine Knie und mein Rücken nicht. Aline und Tanguy brechen gegen Nachmittag zu einem Segelwochenende mit Freunden auf. Zum Abschied sagen sie nur: „Du kannst aber gerne noch bleiben. Hier hast du den Haustürschlüssel. Schließe einfach ab, wenn du gehst, und leg den Schlüssel in den Schuh vor der Tür. Alles klar?“ „Ähm, ja klar! Mache ich!“, stottere ich ein wenig vor mich hin. „Ich werde wohl morgen oder übermorgen früh Richtung Sorfiére aufbrechen. Diesen Vulkan will ich noch besteigen!“, unterbreite ich ihnen meine Ideen. Viel mehr kann ich in diesem Moment auch einfach nicht sagen, es verschlägt mir einmal mehr die Sprache. Was ist das denn bitte für ein unglaubliches Vertrauen, das mir die beiden in diesem Moment schenken? Sie kennen mich gerade mal seit einer Nacht! Ich könnte ja ihr ganzes Haus ausräumen oder sonst etwas anstellen.

Und so genieße ich die Ruhe und mache mich Sonntagfrüh auf den Weg zum Vulkan. Nach sieben Autos und etwa drei Stunden Wandern erreiche ich den 1467 Meter hohen Gipfel. Er ist vielleicht nicht besonders hoch, aber eben der höchste Punkt von Guadeloupe. Ich stehe also mitten auf einem aktiven Vulkan. Alle karibischen Inseln entstanden durch vulkanische Aktivität und so wundert es kaum, dass auf dem Gipfel noch reichlich Schwefel dampft. Nur blöd, wenn man dort übernachten will. Es gibt zwar ein winziges Schutzhäuschen, welches aber so modrig ist, dass ich es vorziehe, zwischen den Schwefeldämpfen zu schlafen. Und während ich so meinen Couscous-Topf mit drei Tomaten genieße, kommt noch ein Mann auf den Berg.

„Du hast richtig Glück heute mit dem Wetter! Enjoy! Enjoy! Enjoy!", lässt er mich wissen. Okay. Genießen soll ich's. Ich habe verstanden! Also baue ich die Kamera schon mal auf das Stativ. Dann geht die Sonne unter, Nebel zieht auf und verschwindet wieder. Es ist ein ständiger Wechsel und für ein paar Minuten leuchten mir die einmalig schönen Sonnenuntergangsfarben entgegen. Ich stehe da, breite meine Arme zum Himmel aus und feiere diesen Moment. Was für ein legendärer Abschluss meiner Zeit in Guadeloupe!, denke ich und schlafe zwischen den Schwefeldämpfen ein.

Am nächsten Tag steige ich schon wieder zum Hafen von Basse-Terre hinab, um nach einem Boot nach Südamerika zu fragen. Nach einiger Zeit finde ich sogar einen Kapitän, der mich nach Venezuela mitnehmen würde. Nachdem ich aber einige Geschichten von Piraten gehört habe, die sogar die landeseigenen Fischerboote ausrauben, weil sie nichts mehr zu essen kriegen, habe ich kein so gutes Gefühl damit. Dankbar lehne ich ab. Wenn ich nicht nach Venezuela will, brauche ich also jemanden, der mich nach Kolumbien mitnimmt.

In diesem kleinen Hafen scheint aber auch eine längere Suche nicht besonders Erfolg versprechend zu sein. Also trampe ich zum nächstgrößeren Hafen in der Hauptstadt Point-a-Pitre.

Ich stehe an einem Kreisel, halte den Daumen raus und blicke auf den grünen Vulkan, die Soufriére. Da habe ich vorletzte Nacht noch geschlafen. Jetzt ist sie sogar völlig wolkenfrei und in ihrer ganzen Pracht zu sehen. „Hey guy!" Eine Stimme reißt mich aus meiner Träumerei. Ich schaue mich um, auf der anderen Seite des Kreisels winkt ein junger Mann. Ich kneife die Augen zusammen, dann muss ich grinsen. „Ich komme!", rufe ich zurück und renne los. Ich hatte diesen jungen Mann bereits auf der Soufriére getroffen. Scheinbar hat er mich wiedererkannt und angehalten, und das auch noch genau in dem Moment, als ich auf die Soufriére blicke. Ist das Zufall? Ich muss lachen.

Mit ihm geht es direkt in den Hafen. Die Bootssuche kann weitergehen!

Zwei Verrückte am Flughafen

GLÜCK BESTEHT IN DER KUNST, SICH NICHT ZU ÄRGERN, DASS DER ROSENSTRAUCH DORNEN TRÄGT, SONDERN SICH ZU FREUEN, DASS DER DORNENSTRAUCH ROSEN TRÄGT.

Arabisches Sprichwort

16 Uhr. Ich sitze im Hafen von Pointe-a-Pitre auf einer Bank. Irgendwie bin ich noch nicht sonderlich motiviert, wieder die Stege abzulaufen und mich fröhlich durchzufragen. Es fühlt sich komisch an. Also schreibe ich erst mal Kärtchen. Papierschnipsel werden mit meinem Namen, meiner E-Mail-Adresse und der aktuellen Handynummer rasch zu Visitenkärtchen. Ich hoffe, dadurch schneller auf ein Boot aufmerksam gemacht zu werden. Diese Kärtchen möchte ich einfach mal jedem in die Hand drücken, der mir begegnet. Irgendwann gebe ich mir dann einen Ruck, schultere den Rucksack und laufe los. In der Hand halte ich das präparierte Pappschild noch vom ersten Tag der Reise. Mittlerweile hat sich die Rückseite gelöst und somit ergab sich neuer, freier Platz. Bereits im Hafen von Basse-Terre habe ich auf die Pappe noch ein „Alemania -> Colombia -> Chile" ergänzend gemalt. Dazu ein Segelbötchen beim ersten Pfeil und ein Autochen neben dem zweiten Pfeil. Diese Pappe hat mir schon so viel Glück gebracht! Mal schauen, ob sie es auch diesmal tut. Voller Optimismus spreche ich den ersten Kapitän an: „Bonjour! Wie geht's dir?" Und mit einem breiten Lächeln fahre ich fort: „Ich bin Joshi aus Deutschland, 19 Jahre alt und versuche nach Chile zu trampen." Ich deute verständnisunterstützend aufs Schild. „Bin bisher mit vier Segelbooten hierhergekommen. Und du?", übergebe ich das Wort. Dann erzählt mir der Kapitän seine Geschichte, und wenn es klingt, als würde er in nächster Zeit in meine Richtung segeln, frage ich gegen Ende des Gesprächs, ob er sich vorstellen könnte, mich eventuell mitzunehmen. Mit dieser vagen Formulierung soll sich möglichst niemand überrumpelt fühlen.

Am Abend treffe ich dann ein Boot, welches gerade angekommen ist. „Wo kommt ihr denn her?" Zum Glück versteht mich jemand auf Englisch. Das ist mir schon auf den Kanaren positiv aufgefallen: Obwohl hier sehr viele Franzosen unter den Seglern zu finden sind und es beim Reisen durch französisches Land oft sehr schwer ist, sich auf Englisch zu verständigen, sind die meisten Kapitäne echt fit, was die englische Sprache angeht.

„Ach, wir sind gerade über den Atlantik gesegelt. 21 Tage haben wir gebraucht“, antwortet mir eine junge Französin. „Na, herzlichen Glückwunsch!“, freue ich mich mit ihnen. Ich unterhalte mich noch etwas länger mit ihr, dann kommt der Kapitän dazu. „Und wie soll's für euch weitergehen?“ Meine Neugierde und Hoffnung zugleich kann ich doch nicht ewig zurückhalten „Also Jeraine fliegt morgen nach Hause zurück und wir werden zu zweit weiter nach Martinique segeln.“ Mooooment! Martinique liegt südlicher und besitzt den größten Segelyachthafen der Karibik. Wo sollte ich bessere Chancen auf einen Lift nach Kolumbien haben als dort?! „Und wann segelt ihr nach Martinique?“ „Am Freitagmittag“, bekomme ich zur Antwort. Ich bin noch ganz baff, dass sie gleich weiterwollen, statt sich die Insel erstmal anzuschauen. „Also übermorgen schon?“, frage ich nach. „Ja, genau!“, bestätigt der Kapitän. „Kann ich vielleicht mitkommen? Ich will nämlich nach Kolumbien und das wäre ja schon ein Stück näher dran“, versuche ich mein Glück. „Ja, klar! Bist du allein?“ „Ja, das bin ich. Vielen, vielen Dank!“ Ich mache einen Freudenhüpfer. „Sei Freitag um 11 Uhr hier, dann nehmen wir dich mit.“ Hui! Dass das so unkompliziert wird, hätte ich nicht gedacht. Gestern Nachmittag habe ich angefangen, keine 30 Stunden später habe ich ein Boot für die nächste Etappe gefunden! So kann's gehen!

Zwei Tage später geht es also wieder los. Erik, mein neuer Kapitän, kommt zwar aus Frankreich, praktiziert aber gerne sein Spanisch, was mir sehr gelegen kommt. Um 14 Uhr brechen wir dann auf. Au revoir, Guadeloupe!

Nach einem Zwischenstopp auf der Insel Marie-Gelante geht es weiter nach Martinique. Wenn alles klappt, könnten wir morgen früh zum Sonnenaufgang schon in Martinique sein! Volle Fahrt voraus!

Der Wind ist eher schwach, doch in meinem Magen geht es plötzlich turbulent zu. Schon wieder wird mir schlecht, und schon wieder hänge ich über der Reling. Das ist mein 1. April 2017. Leider kein Scherz!

Folgender Gedanke kommt mir in den Sinn: Vielleicht holt die Übelkeit mich besonders dann ein, wenn ich zu stark an die Zukunft denke, statt im Jetzt zu sein. Meine Erfahrung zeigt, wenn ich mich auf die Gegenwart konzentriere, kommt das eigentlich so Entfernte schneller, als ich es zuvor glaubte und ich kann die Hürden meistern, die zuvor unüberwindbar schienen.

Blicke ich jedoch immer nur in die Ferne, vergesse ich, direkt vor mich zu schauen und stolpere selbst über kleine Hindernisse.

Als ich am nächsten Morgen aufwache, ist alles ruhig. Sowohl mein Bauch, als auch das Meer drumherum. Während ich noch schlief, segelte Erik in eine wunderschöne Bucht im Nordosten von Martinique. Jetzt lasse ich den Blick schweifen: Ein Strand, ein paar Palmen und ganz viel grünes Dickicht. Welch wundersamer Kontrast zum Blau des Meeres. Und schon ist meine Zeit auf diesem Boot vorbei. Erik paddelt mich noch mit einem Schlauchboot an Land, eine kurze Umarmung und dann heißt es: „Bonne courage!“ „Mach's gut!“

Am Strand empfängt mich eine lustige Truppe angetrunkener Erwachsener. Die meisten sind bestimmt schon um die 50 Jahre alt. Witzig! Es ist gerade mal 10 Uhr und die saufen schon Alkohol. Während ich noch darüber schmunzle, wird mir auch schon ein Becher angeboten. Natürlich! Tepache! Was auch sonst? „Den nehme ich doch gerne!“, lache ich und exe den Becher. Dann knipsen wir noch ein Gruppenfoto und ich ziehe wieder meines Weges. Eine sympathische erste Begegnung mit den Einheimischen von Martinique.

Ehrlich gesagt ist Martinique für mich mehr ein Umsteigebahnhof beziehungsweise -hafen. Ich will nämlich einfach weiter, habe mein Ziel klar vor Augen. Da ich aber gerne noch etwas Strom und Internet hätte, kommt mir schnell der Flughafen in den Sinn. Das hat ja schon mal gut geklappt, und passenderweise liegt dieser sogar auf dem Weg nach Le Marin, dem größten Hafen der Insel. Der Plan ist, die Nacht einfach im Flughafengebäude zu verbringen und mich morgen auf den Weg zum Hafen zu machen. Aber dass feste Pläne keine guten Begleiter sind, habe ich auf dieser Reise schon oft gemerkt. So auch diesmal: Als ich spätabends endlich am Flughafen ankomme, scheitere ich an der Tür. Dieser Flughafen wird nämlich über Nacht geschlossen. Alles klar. Dann wird das wohl eine Nacht unmittelbar vor dem Flughafen.

Wie gut, dass es hier einen Burger King gibt! Nicht, dass ich dort essen wollen würde, aber er bietet eben freies WLAN an. Ich mache es mir also an einem Tisch auf der Terrasse gemütlich, die Laternen erleuchten die Szenerie. Zuvor lerne ich noch zwei weitere Reisende kennen, die wohl auch die Nacht im Flughafen verbringen wollten. Der eine ist am Verzweifeln, der andere sucht Arbeit. Wir sind schon ein seltsames Dreiergespann und irgendwie scheinen wir alle hier ein wenig fehl am Platz zu sein. Während die Nacht also fortschreitet, höre ich plötzlich Schreie. Ich zucke zusammen. Da kommt schon jemand um die Ecke. Im schwachen Schein der Laterne erkenne ich nur eine schwarze Gestalt. Sie läuft zum nächstbesten Pfosten, tritt dagegen und brüllt ihn an. Ich verstehe kein Wort, aber gesund klingt anders! Wie ein Zombie bewegt sich diese schwarze Gestalt von einem Laternenpfosten zum nächsten und immer wird dieser angebrüllt. Jeder Schrei geht mir durch Mark und Bein. Dass es ein Mann ist, habe ich mittlerweile ausmachen können, alles andere bleibt schleierhaft. Und dann kommt er plötzlich auch noch geradewegs auf mich zu. Was will der von mir? Ich halte den Atem an, spüre, wie mein Adrenalinpegel in die Höhe schießt. Hat er vielleicht mein Handy gesehen? Wird er mich ausrauben? Gedanken schießen wie Pfeile durch meinen Kopf. „Zigarette? Zigarette?“, fragt mich plötzlich eine Stimme. Erleichtert atme ich durch: „Nee, habe ich nicht. Tut mir echt leid!“.

Die dunkle Gestalt dreht ab und geht weg. Ich bin baff! Hat der mich doch gerade in einem ganz normalen Ton angesprochen und keine zehn Sekunden später brüllt er wieder einen Pfosten an und schwankt geisterhaft umher. Ich atme auf, als er sich endlich ein wenig weiter entfernt. Doch die Freude währt nicht lange, denn schon kommt ein zweiter um die Ecke des Schnellimbiss. Noch so ein Zombie – allerdings diesmal mit Messer. Mit einer großen Klinge unterm Arm läuft er über den Flughafenvorplatz, immer die gleiche Route. Es geht hin, es geht her. Ich versuche, mich ein wenig zu verstecken, hoffe, dass er mich nicht wahrnimmt. Lieber werde ich nach Zigaretten von einem brüllenden Typen gefragt, als von einem mit Messer unterm Arm. Allein beim Gedanken daran, dieser Kerl könnte auch gleich auf mich zukommen, läuft es mir wieder eiskalt den Rücken runter. Ich bin froh, nicht ganz allein zu sein, die anderen zwei Spezialisten zumindest in Rufweite zu haben. Dennoch, komfortabel nenne ich das nicht! Die zwei „Zombies“ scheinen stark unter Drogeneinfluss zu stehen. Wer die sieht, hat echt keinen Bock mehr auf Drogen! Während ich das denke, kommt gerade der Typ mit dem Messer mit einem leeren Gepäckwagen um die Ecke marschiert. Gleichzeitig, keine zehn Meter entfernt, brüllt sein Kollege einen unschuldigen Baum an. Was für ein verrücktes, fast schon witziges Szenario, wenn es nur nicht so fruchtbar traurig wäre. Als das Spektakel vorbei ist und die Typen weiterziehen, holt mich doch noch die Müdigkeit

ein und ich nicke im Sitzen für eineinhalb Stunden ein. Um 4 Uhr, sobald die Türen des Flughafengebäudes sich öffnen, verschwinde ich auch darin.

Als dann gegen 9 Uhr morgens – wohl durch eine erhöhte Benutzung – die zuvor so flotte Internetverbindung super langsam wird, ist es Zeit für mich aufzubrechen. Bei der Touristeninfo erkundige ich mich aber noch, wo der nächste Privatflughafen ist. Denn die Idee, vielleicht mal mit einem Flugzeug zu trampen, hat mich schon in Guadeloupe begeistert und so möchte ich es hier einfach mal probieren. Fragen kostet ja nichts. Und so stehe ich nach kurzer Zeit auf einem Privatflughafen, wo ich auch schnell auf einen netten Piloten stoße. Sofern er keine Passagiere in seinem Flugzeug habe, nähme er mich gerne mit, sagt er. Wann das sein würde, wisse er jedoch noch nicht. Und so tauschen wir Nummern aus und ich freue mich, dass es zumindest eine realistische Chance gibt.

Im Dunkeln trampe ich dann weiter Richtung Hafen, um am nächsten Morgen dort die Suche fortsetzen zu können. In mir kribbelt es, denn ich könnte wetten, in einer Woche bin ich schon wieder unterwegs. Das sagt mir zumindest mein Bauchgefühl, meine innere Stimme.

Es ist, ehrlich gesagt, eine ziemlich spannende Erfahrung, im Dunkeln zu trampen. Denn man lächelt den blendenden Autolichtern entgegen und hat keinen blassen Schimmer, wer da auf einen zufährt. Egal, wer vorbeikommt, ich lächle einfach weiter, irgendwann wird schon jemand halten. Und so ist es auch.

Schneller als gedacht

„LERNE DIE ZEICHEN ZU ERKENNEN UND FOLGE IHNEN", HATTE DER ALTE KÖNIG GESAGT.
Paulo Coelho

Le Marin, Marina. Tag 183. Die Sonne brennt. Ich laufe von Steg zu Steg, spreche Kapitäne an. Immer dabei: mein Pappschild, welches die Richtung vorgibt. Irgendwann spricht mich ein Spanier an: „Du willst nach Kolumbien? Das ist sauschwer hier. Ich habe fast zwei Monate gesucht. Plane also mindestens anderthalb bis zwei Monate ein!" Das klingt ja ermutigend. Insgeheim glaube ich aber nicht, dass ich so lange brauchen werde. Mein Bauchgefühl verrät mir etwas anderes und ich setze die Suche fort. Rein theoretisch dürfte im Moment die Zeit auch perfekt sein: Es ist Anfang April und bis Juni, zur Hurrican-Saison, wäre noch genügend Zeit nach Kolumbien zu segeln. Denn die östlichen Antillen, also unter anderem auch Martinique, können zur Hurrican-Saison ziemlich ungemütlich werden. Insbesondere für die Boote stellen die starken Winde eine ernstzunehmende, große Gefahr dar. Liegt das Boot vor Anker, könnte sich der Anker bei zu viel Zugkraft lösen. Liegt das Boot im Hafen, kracht es eventuell mit anderen Booten zusammen und kommt nicht ohne Schaden davon. Deswegen dürften die Häfen der Nordhalbkugel über die Sommermonate recht verlassen sein. Viele holen ihr Boot an Land, segeln nach Mittel- oder Südamerika oder eben gleich bis ans europäische Festland zurück. Hauptsache raus aus der Gefahrenzone!

Der erste Tag im Hafen verläuft allerdings nicht wirklich vielversprechend. Ich treffe viele Kapitäne, aber keinen, der nach Kolumbien segeln möchte. Der Hafen ist groß, groß genug, sodass ich es am nächsten Tag gleich noch mal versuche. Noch total übermüdet von einer kaum erholsamen Nacht in einem Foodtruck, schleppe ich mich gegen 11 Uhr wieder auf den Steg. Es ist heiß, Schatten gibt es nicht. Mein Gepäck ist mir viel zu schwer, ich bin müde. „Müde, Made, Marina …", murmle ich fast schon trotzig vor mich hin. Es ist ein zäher Start in den Tag, doch irgendetwas in mir fordert mich zur weiteren Bootssuche auf. Wenige Stunden später weiß ich auch, warum.

Hatte der junge Spanier mir nicht gestern noch prophezeit, ich müsse mindestens, aber wirklich mindestens anderthalb Monate suchen, treffe ich heute gleich auf zwei Boote, die wahrscheinlich nach Kolumbien segeln wollen. Ok, für den größten Hafen der Karibik mögen zwei nicht viel sein, aber es gibt welche und mir reicht ja schon eins! Während sich die Besatzung des einen Bootes wohl aber nicht ganz sicher ist, ob sie nicht doch direkt nach Panama durchsegeln wollen, setze ich meine Karten auf das andere Boot: ein etwa zwölf Meter langes Stahlboot namens „Chiloé". Chiloé? Das sagt mir doch was! Natürlich! Irgendwann komme ich drauf, dass Chiloé zu Chile gehört und sogar dessen größte Insel ist. Wie passend!

Die „Chiloé" finde ich ganz am Ende des Stegs. Es ist das letzte Boot, welches ich für heute fragen möchte, denn ich bin echt hundemüde. Es ist gerade mal 14 Uhr, aber ich brauche schleunigst Schlaf! An Deck sitzt ein halbnackter, älterer Mann mit dunkelbraunen bis grauen Locken. Auf seinem Kopf sitzt eine orangefarbene Sonnenbrille. Er scheint gerade eine Tasse Kaffee zu trinken. Als er mich kommen sieht, schenkt er mir zunächst keine weitere Beachtung, dann eröffne ich das Gespräch: „Bonjour! Francois, Deutsch, english, español?", versuche ich erstmal herauszufinden, in welcher Sprache wir uns am besten unterhalten. Dass er aus Frankreich kommt, verrät die kleine Flagge, die jedes Boot ziert und das jeweilige Herkunftsland angibt – so auch seins. „Bist du aus Deutschland?", antwortet er prompt auf Deutsch. Ich kann meine Überraschung wohl nicht verbergen, denn er erklärt sofort: „Ich komme aus der Nähe von Straßburg, aus dem Elsass, und wir mussten damals noch Deutsch in der Schule lernen." Besonders begeistert scheint er davon aber nicht zu sein. Trotzdem unterhalten wir uns eine ganze Weile, und er erzählt, er wolle nach Kolumbien segeln. Irgendwann fragt er mich dann, als ob er noch nicht verstanden hätte, warum ich eigentlich hier bin: „Und was tust du hier?" „Ich suche nach einem Boot, das mich nach Kolumbien mitnehmen kann", antworte ich mit großen Augen. „Aha, verstehe! Mich haben schon zwei Mädels gefragt, wahrscheinlich nehme ich die mit. Aber ich weiß es noch nicht genau." Ich belasse es bei dieser halben Absage, verspüre aber ein erstaunlich positives Bauchgefühl. Mal Abwarten. Völlig erschöpft trampe ich zum nahegelegenen Palmenstrand und schlafe ein.

Als ich Tage später wieder bei jenem Franzosen namens Fernando vorbeischaue, hat sich bereits Bedeutendes geändert. Ich treffe ihn an, als er gerade

DIMITRY

sein Boot neu streicht. „Die beiden Mädels haben gestern abgesagt", erzählt er mir etwas geknickt. „Warum weiß ich auch nicht. Ich sei zu sexistisch oder so'n Scheiß! Irgendwie sowas haben die gemeint. Verstehe ich nicht." In seiner Stimme klingt Enttäuschung und Unverständnis mit. „Mir auch egal, dann segle ich halt alleine!", sagt er trotzig. Bitte was? Ich muss ihn jetzt irgendwie aufmuntern, neu begeistern, sonst stehen wohl meine Chancen doch schlecht.

So sitze ich also bei Fernando und versuche, ihn von meinen Fähigkeiten in der Küche und meiner Motivation, ihn beim Segeln zu unterstützen, zu überzeugen. „Hmm… Ich weiß nicht. Eigentlich segle ich immer allein. So ein hübsches, junges Mädchen, ja, das würde ich mitnehmen." Hat er das gerade wirklich gesagt? Also doch ein bisschen sexistisch! Ich versuche, meine Empörtheit nicht zu zeigen. Stattdessen werfe ich ein: „Und was ist mit mir? Bin ich nicht auch hübsch und jung? Ich würde sogar kochen und spülen!" Er wird nachdenklich, zögert, dann sagt er: „Gib mir zwei Tage Zeit zum Überlegen. Dann sage ich dir endgültig Bescheid." „Wunderbar! Mach das! Ich komme dann in zwei Tagen wieder." Ich freue mich! Wir quatschen noch eine Weile und er wirkt zunehmend positiv gestimmt. Dann lasse ich den Hafen mit einem guten Gefühl für zwei Tage ruhen. Et voilá: Vier Tage später geht es mit Fernando und seiner „Chiloé" los. Volle Fahrt voraus nach Kolumbien! Die letzten 2000 Kilometer auf dem Wasser stehen mir bevor!

Mit einem grummeligen Franzosen auf hoher See

SEI MUTIG UND ENTSCHLOSSEN! LASS DICH NICHT EINSCHÜCHTERN UND HAB KEINE ANGST! DENN ICH, DER HERR, DEIN GOTT, BIN BEI DIR, WOHIN DU AUCH GEHST.
Josua, 1,9

Wir verlassen die Bucht von Le Marin und segeln entlang der Küste. Am Abend ankern wir dann noch einmal, und zwar in einer wunderschönen, kleinen Bucht mit Blick auf ein Fischerdorf. Malerisch sieht es aus! Wir springen ins Wasser, schwimmen umher, dann putzt Fernando den Rumpf seines Bootes und ich begebe mich ans Kochen. Heute serviere ich meinem

Kapitän Reis mit Karotten, Pilzen und Sojasoße. Als er das Essen probiert, ist er begeistert und schlägt gleich ein zweites Mal zu. Ein schönes Kompliment von einem gelernten Koch. Mittlerweile ist Fernando 64 Jahre alt, in Rente und ein wenig auf der Suche nach einem Ort, an dem er gerne alt werden will. „Komm, lass uns anstoßen!" Fernando kommt mit zwei Gläsern und einer Flasche Rum aus dem Bootsinnern. Ich springe noch mal kurz unter Deck, hole Zucker und Limetten hervor und mische geschwind einen Tepache. Dann stoßen wir an. Ich freue mich, solch einen entspannten Kapitän vor mir zu haben. Bei den Vorbereitungen und beim Lossegeln war er noch sehr befehlend und hektisch zugleich, sodass ich schon den Atem anhielt. Jetzt ist aber erst einmal eine ruhige Nacht angesagt.

Am Karsamstag brechen wir in der Früh Richtung Curacao auf, das über 500 Seemeilen entfernt liegt. Curacao gehört zu den ABC-Inseln, die unweit des venezolanischen Festlands liegen, und ist teilweise unabhängig, zum Teil gehört es aber noch zu den Niederlanden. Doch der Grund, warum wir Curacao ansteuern, ist der, dass kurz hinter den ABC-Inseln das angeblich fünftgefährlichste Kap der Welt – zumindest für Segler – lauert. Dort sollen Strömung und Wind häufig gegenläufig sein – eine fiese Kombi. Deshalb ist der Plan, auf Curacao eine Pause einzulegen, bis sich ein geeignetes Wetterfenster auftut.

Fernando holt den Anker hoch, dann geht's los. Mit soliden fünf Knoten motoren wir in Richtung West-Süd-West.

Fünf volle Tage segeln wir durch. Es sind anstrengende Tage auf See. So fragt mich Fernando am zweiten Tag: „Findest du nicht auch, dass der Motor viel besser klingt?" „Ja", bestätige ich und denke mir: Hä? Hat er mich das nicht gestern schon dreimal gefragt? Im Laufe des Tages erzählt er es mir noch weitere zwei Mal. Und das ist erst der Anfang: das Gleiche macht er mit der vielen Arbeit, die in diesem Boot steckt. Ich hatte ihn zuvor schon für seine wunderschöne, selbstgebaute Küche gelobt. Aber als ob ich noch nie etwas dazu gesagt hätte, fragt er immer wieder nach: „Kannst du dir vorstellen, wie viel Arbeit in diesem Boot steckt?" Und anstatt meine Antwort abzuwarten, antwortet er lieber selbst: „Nein, du kannst es dir nicht vorstellen." So geht das die ganze Überfahrt. Er erzählt mir immer wieder mit rhetorisch gestellten Fragen, wie toll sein Boot und all das hier doch sei. Und wehe, ich antworte mit etwas Vagem, wie „Vielleicht. Ja." oder „Ja, glaube ich auch", dann schallt es in rauem Ton zurück: „Nee, das ist so! Nix vielleicht!"

Noch schlimmer ist es, wenn ich nichts erwidere. Dann hakt er nach, stellt seine Frage noch mal, bis ich endlich „Ja“ sage. Ich sage nur noch „Ja“, schließlich bin ich nicht der Kapitän, aber einfach ist das für mich nicht. Um den Bootsfrieden zu bewahren, wahrscheinlich aber das strategisch Klügste. Diskussionen sind auf diesem Boot einfach zu vermeiden, denn Fernando hat immer Recht. Angeblich und vermeintlich.

In den ersten zwei Tagen hänge ich zu allem Überfluss auch noch zweimal Fische fütternd über der Reling. Ich versuche es noch zu vertuschen, sodass sich Fernando zumindest nicht darüber aufregen kann. Es ist wirklich keine leichte Zeit für mich, doch ich weiß, wenn ich das hier überstehe, stehe ich in Kolumbien. Und zwar mit beiden Füßen!

Kurz bevor wir in Curacao ankommen, gibt der Motor seinen Geist auf. Wir segeln ganz hart am Wind, kreuzen, schleichen mit zwei bis drei Knoten, also vier bis sechs km/h, die Küste entlang. Irgendwann zeigt der Tacho nur noch einen Knoten an. Wie gerne würde ich jetzt einfach laufen! Auch Fernando ärgert sich. Er flucht schon seit einer geraumen Zeit. „Scheiße! Das ist doch alles Scheiße! Scheiße, Mann!“ Ja, „Scheiße“ ist sein Lieblingswort, wie es mir scheint.

Es ist wirklich eine spannende Erfahrung, mit einem älteren, so lebenserfahrenen Mann unterwegs zu sein, der sonst immer alleine wochenlang auf dem Meer umhersegelt. Ich kann spüren, wie schwer es ihm fällt, permanent jemanden um sich zu haben. Ob er genauso fluchen würde, wenn er alleine wäre? Ich kann nur munkeln, doch umso mehr bemühe ich mich, ihn immer wieder zu besänftigen, und das klappt am besten mit leckerem Essen. Um das Klima an Bord zumindest erträglich zu halten, reiße ich mich zusammen und koche, selbst, wenn mir danach wegen meiner Seekrankheit verdammt elend zumute ist. Bis auf gestern, da konnte ich einfach nicht mehr. Fernando wollte das nicht gelten lassen und so musste ich ihm mehrfach erklären, wie schlecht es mir ginge und dass ich ihm wohl sonst in sein Boot kotzen würde, bis er endlich einlenkte und selbst kochte.

Mittlerweile spiele ich ehrlich gesagt mit dem Gedanken, in Curacao von der „Chiloé“ zu gehen. Ich will kein Weichei sein, aber es muss halt auch noch irgendwie erträglich bleiben. Wenn es schon keinen wirklichen Spaß macht, dann soll es doch bitte zumindest erträglich sein! Als wir endlich in einer Bucht von Curacao ankommen, sind wir aber noch lange nicht richtig da, denn hier finden wir keinen passenden Hafen.

Herausforderungen sind dazu da, gemeistert zu werden

Tag 199. Spanish Water, Curacao. Flamingos fliegen vorbei. Eigentlich eine herrliche Idylle. Und wir werden wohl auch noch eine Weile in dieser Bucht bleiben. Warum? Weil mein Kapitän die Ruhe weg hat. Nebenbei erfahre ich noch, dass er sowieso gerne eine Woche auf der Insel bleiben will. Und wieder einmal lerne ich, mich in Geduld zu üben. Außerdem will ich versuchen, mich etwas mehr mit Fernando zu arrangieren, damit das Klima auf der „Chiloé" wieder besser wird. So dulde ich zum Beispiel erst mal ziemlich viel und sage erst zu einem späteren Zeitpunkt, wenn mich etwas gestört hat. Damit gebe ich Fernando die Chance, es selbst zu merken oder zumindest in besserer Stimmung empfänglicher für mein Anliegen zu sein. Da wir ja nun in der Bucht liegen, ist das Boot ruhig und ich kann wieder das Kochen übernehmen. Ich mache mein Lieblingsgericht: Vegane Pfannkuchen mit einer Currykartoffelbreifüllung. So habe ich schon die Schweizer bei der Ankunft in Guadeloupe begeistern können und scheinbar schmeckt es auch Fernando. „Wie hast du das denn gemacht? Und wo hast du überhaupt kochen gelernt?" „Tja …", freue ich mich, dass er sich freut. „Bei Mama und unterwegs." Nachdem wir so viel Essen wie für mindestens vier Personen verzehrt haben, schiebt er noch abschließend hinterher: „Das war spitze!" Ein Kompliment aus seinem Mund ist etwas sehr Rares, umso mehr freue ich mich darüber. Wie schön, dass uns wenigstens das gemeinsame Essen verbindet.

Am nächsten Tag legen wir dann in der Marina von Willemstadt an. Wir krachen zuvor zwar noch gegen einen Felsen unter Wasser, können aber dank des stabilen Stahls der „Chiloé" drüber hinwegsehen. In den kommenden Tagen erkunde ich mit Fernando die Stadt, dann trampe ich noch ein bisschen über die Insel, beobachte und fotografiere Flamingos, und sauge das südamerikanische Flair in mich auf. Auf Curacao fühlte es sich für mich so südamerikanisch an wie noch nie zuvor: herumstreunende Hunde an jeder Ecke, staubige Straßen, vergitterte Fenster. Zudem schaue ich mich nach einem Workaway- oder HelpX-Projekt in Kolumbien um. Eine Öko-Lodge wartet nun auf mich, doch vorher darf ich

meine Hängematte noch im Garten eines Hostels im Regenwald bei Santa Marta aufspannen, um in Ruhe in Kolumbien ankommen zu können. Dankeschön!

Bis zu dem Zeitpunkt, als Fernando einen anderen älteren französischen Herrn kennenlernt, haben er und ich wirklich eine recht gute Zeit. Nun haben sich die zwei aber wohl dazu entschieden, gemeinsam verbal auf mich einzudreschen. „Wo willst du hin?“, fragt der fremde Franzose. „Nach Südamerika? Allein? Und dann willst du auch noch auf der Straße pennen oder was?! Du bist doch bescheuert, einfach dumm!“ Der alte Franzose, der selbst mal angeblich zehn Jahre lang in Südamerika gelebt hat, nimmt kein Blatt vor den Mund. Ich hingegen sage nichts, bleibe stumm. Ich war ja noch nie da und weiß halt auch gar nicht, wie es wirklich dort aussieht. „Die werden dich ausrauben!“, fügt Fernando nicht gerade aufbauend hinzu. „Südamerika ist scheiße gefährlich!“ Fernando hat selbst ebenfalls fünf Jahre in Rio de Janeiro gelebt, bis er auf der Straße angeschossen wurde, nachdem er Geld abgehoben hatte. Daraufhin floh er nach Frankreich zurück. „Was willst du da? Du bist doch jetzt schon halbtot! Allein mit deiner absurden Idee, nach Kolumbien zu gehen! Wissen überhaupt deine Eltern Bescheid? Wie alt bist du überhaupt? Du bist doch niemals schon erwachsen!“ Die beiden reden sich in Rage. Ich schweige. „Also, ich sage dir eins: Wenn du nicht eh umgebracht wirst, wirst du mindestens ausgeraubt!!!“, schreit mich der Franzose mittlerweile mit erhobenem Zeigefinger an. Ich zittere.

Ohnmacht steigt in mir auf. Ich fühle mich hilflos und ausgeliefert. Und trotz aller Wut kommen mir plötzlich auch Zweifel und Ängste. Was ist, wenn ich wirklich entführt werde, bedroht, angeschossen oder gar erschossen? Dass man in Südamerika durchaus schneller zur Waffe greift als in Deutschland, ist mir sehr wohl bewusst. Doch wie gefährlich ist es wirklich? Insbesondere in Kolumbien, DEM Land der Drogenkriege und -barone, wo Entführungen und Morde zumindest vor wenigen Jahren noch an der Tagesordnung waren? Ich bin ratlos. Weiß nicht mehr weiter. Was soll ich tun? Soll ich nach Hause zurückfliegen, die Reise abbrechen? Und das, obwohl ich doch fast schon Südamerika erreicht habe?! Das Gefühl totaler Unsicherheit umhüllt mich. Ich fühle mich unheimlich schwach und flüchte mich erst einmal ins Internet.

Nach einer kurzen Nacht mache ich mich am kommenden Tag auf den Weg in die nächstgelegene Kirche. Es ist Sonntag. Noch immer bin ich innerlich am Verzweifeln, am Boden zerstört. Mein Traum wurde zunichte gemacht, zerdroschen und zerschlagen. Ich setze mich in eine der mittleren Reihen und lausche dem Gottesdienst. Verstehen tue ich zwar wenig – hier auf Curacao spricht man vorwiegend Papiamentu, eine Kreolsprache –, doch das ist nicht entscheidend. Ich bin einfach da, finde Zuflucht unter den Menschen, die mich nicht verurteilen. Die einfach auch „nur“ da sind. Ich bete, denke an Familie, Freunde und sage Gott Danke. Danke, dass ich es bis hierher geschafft habe. Danke, für all die lieben Menschen, die mich mitgenommen haben, mir geholfen haben.

Nach dem Gottesdienst bleibe ich noch in der Bank sitzen. Das passiert mir echt selten, doch jetzt sitze ich da mit Tränen in den Augen. Ich lausche ganz tief nach innen. Denn dort, so glaube ich, kann ich Gottes Stimme hören. Also frage ich: Hörst du mich? Was soll ich tun? WAS SOLL ICH TUN? Ich halte inne. Lausche. Und dann spricht plötzlich eine ganz deutliche Stimme zu mir. Eine Stimme, wie ich sie nie zuvor gehört habe: Höre nicht auf diese Franzosen! Folge nur deinem Traum! FOLGE NUR DEINEM TRAUM! Ich lasse die Worte in mir nachhallen, sie auf der Zunge zergehen. Ja, ich habe verstanden, ich soll meinem Traum folgen. Weiterhin! Trotz beängstigender Franzosen und sonstigen Hindernissen. Ganz egal, was die anderen sagen und mir in den Weg stellen wollen. Mir kullert eine Träne über die Wange. Ich weine vor Erleichterung. Dann muss ich schmunzeln. „Danke!“, rufe ich leise in den Raum. Ich lache und weine und fühle mich auf einmal ganz leicht. So, als ob ich plötzlich schweben könnte.

Ein paar Gemeindemitglieder, die sich noch in der Kirche unterhalten hatten, kommen auf mich zu. „Alles ok bei dir? Was ist passiert?“ Eine Dame setzt sich neben mich und spricht mich auf Englisch an. Vermutlich hat sie das Alter meiner Mama. Ich erzähle ihr meine Geschichte und warum ich so verzweifelt bin beziehungsweise war. „Du brauchst keine Angst zu haben“, ermutigt sie mich. Als ich aus der Kirche gehe und zum Hafen zurückkehre, bin ich wie gewaschen. Die Ängste, Sorgen und Zweifel, die mich ein paar Stunden zuvor noch klein gemacht haben, auf mir gedrückt und mich belastet haben, mich an den Rand der Verzweiflung gebracht haben, sind mit einem Mal verschwunden. Sie sind einfach weg!

Ich schmiede einen Masterplan und freue mich plötzlich wieder richtig auf Südamerika! Meine Idee: Ich werde einfach so viel kochen wie ich kann und meinem Kapitän immer schön Bier, Cola und Zigaretten rausgeben, dann ist er zufrieden und ich habe hoffentlich meine Ruhe. So werde ich sicher in Kolumbien ankommen! Freudestrahlend hüpfe ich zurück zum Boot.

Und tatsächlich koche ich fortan solange wir im Hafen liegen, teilweise sogar zweimal am Tag – Fernando ist begeistert! Eines Tages kommt er auf mich zu und erzählt mir ein wenig stolz: „Ich habe gerade einem anderen Segler erzählt, dass ich so einen Jungen an Bord habe, der mir zwar eigentlich nur im Weg ist, aber dafür verdammt gut kochen kann. Da meinte dieser Segler, es sei Gold wert, so jemanden an Bord zu haben." Ich lächle glücklich. Für Fernandos Verhältnisse ist das schon wirklich ein großes Kompliment, das weiß ich zu schätzen. Und ich bin einfach super glücklich, dass er sich auch über rein pflanzliches Essen freuen kann. Ist nicht alles im Leben eine Frage der Zubereitung?

Nach zehn Tagen auf Curacao haben wir endlich ein gutes Wetterfenster in Aussicht und nehmen die letzte Etappe nach Kolumbien in Angriff!

Kurz vor der Ziellinie

Am 3. Mai 2017 verlassen wir dann eher mit Ach und Krach statt mit Ruhe und Seriosität den Hafen. Das Abfahrtsmanöver wird zum Fail. Die gesamte Marina schaut dabei zu, wie wir erst fast gegen ein anderes Boot stoßen, dann eine Stange über Bord fallen lassen, die eigentlich zum Abstoßen gedacht war und dann hilflos hin und her pendeln, bis wir es doch noch irgendwie schaffen. Fernando schämt sich und beschuldigt mich. „Arschloch!", rutscht es ihm raus. Ich bin froh, als wir endlich aufs offene Meer raussegeln. Doch nach fast zwei Wochen an Land, reagiere ich auch wieder sehr empfindlich auf die Wellen. Es vergehen keine zwei Stunden, schon hänge ich wieder über der Reling. „Wenn dir schlecht ist, brauchst du nicht zu kochen", höre ich Fernandos Stimme von hinten. Wie toll, dass er mir diesmal entgegenkommt!

Einen Tag später, Tag 213 meiner Reise, um genau 12.30 Uhr ist es endlich so weit: Land in Sicht! Exakt sieben Monate nach Reisestart sehe ich zum ersten Mal südamerikanisches Festland! Es fühlt sich an, als hätte ich ein großes Geschenk vor mir, welches nur darauf wartet, ausgepackt zu werden. „Südamerika, ich komme!", rufe ich in den Wind, tanze auf der Stelle und denke schmunzelnd an Pippi Langstrumpf. Noch heute werden wir am fünftgefährlichsten Kap der Welt vorbeisegeln, dem Cabo de la Vela, aber das kann meine

Vorfreude nicht schmälern. Das Wasser ist türkisblau. Das kenne ich eigentlich nur aus unmittelbarer Küstennähe, doch bis zur Küste sind es noch mindestens fünf Kilometer Luftlinie. Willkommen am nördlichsten Punkt Südamerikas!

Vor genau 21 Tagen haben die „Chiloé", Fernando und ich in Martinique abgelegt. Wow, wie die Zeit vergeht. Und vor allem: was für ein anderes Zeitgefühl sich einstellt! Mittlerweile sind wir immer mehr zu einem Team zusammengewachsen. Wir verstehen uns schon wesentlich besser. Fernando hat mir sogar angeboten, in Cartagena, der Stadt Kolumbiens, in der wir anlegen wollen, zunächst noch einige Zeit auf seinem Boot zu bleiben. So könnten wir gemeinsam die Stadt erkunden. „Oh ja, vielen Dank für das Angebot", belasse es erst mal bei dieser nicht wirklich aussagekräftigen Antwort. Denn anstrengend finde ich es immer noch mit ihm. Das liegt vielleicht auch einfach an seiner befehlenden Art und daran, dass die Ausdrücke „Scheiße", „Arschloch" und „Wir sind gefickt!" scheinbar zu seinen Favoriten gehören.

Trotz aller Wesensunterschiede will ich ihm zugutehalten, dass er allmählich dankbarer wird und sich auch mal entschuldigt. Ich habe das Gefühl, sein Herz wird immer wärmer. Ist es nicht so, dass jeder ein warmes Herz hat? Vielleicht ist es bei manchen einfach nur extrem schwierig zu animieren. Auf der „Chiloé" darf ich lernen: Wenn du deinem Gegenüber entgegenkommst, hast du eine Chance, sein Herz zu erreichen. Das fängt schon beim Grüßen an. Fast jeder freut sich, mit einem freundlichen Lächeln gegrüßt zu werden Und trotzdem fällt es vielen scheinbar schwer, selbst die Initiative zu ergreifen und von sich aus zu grüßen. Doch warum ist das so? Warten wir darauf, dass andere uns glücklich machen? In dieser Zeit darf ich wieder spüren, wie wertvoll es ist, mutig auf andere zuzugehen. Sicherlich gibt es Momente, in denen es sinnvoller erscheint, sich etwas zurückzuziehen – keine Frage! Aber wie oft nehmen wir uns zurück, trauen uns nicht, statt uns einfach mal zu begegnen? Bislang hat sich Mut meiner Erfahrung nach noch immer gelohnt.

Der Tag neigt sich dem Ende zu und wir segeln der untergehenden Sonne entgegen. Erste Lichter erscheinen auf dem Festland, während Fernando schläft. Ich halte Nachtwache und über meine Kopfhörer höre ich „Counting Stars" von OneRepublic. Ich blicke auf Kolumbien, dann wieder aufs Meer und werde wehmütig. Ich vermisse meine Freunde aus Deutschland, gleichzeitig genieße ich diesen zeitlosen Moment, diesen Moment des Fernwehs. Die Musik vermischt sich mit dem permanenten Rauschen des Meeres. Stundenlang schaue ich den Wellen zu, dann den Sternen, und ich verstehe, warum ich hier bin.

An diesem Abend soll es soweit sein: Um 22 Uhr wollen wir das Kap Cabo de la Vela passieren. „Von 21 bis 1 Uhr machst du heute Wache!", beschließt mein Kapitän, „danach bin ich dran." „Alles klar, mach ich. Ist ja nur das fünftgefährlichste Kap der Welt", antworte ich scherzhaft und merke gleichzeitig, wie müde ich eigentlich bin. Ich bitte Fernando darum, „nur" drei statt vier Stunden Nachtwache halten zu müssen. Doch es gibt keine Diskussion: „Nein. Du machst vier Stunden, dann übernehme ich." Schon verschwindet er in der Koje. „Schlaf gut!", rufe ich ihm noch nach. Ich halte meine Augen offen. Viel machen muss ich nicht, aber das eben: die Augen offen halten. Mehr brauche ich tatsächlich nicht zu tun, denn bevor ich irgendwelche Veränderungen vornehme, zum Beispiel den Kurs anpasse, soll ich sowieso Fernando wecken. Es vergehen zehn Minuten, es vergehen 20 Minuten.

Schon nach einer halben Stunde kann ich die Augen kaum noch offen halten. Mist! Noch über drei Stunden durchhalten! Keine Ahnung, wie ich das anstellen soll. Setze ich mich hin, nicke ich sofort ein, nur im Stehen ist ein Wachbleiben möglich, beziehungsweise wäre es möglich.

„Aua!" Ein Schlag trifft mich am Arm. Sofort bin ich hellwach. Fernando steht neben mir. Er ist wach geworden, weil der Radar piepst. Ein Frachter ist wohl so nah an uns vorbeigefahren, dass der Radar Alarm schlug. Allerdings nicht laut genug, um mich aus meinem Tiefschlaf zu reißen. Und das am Cabo de la Vela, dem angeblich fünftgefährlichsten Kap der Welt. Mist! Um kurz nach Mitternacht schickt mich der Kapitän endlich schlafen. Ich nicke schon wieder ständig ein, bin völlig übermüdet. Sofort falle ich in einen tiefen Dornröschenschlaf, der aber leider nur zweieinhalb Stunden anhält. Nanu? Was ist denn jetzt los? Fernando wirkt aufgebracht, also schaue ich mal raus. „Kommt das Schiff da etwa direkt auf uns zu?", fragt er mich nervös.

Fernando ist ein wenig traumatisiert, da er in der Straße von Gibraltar einmal fast von einem Frachtschiff überfahren wurde. So ein kleines Segelboot ist halt für so einen riesen Frachter, der mit bis zu 40 Knoten, also etwa 75 km/h, über die Weltmeere donnert, auch nicht mehr als ein Stück Treibholz. Vergleichbar vielleicht mit einem Lkw, der auf ein Fahrrad zufährt. Ich verstehe Fernandos Angst. Und auch wenn Schiffe Positionslichter haben, ist es wirklich schwer zu erkennen, in welche Richtung sich dieses Schiff bewegt. Du blickst ins Dunkel und siehst ein paar Lichter, mehr nicht. Solltest du die groben Umrisse erkennen können, ist das Schiff eigentlich schon viel zu nah. Also haben wir das Schiff jetzt fest im Blick. Auch ich bin nun wirklich wach. Aus dem Nichts taucht dann plötzlich ein weiterer Frachter auf, den wir nur knapp passieren. Wir atmen auf, aber das nächste Boot kommt schon auf uns zu. Seine Scheinwerfer scheinen im Einsatz zu sein. Dann geht plötzlich das Licht aus. Das kleine Boot liegt im Dunkeln. Sind das Piraten? Wir schauen uns fragend an, Anspannung macht sich breit. Doch das Boot bewegt sich nicht mehr. Bleibt an Ort und Stelle. Außerdem sieht es eigentlich zu professionell für Piraten aus. Nicht, dass ich schon mal Piraten in echt gesehen hätte, aber auch Fernando kann es sich kaum vorstellen. Muss vielleicht ja auch nicht sein … Nicht weit von uns entfernt strahlt eine Bohrinsel wie ein Haus aus funkelndem Gold. Bestimmt ist das Boot in unserer Nähe nur ein Überwachungsboot der Bohrinsel, beruhigen wir uns.

Dann legt sich Fernando wieder schlafen. Ich bleibe wach und höre Musik. Damit ich nicht wieder müde werde, tanze ich ein wenig auf der Stelle und rassle mit meinen Schütteleiern zum Takt. Und immer wenn sich erste Anzeichen von Müdigkeit zeigen, trinke ich Wasser. Außerdem leere ich eine halbe Prinzenrolle. Diesmal bleibe ich wach. Gegen 6 Uhr geht die Sonne auf. Und als wäre die Nacht nicht schon aufregend genug gewesen, schwimmt auch noch eine Haifischflosse am Boot vorbei. Wir schippern entlang des höchsten Küstengebirges der Welt, der Sierra Nevada mit dem Pico Colombo Colón, der 5780 Meter in die Höhe ragt. Wir staunen bereits über Kolumbiens Natur, bevor wir überhaupt angekommen sind. Am Abend des 6. Mai ankern wir dann in einer traumhaften Bucht: Vor uns der Strand, drumherum bewaldete Hügel – willkommen im atemberaubend schönen Norden Kolumbiens! Ich kann nicht anders, als meine Freude in einem kleinen Gedicht auszudrücken:

Da bin ich.
Ich bin da.
So wunderlich,
In Südamerika.

In einer Bucht erwacht,
Die Natur mir große Augen macht.
Malerisch, verwunschen, traumhaft schön,
Ein Zirpen, ein Zwitschern, in meinen Ohren ertön'.

Ich blicke hinaus, in grünen Wald,
Ob ich da mit Rucksack und Hängematte bin – ganz bald?
Dankbar verliert sich mein Blick in der Ferne,
Ich fange an, zu träumen, in Ruhe und Stille –
So mach ich das gerne!

Der nächste Tag bricht an, ich liege in meiner Hängematte, die ich zwischen die Segelmasten gespannt habe, und aus dem Bootsinneren schallt Bob Marley. Wie ich so sachte hin und her wippe, denke ich über den gestrigen Tag nach: Hautnah haben wir am Strand eine handfeste Diskussion miterlebt, bei der der „Spinner vom Strand", wie ihn die anderen nannten, ständig zu seinem Messer am Gürtel griff. Es ging um Geld. Um Abzocke. Auch wenn die Situation zum Glück nicht eskalierte, bin ich seitdem ganz gewaltig verunsichert.

Mein erstes Zusammentreffen mit südamerikanischen Einheimischen hatte ich mir irgendwie anders vorgestellt. Naja, aber vielleicht ist es halt auch einfach die Realität? „Lass dich nicht unterkriegen!" Diesen Satz hat mir ein sehr guter Freund mit auf den Weg gegeben. Jetzt kommt er mir wieder in den Sinn. Nein, ich werde mich nicht unterkriegen lassen! Im Nachhinein erfahren wir, dass an diesem Strand häufiger Überfälle passieren. Ich bin froh, als wir am nächsten Tag nach Cartagena aufbrechen. Cartagena ist auch bekannt als das Tor nach Südamerika. Über diese Stadt haben die Spanier einst Unmengen an Gold abtransportieren lassen. Die Stadt ist von einer massiven Festung und einer vier Kilometer langen Mauer umgeben und war lange schwer umkämpft. Die Spanier bauten sie auf, die Engländer und Franzosen wollten sie erobern. Europäer in Südamerika. Jaja. Bei dem Gedanken überlege ich kurz, ob ich nicht fehl am Platz bin. Doch mein Ziel ist es ja nicht, Südamerika zu erobern, vielmehr will ich es auf friedlichem Wege kennenlernen. Aus reiner Neugier, statt aus Gier nach Gold und anderen Rohstoffen. Wir segeln zwei Tage gemächlich an der Küste entlang, beziehungsweise motoren mehr denn segeln, denn es geht kein Wind.

Wie wir so vor uns hin schleichen, denke ich viel nach. Reflektiere, grüble über den Sinn und die Frage „Warum bin ich hier?". Also, hier auf dieser Erde. Und was will ich in meinem Leben bewirken? Dass wir Menschen gerade „unseren" Planeten zerstören, ist Tatsache. Wir werden immer mehr und wollen immer mehr, brauchen immer mehr Ressourcen. „Stillstand ist Rückstand." Wenn ich diesen Satz höre, werde ich wütend. Ja, mir wird übel. Kotzübel. Kennt ihr denn nicht die Geschichte vom bescheidenen Fischer und dem nach immer mehr Gewinn strebenden Reichen? Der Fischer, der nach außen hin arm wirkt, aber mit seinem Leben sehr glücklich und zufrieden ist. Er lebt genügsam. Dem gegenüber steht der Reiche, der nur die Gewinnmaximierung im Kopf hat, der immer mehr will und der nicht zur Ruhe, zur Zufriedenheit findet. So als wolle er eine nicht endende Leiter immer weiter emporsteigen. Etage für Etage. Hauptsache nicht auf dem Boden bleiben! Und jetzt erklär mir mal einer, wie unbegrenztes Wachstum auf einem begrenzten Planeten möglich sein soll?!

Wir alle streben nach Glück. Klar. Glücklich sein, das will doch jeder. Doch viele glauben, es ist nur durch materiellen und finanziellen Reichtum möglich, durch wirtschaftliches Wachstum. Nein! Stopp! Halte doch nur mal einen Moment inne! Wer denkt, durch Anhäufung von Geld glücklicher zu werden, dem sei gesagt, das Glücksempfinden lässt sich erwiesenermaßen ab einem Jahreseinkommen von 60.000 Euro nicht mehr steigern. Für dein Glücksempfinden macht es keinen Unterschied, ob du 60.000 oder 100.000 Euro verdienst, hat der Wirtschaftsnobelpreisträger von 2015 herausgefunden. Es gibt nicht die eine Zahl, ab der du dich glücklich fühlen darfst oder kannst, denn das tiefe Glück entsteht in der Freude, die du ausstrahlst. Ist nicht das Immaterielle, das Unsichtbare das, was uns wirklich glücklich macht? Was in uns Freude weckt und uns sprudeln lässt? Wie sagt der Fuchs zum kleinen Prinzen so schön: „Hier ist mein Geheimnis. Es ist ganz einfach: Man sieht nur mit dem Herzen gut. Das Wesentliche ist für die Augen unsichtbar." Ich persönlich lebe im Moment so, dass ich materiell gesehen absolut alles habe, um zu überleben, und sogar noch Luxusgegenstände wie Kamera, Laptop und Handy. Ich bin sehr glücklich und würde manchmal sogar gerne noch mehr Ballast, gewissermaßen Lasten, abwerfen. Denn weniger ist mehr – das will jedoch kein Ökonom der Welt gerne hören. Nur meine Familie und meine besten Freunde vermisse ich in diesem Moment wirklich. Grund genug, nicht allzu lange zu reisen. Geld brauche ich fast keins. Und mehr würde mich auch nicht glücklicher machen, davon bin ich überzeugt. Denn das, was mich besonders glücklich macht, kann man gar nicht bezahlen. Es ist das Lächeln in den Gesichtern. Die Begegnung mit („fremden") Menschen. Das intensive Spüren der Natur, meiner Kraftquelle. Der Dialog mit Gott.

Warum trampe ich? Warum lerne ich fremde Sprachen? Warum schlafe ich im Regenwald? Weil ich das Mark des Lebens in mich aufsaugen möchte. Weil ich ganz bewusst die Tür des Komforts schließen möchte, um zu schauen, was sich für neue Türen öffnen. Das ist der Grund, warum ich diese Reise mache. Und ich möchte das Erlebte teilen. Darum mache ich Bilder, Videos und erzähle von meinen kleinen und großen Abenteuern. Aus Liebe. Aus Faszination. Aus Leidenschaft.

Endlich fahren wir in die legendäre Stadt ein, in die „cuidad amarullada", die „bemauerte Stadt". Im Jahre 1533 wurde Cartagena gegründet. Schon von weitem können wir die wunderschöne Altstadt erahnen, umgeben von hässlichen, „modernen" Hochhäusern. Ein gelungener Kontrast!

Doch die Einfahrt in die Bucht von Cartagena ist tatsächlich ein wenig trickreich. Da die Stadt so begehrt war, bauten die Spanier die Bucht kurzerhand mit einer Mauer unter Wasser zu, nur ein kleines Stück blieb offen. Wer also nicht wusste, wo er lang steuern musste, blieb kläglich mit seinem Schiff an der Hürde unter Wasser hängen und sank vermutlich ziemlich trostlos. Brutal, aber auch ziemlich clever.

Dank Radar und Bojen bleibt uns dieses Schicksal erspart. Fernando und ich schaffen es dennoch, erst fast gegen die Unterwassermauer zu fahren und anschließend, ein paar Meter später, auf eine Sandbank aufzulaufen. Naja, hat diesmal keiner gesehen. „Wir sind doch zwei Idioten!", gesteht sogar Fernando lachend. Wie gut, dass der Motor einen Rückwärtsgang hat!

Nach einer Nacht vor Anker, weil wir noch auf einen freien Platz in der Marina warten müssen, können wir endlich am Steg anlegen. Jetzt heißt es

erst mal einklarieren. Das ist in Kolumbien gar nicht so spaßig, wenn man über den Seeweg anreist. Man braucht nämlich einen „Agenten", der sich gerne mit Goldkette und goldener Armbanduhr präsentiert, und die Personalien für ganz schön viel Geld zur Behörde bringt. Ob man das wirklich braucht, oder es nur eine Abzocke ist? Klärt mich auf, wenn ihr es besser wisst!

Nach wenigen Tagen, zumindest, wenn man Glück hat, kommt der Agent mit dem gestempelten Reisepass und den Bootspapieren wieder. Ab sofort kann ich Kolumbien auf eigene Faust entdecken, drei Monate Zeit habe ich dafür, dann sollte ich schleunigst die Grenze passieren.

Ich bleibe noch ein paar Tage in dieser wirklich wunderschönen Stadt, um sie auf mich wirken zu lassen, bevor ich weiterziehe. Von der „Chiloé" aus spaziere ich täglich in die Altstadt und schaue dem Treiben zu, laufe über Kopfsteinpflaster, betrachte alte Holztore und bunte Balkone. Die meisten Häuser sind gelb, blau oder rot gestrichen, grüne Pflanzen ranken sich an den Wänden empor oder hängen von den Balkonen herab. Pferdekutschen fahren durch die Gassen und an den Straßenecken verkaufen Händler Obst, Süßwaren, Zigaretten und aus Kuba geschmuggelte Zigarren. Immer wieder entdecke ich neue Dinge und halbwegs sicher ist es hier auch noch. Diese Stadt ist echt faszinierend. 2000 Polizisten patrouillieren hier täglich, lese ich in einem Reiseführer. Auf Motorrädern, Fahrrädern, per Auto, zu Fuß oder auf Segways sind sie überall präsent. Zumindest in der Altstadt. Und das hat seinen Grund: Seit über zehn Jahren kommen immer mehr Touristen nach Cartagena und die Altstadt ist natürlich ein wichtiger Touristenmagnet, den man sich erhalten möchte. Auch ich kann wirklich jedem diese Stadt empfehlen – für mich die schönste Altstadt, die ich kenne!

Tja, die Sicherheit ist in Kolumbien ein großes Thema. Doch seit Pablo Escobar, einer der gefährlichsten Männer der Welt, 1993 erschossen wurde, sei das Land auf einem sehr guten Weg der Besserung, bekomme ich von verschiedenen Seiten zu hören. Kolumbien kämpfe um zunehmende Sicherheit und das kann auch ich spüren. Dennoch, die Angst sitzt bei vielen Kolumbianern tief und die Mordrate ist immer noch unverhältnismäßig hoch. Besonders, wenn man es mit Europa vergleicht!

Auch mein Kopf scheint noch einiges verarbeiten zu müssen. So träume ich in der zweiten Nacht im Hafen, dass ein Mann mit einem Messer bewaffnet aufs Boot klettert. Er bedroht mich, doch mutig und erfolgreich schubse ich ihn vom Boot. Noch mal gut gegangen! Etwas später in derselben Nacht träume ich von einem anderen Jungen mit einem lächerlich wirkenden Mini-Messer. Auch dieser bedroht mich und die anderen Personen auf dem Boot. Ich kann zwar entwischen, doch auf die anderen sticht er ein. Das Interessante dieser Träume ist, dass ich mich immer retten konnte. Ist das eine Vorschau auf das, was kommen wird? Südamerika liegt vor mir wie für einen Segler die offene See. Er kann sich Karten anschauen, Routen ausdenken, doch wie der Wind letztendlich wehen und die Wellen schlagen werden, kann er nicht voraussehen. Niemand kann das und dies ist genau der besondere Reiz meiner Reise. Wie heißt es so schön: Der sicherste Ort für ein Boot ist der Hafen, aber dafür ist es nicht gebaut.

GUADELOUPE
BONDA
CURAÇAO
MARTINIQUE
CARTAGENA
IBAGUÉ
OLÓN
TENA
GUAYAQUIL
MANAUS
LIIMA
CUSCO
LA PAZ
SUCRE
UYUNI
FOZ DO IGUAÇU
SÃO PAULO
HUASCO
CÓRDOBA
VIÑA DEL MAR
PUNTA DEL ESTE
BUENOS AIRES
COÑARIPE
CHILOÉ
EL CHALTÉN
USHUAIA

Gestrandet in einer neuen Welt

UNSER LEBEN IST DIE GESCHICHTE UNSERER BEGEGNUNGEN.
Anton Kner

Tag 225. Vor einem Monat und zwei Tagen habe ich Martinique verlassen. Jetzt stehe ich am Straßenrand von Cartagena de Indias und halte meinen Daumen raus. Fernando und ich sind im Guten auseinandergegangen. Mal sehen, ob unsere Wege sich in Chile noch einmal kreuzen werden.

Das Meer, die Inseln und Strände liegen hinter mir. Das Inland mit all seinen Überraschungen vor mir. Eineinviertel Stunden vergehen, dann nimmt mich ein herzlicher Taxifahrer aus dem Inland umsonst mit. Zuvor hatte mir noch ein Deutscher, der seit 18 Jahren hier lebt, gesagt, dass an der Küste nicht die richtigen Kolumbianer lebten, die fände man eher im Landesinnern. Hier seien nur die, die klauten. Also, dass man das jetzt so pauschalisieren kann, bezweifle ich, aber dieser Taxifahrer passt tatsächlich ins Schema. Weiter geht es mit einem jungen Lkw-Fahrer. Mein Ziel ist der Garten des Hostels im Regenwald von Santa Marta/ Bonda, aber werde ich es bis zum Abend schaffen? Es beschäftigt mich diesmal sehr, nicht zu wissen, wo ich wann ankommen darf. Besonders jetzt in einer für mich ganz neuen und fremden Welt. Mir bleibt nichts anderes übrig, als darauf zu vertrauen, dass ich am Ende des Tages an einem halbwegs sicheren Ort einschlafen werde. Also vertraue ich darauf!

Wieder nimmt mich ein Lkw mit. Es sind wesentlich kleinere als die, die ich aus Europa kenne, dafür haben die meisten drei Sitze. Perfekt, um mich mitzunehmen. So nehmen die Fahrer Diego und Juan mich auch gleich mit in ihr kleines Dorf. Hier riecht es überall nach Mangos. Eigentlich alle Bäume, die die Dorfstraße säumen, sind Mangobäume, deren Früchte nur darauf warten, geerntet zu werden. Welch herrlicher Duft! Die beiden sprechen übrigens ohne Punkt und Komma auf Spanisch mit mir. Ich versuche, irgendwie hinterherzukommen, irgendwie den Inhalt zumindest ansatzweise zu verstehen. „Como?“– „Wie bitte?“ wird in den ersten Wochen in Kolumbien zu meinem wohl meistverwendeten Wort. „Quieres un mango?“ „Willst du eine Mango?“ Diego deutet auf einen Stapel voller Kisten. Jetzt erkenne ich es auch. Die sind ja voller Mangos! Es sind nicht die großen Mangos, wie wir sie aus dem Supermarkt kennen, sondern eher in Birnengröße. Na klar will ich eine! Diego holt zwei aus einer Kiste, beißt selbst in eine rein und gibt mir die andere. Was? Wie? Mit Schale? Ich stutze für einen Moment. Schälen wir diese Dinger nicht immer? Aber da Diego sie mit Schale isst, beiße ich auch einfach unverrichteter Dinge rein. Fantastisch! So schmeckt also der Norden Kolumbiens!

Da es diese Mangos rund um die Hauptstadt Bogota nicht gibt – Bogota liegt nämlich zu hoch – transportieren Diego und Juan und viele andere Lkw-Fahrer kistenweise Mangos in die knapp 1000 Kilometer entfernte Hauptstadt.

Noch lange sitze ich mit den beiden zusammen und quatsche. Es ist schon spät in der Nacht, als sie mich zu einer Unterkunft bringen. Eigentlich wollte ich einfach auf der Ladefläche hinten im Lkw pennen. „Nee, nee, wir laden dich ein!“, entgegneten die beiden. „Das ist ja total lieb, aber wenn ich hier schlafen könnte, wäre das schon echt prima!“, beteuere ich, doch die beiden lassen nicht mit sich reden. Ich freue mich sehr über den unverhofften Luxus und schlafe hinter vergitterten Fenstern eines Hotels in Cienaga ein.

Am nächsten Morgen will ich echt nicht so richtig los. Irgendwie plagt mich ein ungutes Gefühl der Unsicherheit. Aber es nützt nichts, wenn ich nach Bonda, ein kleines Dorf unweit von Santa Marta, will, muss ich an die Straße! Kurze Zeit später stehe ich also an der nächsten Tankstelle und sitze keine zehn Minuten später in einem Bus. Eigentlich wollte ich trampen, doch die Einheimischen fanden die Idee wohl nicht so gut. Von allen Seiten bekam ich Geld zugesteckt, verbunden mit der Empfehlung, unbedingt den Bus zu nehmen. Selbst die Jungs von der Tankstelle und der angrenzenden Werkstatt drängten mich dazu. Ich hatte ja keine Ahnung, dass diese wuselige Kleinstadt am karibischen Meer so gefährlich wäre. So viele Ortskundige können sich aber wohl kaum irren. Also steige ich ein, als der Bus nach Bonda vor meiner Nase hält.

„Para!“, rufe ich. Der Bus legt eine Vollbremsung hin, die Tür fliegt auf und ich heraus. In Kolumbien gibt es keine wirklichen, fixen Bushaltestellen, keine festen Fahrzeiten. Man winkt einfach mit dem Arm, wenn man vom Bus mitgenommen werden will, und ruft „Para!“, was so viel wie „Stop!“ heißt, wenn man wieder raus will. Der Busfahrer legt dann stets eine legendäre Vollbremsung hin und man kann den Bus verlassen. Von erneut ruhigem Anfahren kann nicht die Rede sein. Es geht also durchaus ein wenig ruppiger und ungeordneter zu, als wir es in Deutschland gewohnt sind. Das Schöne: man muss nie zur Bushaltestelle laufen. Es gibt auch keine Fahrpläne, doch die Menschen vor Ort wissen Bescheid. Du hast also eine Frage? Dann frage! Das lerne ich schnell.

Von Bonda aus müsste ich eigentlich noch anderthalb bis zwei Stunden den Berg hinaufwandern, um zur Regenwald-Lodge zu kommen, in deren Garten ich meine Hängematte aufspannen darf. Mit meinem Gepäck dauert das wahrscheinlich noch ein gutes Stück länger. Ich laufe los. Nach nur etwa drei Minuten überholt mich ein Motorrad und stoppt direkt vor mir. Reflexartig kommt in mir Verunsicherung hoch. Was will der? Der Fahrer dreht sich um. „Kann ich dich mitnehmen? Also, ohne dass du was zahlst? Gratis!" Witzig, dass er das so betont. Einen Daumen hatte ich ja gar nicht rausgehalten. Vielleicht hat er Mitleid mit meinem Rücken bekommen. Wie auch immer. Auf jeden Fall super nett! Ich springe dankend auf das geländetüchtige Motorrad auf und wir sausen den Berg hinauf.

Als ich an dem Hostel ankomme, werde ich gleich freundlich in den Garten verwiesen. In unmittelbarer Nähe rauscht ein Bach. Zikaden surren, Vögel zwitschern. Während ich so über diese einzigartige Geräuschkulisse staune, spanne ich meine Hängematte zwischen zwei gewaltigen Mangobäumen auf und verschwinde auch gleich darin.

Kolumbien – Land der Extreme

**WAS DAS HERZ SCHENKT, GEHT NIE VERLOREN.
ES BLEIBT IN DEN HERZEN ANDERER.**
Robin St. John

Kolumbien ist eines der artenreichsten Länder dieser Erde, hier gibt es allein 55.000 Pflanzenarten und kein Land kann mehr Vogelarten vorweisen als Kolumbien. Etwa 1900 soll es laut der letzten großen Zählung geben. Zudem reicht die Vielfalt des Tierreichs vom Andenkondor über den Brillenbär, den Puma, den Jaguar bis hin zur Anakonda – Kolumbien ist reich an Natur.

Berge ragen bis zu 5700 Meter in die Höhe, Küsten mit Karibikstränden und dichter Regenwald säumen das Land. Im Landesinneren gibt es sogar eine Wüste und die höchsten Palmen der Welt. Die Vielfalt ist beeindruckend!

Kolumbien ist etwa dreimal so groß wie Deutschland und es leben hier aktuell fast 50 Millionen Menschen. Zum Vergleich: In Deutschland leben über 80 Millionen. Doch in den letzten 100 Jahren wurden die Einwohner Kolumbiens von Bürgerkriegen terrorisiert. Drogenkartelle haben sich gebildet und letztendlich wurde der ursprünglich politische Krieg mehr und mehr zum Machtspiel der Drogenbosse und -kartelle. FARC, OLM und weitere Gruppierungen machten Mord und Totschlag zur alltäglichen Realität. Dem mächtigsten aller Drogenbosse, Pablo Escobar, gehörten zu seinem Höhepunkt drei ganze Städte. Er herrschte über sie, bestimmte, was passierte. Ungefähr so, wie es heute noch im kleineren Umfang in zum Beispiel brasilianischen Favelas gelebt wird. Seit die FARC, die bis zuletzt größte Einheit, 2016 ihre Waffen abgelegt hat, kehrt langsam Frieden ein. So kann ich auch den Waldfrieden genießen!

Wie schön dieses grüne Idyll doch ist! Tatsächlich kann Kolumbien wohl aufgrund seiner jahrzehntelangen Kriege solch eine Naturvielfalt aufweisen. Viele Regionen, insbesondere Regenwaldgebiete, waren oder sind teils noch heute von Kriegern und dem Militär besetzt, sodass man sich als normaler Bürger oder wohl auch größerer Investor dort nicht hineintraut. So hält sich auch die Ausbeutung und Zerstörung der Natur in Grenzen, ähnlich dem Grünen Band in Deutschland. Dort gab es entlang des Todesstreifens von 1952 bis 1989 einen breiten Streifen mit niedriger Vegetation, um ein freies Sichtfeld zu haben. Da man sonst erschossen werden würde oder Gefahr lief, auf eine Mine zu treten, wurde er lange Zeit vom Menschen kaum betreten. Stattdessen siedelten sich vom Aussterben bedrohte Tier- und Pflanzenarten an. Noch heute ist das Gebiet durch eine besondere Artenvielfalt geprägt. Ich wünsche Kolumbien Frieden und hoffe, dass sie ihre fantastische Artenvielfalt zu schätzen und schützen wissen!

Aus heiterem Himmel werde ich nach ein paar Tagen krank. Es fängt mit Halsschmerzen an und mündet bereits wenig später in einer ganzen Welle an Symptomen. Kopfschmerzen, Müdigkeit, Appetitlosigkeit und Gliederschmerzen – das ist echt nicht mehr lustig. Als sich in meinem Kopf alles zusammenzieht, spüre ich: Joshi, du musst jetzt handeln! Doch ich bin zu schlapp, fühle mich zu schwach, um aus der Hängematte aufzustehen. Es tut schon alles weh, doch es wird noch schlimmer. Im nächsten Moment habe ich das Gefühl: Ich sterb gleich! Ich fühle mich komplett handlungs- und denkunfähig, nach Hilfe rufen kann ich erst recht nicht mehr. Irgendwie schaffe ich es, zur Rezeption zu torkeln und ein „Mir geht es gar nicht gut." über den Tresen zu flüstern. Hoffentlich verstehen die mich. Die Dame an der Rezeption nickt verständnisvoll. „Wir machen dir eine Suppe. Setz dich mal da hin", deutet sie mich an einen Tisch. Doch ich setze mich nicht, stattdessen steuere ich zielstrebig die nächstgelegene Toilette an. Dann kotze ich.

Anschließend geht es mir zumindest ein bisschen besser. Die Suppe kommt schnell und tut echt gut! Was auch immer die da reingeworfen haben, ich bin einfach nur dankbar. Nach und nach erhole ich mich. Auch von dem Schreck, diesem Gefühl, dem Tod so nah zu sein. Das hatte ich noch nie und ich kann auch überhaupt nicht zuordnen, wo dieser plötzliche Einbruch herkam.

Ich recherchiere, was es wohl sein könnte? Mein Verdacht fällt auf einen Mosquito, der mir eine Krankheit übertragen haben könnte. Habe ich vielleicht Dengue-Fieber? Dengue geht für Erwachsene meistens gut aus – nach ein paar Tagen ist man wieder erholt. Doch es kann durchaus tödlich sein.

Da ich wirklich gerne wissen würde, um was es sich hierbei handelt, fahre ich noch am Abend auf einem Motorrad hinunter ins Dorf zum Arzt. Mit dabei: mein ganzes Gepäck.

Es war zwar echt super, einige Tage im Garten beziehungsweise Wald hängen zu dürfen, doch dass mir der modrige Geruch von verschimmelten Mangos und die hohe Luftfeuchtigkeit in meiner momentanen Verfassung weiterhin so guttun würden, bezweifle ich. Also muss ein neuer Schlafplatz her.

Naja, erst mal zum Arzt! Der misst Fieber und lässt mich von meinen Symptomen erzählen. Er verschreibt mir ein fiebersenkendes und Kopfschmerz linderndes und Keine-Ahnung-was-sonst-noch-Medikament. Damit schickt er mich zum Apotheker. Aus Sicherheitsgründen hat der Arzt übrigens einen eigenen Wachmann und die Türen und Fenster seiner Praxis sind vergittert. Und das in einem kleinen Dorf. Woran ich erkrankt bin, weiß ich jedoch immer noch nicht, also frage ich den Apotheker, der mir gleich sympathisch erscheint. Der ist überzeugt: „No, no, no tienes Dengue". Also kein Dengue Fieber. „Woran machst du das fest?", frage ich ihn wissbegierig.

„Na, ja. Ich glaube das einfach nicht. Ich kann mir nicht vorstellen, dass du Dengue hast", ist die Antwort, mit der ich mich zufrieden geben soll. Was ich aller Wahrscheinlichkeit nach habe, sagt er mir auch, doch der Name ist so komplex und lang, dass ich ihn schon im Moment des Aussprechens wieder vergessen habe. Wir einigen uns darauf, dass es wohl ein Moskitostich war. Naja. Klar ist jedoch, ich muss mich etwas auskurieren!

Mittlerweile ist es dunkel. Es ist 20 Uhr und ich stehe mitten auf dem Dorfplatz. Wie in Kolumbien üblich, herrscht um diese Zeit noch immer reges Treiben. Alleine bin ich also schon mal nicht, aber mitten auf dem Dorfplatz will ich auch nicht schlafen. Also fasse ich Mut und quatsche wildfremde Menschen an. „Hola! Kann ich bei dir meine Hängematte im Garten aufhängen? Mir geht es nicht so gut und ich suche noch einen Platz für die Nacht." Um mehr Vertrauen zu erwecken, erzähle ich meine ganze Geschichte in Kurzform. Schließlich hat das schon öfters eine Tür geöffnet. Diesmal scheint es aber ein wenig kniffeliger zu sein. Plötzlich hält ein Motorrad neben mir. „Komm, spring auf! Wir fahren zu mir nach Hause." Ich schaue in das faltige, ernste Gesicht eines etwa 45 Jahre alten Mannes. Der Motor des Motorrads brummt noch. Ich schaue mich um. Was soll ich tun? Zu gerne hätte ich in diesem Augenblick jemanden, der mir verrät, ob ich diesem Mann vertrauen kann. Er mustert mich genauer, durchbohrt mich mit seinen dunklen Augen. Dann entscheide ich: „Si, vamos!" Und springe hinter ihm auf sein Motorrad, ungewiss, wohin er mich bringen wird. Ich bin sehr gespannt, ja, aufgeregt, vergesse sämtliche Schmerzen und Beschwerden für einen Moment. Stattdessen kribbelt es überall. Gleichzeitig überwiegt in mir ein positives Gefühl, und auf jenes habe ich im Moment der Entscheidung gehört. Hoffentlich geht das gut!

Das Motorrad biegt ein, wir halten vor einem einfachen, unverputzten Haus an, eine Frau steht schon in der Tür. Sie heißt Maryuris und ist die Mutter der vierköpfigen Familie, die hier wohnt. Sie hatte ihren Mann Oscar veranlasst, mich hierher zu holen, erzählt sie mir am nächsten Tag. Ich weiß wirklich nicht, wie ich Danke sagen soll. Diese Großherzigkeit ist ein-

fach unbeschreiblich! Im Garten findet sich schnell ein Platz für meine Hängematte. Und das Beste: Es riecht nicht nach verfaulten Mangos. Herrlich! Hier kann ich bleiben. Neben dem Zugang zu einer Toilette brauche ich nur Schlaf und Wasser – all das finde ich hier.

Am nächsten Morgen steht Maryuris vor mir: „Wohin gehst du heute?" „Ich weiß nicht", antworte ich kleinlaut, aber ehrlich. Dass ich noch ordentlich Fieber habe, spüre ich. Vorsichtig, ganz vorsichtig, frage ich Maryuris, ob es ok wäre, wenn ich mich hier noch ein paar Tage auskurieren würde. Es ist etwa 35°C heiß und in meinem Zustand möchte ich nur sehr ungern weiterreisen. „Ja, klar, bleib!" sagt sie. Ich hoffe, sie hat es nicht nur aus Höflichkeit gesagt. Ich freue mich riesig. „Muchísimas gracias!", sage ich und lächle. „Muchísimas gracias" heißt wortwörtlich übersetzt „Vielsten Dank". Es wird zu meiner Lieblingsformel in Südamerika werden. Kaum einen Ausspruch nutze ich öfter, denn Grund zum Danken gibt es irgendwie ständig. Schade eigentlich, dass wir in der deutschen Sprache kein Äquivalent dazu haben.

Aus einer Nacht bei Maryuris und ihrer Familie werden zwei und aus zweien eine ganze Woche. Nach vier Tagen – so wie es der Arzt prognostiziert hatte – geht es mir wieder sehr gut und ich möchte eigentlich aufbrechen, doch die Familie will mich nicht weiterreisen lassen. Sie haben scheinbar Gefallen an mir gefunden, mich in ihr Herz geschlossen. Gemeinsam haben wir eine Menge Spaß! Manchmal habe ich sogar das Gefühl, die Familie sei echt stolz, mich als ihren Gast zu haben. Das freut mich enorm.

Jeden Morgen unterhalte ich mich lange mit Maryuris, die super neugierig ist und ganz viel über Deutschland, Europa und meine Reise wissen will. Als ich ihr von meinem letzten Kapitän erzähle, schüttelt sie den Kopf: „Du bist doch verrückt! Das hätte alles schiefgehen können!" Ich muss grinsen. Dann rechen wir die Blätter im Garten zusammen. Täglich landen hier eine Menge neuer Blätter. Genauso wie täglich Leguane auf mein Tarp scheißen. Naja, was soll's! Ich versuche Maryuris zu helfen, wo ich nur kann, um zumindest auf diesem Wege meine Dankbarkeit zu zeigen. So putzen wir gemeinsam, ich helfe beim Kochen und erledige Einkäufe.

Während unserer zahlreichen Gespräche kann ich noch so manchen interessanten Mythos auflösen. So fragt sie mich zum Beispiel, ob in Deutschland alle Nazis seien und alle wie Hitler sprechen würden? Scheinbar hat sie irgendwelche fragwürdigen History-Channels geschaut. Für mich sind diese

morgendlichen Dialoge gleichzeitig auch eine super Möglichkeit, mein Spanisch zu verbessern. Maryuris ist Grundschullehrerin und spricht für mich extra deutlich und langsam. Da die staatlichen Schulen in dieser Zeit streiken, ist sie mehr zu Hause als sonst und wir haben Zeit, uns auszutauschen. Ihre Kinder hat sie unter anderem der häufigen Streiks wegen auf eine Privatschule geschickt. Wenn die Kinder von der Schule nach Hause kommen, freuen sie sich, mit mir Dinge zu unternehmen. So springen wir kurzerhand zu viert plus Hund aufs Motorrad und fahren zum Baden an den Fluss. Die Kinder rutschen hier auf einer Rutsche aus Stein ins aufgestaute Becken. Und der „Strand" wird zur Fußballwiese. Ein großartiger Spielplatz inmitten der Natur, ohne großen Schnickschnack und Hightech-Kram. Einfach der Bach, die Kinder und mehr braucht es nicht!

Oft besuchen wir die Großeltern der Familie. Gemeinsam sitzen wir dann auf der Straße und reden. Alles, eben alles, findet draußen statt. Als mich Oscar an einem Tag mit nach Santa Marta, die nächstgrößere Stadt, mitnehmen will, müssen wir mit dem Bus fahren, denn es ist Männern innerhalb dieser Stadt verboten, zu zweit auf einem Motorrad zu fahren. Zu viele Morde sind auf diese Weise in den letzten Jahren passiert: Der Vordermann lenkt, der Hintermann schießt. Unter diesen Vorzeichen bin ich froh, als wir am Abend wieder im Garten der Familie ankommen. Nach einer ganzen Woche reise ich dann aber doch ab, auch wenn mich diese liebenswürdige Familie noch immer nicht gehen lassen will. Das gibt mir das Gefühl, trotz Krankheit, keine Last für die Familie, sondern vielleicht sogar eine Bereicherung gewesen zu sein.

Genau jetzt fühle ich mich in Kolumbien so richtig angekommen. 1000 Kilometer südlich erwartet mich nun die Öko-Lodge, die ich über „Workaway.info" gefunden habe. Ich bin gespannt, wie das wird.

Ein ungeahntes Schauspiel

Ich lege einen Tramp-Marathon Richtung Süden zurück, schlafe nachts ein paar Stunden an der Leitplanke in tropischer Hitze, werde von Moskitos in die Lippen gestochen und trampe am nächsten Morgen um 4 Uhr verschwitzt und mit geschwollenen Lippen weiter. Ab in die Berge! Ich will ins Kühle. Bei circa 8° C verbringe ich dann die kommende Nacht auf 3460 Metern Höhe – ein willkommener Kontrast zur vorangegangenen Nacht bei über 30° C.

Diesmal besser erholt, trampe ich nach Salento. Es ist bekannt für seine sogenannten Wachspalmen, die bis zu 60 Meter hoch werden und damit die höchsten Palmen der Welt sind. Sie wachsen nur in Kolumbien und nur auf 2000 bis 3000 Metern Höhe. Kein Wunder, dass sie zum Nationalbaum ernannt wurden.

Ich stehe also am 239. Tag der Reise, dem 30. Mai 2017, im wunderschönen Dorf Salento und suche die Palmen. Nachdem ich bereits erfolglos von einem Aussichtspunkt aus die Landschaft abgesucht habe, quatsche ich jetzt einfach die nächstbeste Person an. „Die Wachspalmen? Da musst du bis ans Ende des Tals laufen." Okay. Elf Kilometer sind das, sagt mein Handy. Es ist mittlerweile 16.20 Uhr und bald wird es dunkel. Rund um den Äquator geht die Sonne schon gegen 18 Uhr unter. Egal! Ich will diese Palmen unbedingt sehen. Also überschlage ich kurz im Kopf und komme zu dem Ergebnis, dass ich ungefähr vier Stunden Fußmarsch vor mir habe. Los gehts!

Ich brauche zwar um einiges länger als gedacht, aber ich komme am Talschluss an, völlig erledigt und müde. Eigentlich will ich mich am liebsten sofort im Schlafsack verkriechen, doch über mir erstreckt sich ein funkelnder Sternenhimmel. Wow! Fast schon reflexartig greife ich zu meinem Fotoequipment: Stativ, Kabelauslöser und die Kamera mit Weitwinkel-Objektiv drauf. In meinem Kopf entsteht bereits eine Bildidee: Die Palmen unterm Sternenhimmel. 25 Sekunden lang belichte ich, dann zeigt sich die Milchstraße auf meinem Kamerabildschirm in voller Pracht. Ich jauchze vor Freude. Vor Überraschung. Vor Faszination. Ich blicke nach oben. Dass mir das vorher nicht aufgefallen ist! Ich mache gleich das nächste Bild. Und noch eins. Und noch eins. Passe die Position der Kamera an, drücke wieder ab. Ich bin zutiefst begeistert. Was für ein Glück, dass ich nicht vorher eingeschlafen bin!

Als ich am nächsten Tag noch beseelt vom nächtlichen Erlebnis aus jenem Tal herauslaufen möchte, hält ein kleiner Lastwagen neben mir an. „Wohin willst du?“ „In diese Richtung“, antworte ich erst mal ganz grob und zeige in meine Laufrichtung. „Wir können dich mitnehmen“, schallt es zurück. „Sehr gerne“, freue ich mich und springe hinten auf die Ladefläche. Wie wunderbar! Manchmal brauche ich noch nicht mal einen Daumen rauszuhalten und werde schon mitgenommen. Ob ich das ausstrahle? Ob ich so eine „Tramper-Aura“ habe oder so? Ich vermute eher, es ist mein Rucksack, der so groß ist, dass man von hinten nicht mal meinen Kopf sehen kann. Da kann man sich schon mal wundern und anhalten. Dass dieser Lastwagen mich am Ende noch bis an mein Ziel bringt, ist mal wieder einfach unglaublich. So liebe ich das Trampen! Bei einem frisch gefundenen Freund – er hatte mich zwei Tage zuvor mitgenommen – darf ich übernachten. Er wohnt in einem gesicherten Bezirk, in Armenia. Dort haben die Häuser keine Gitter vor den Fenstern und die Türen bleiben auch mal offen. Als ich in diesen Bezirk eintrete, fällt meine permanente Anspannung zum ersten Mal ab, seit ich in diesem Land unterwegs bin. Ich atme durch. Jetzt erst merke ich, in welcher ständigen „Hab Acht“-Stellung ich durch Kolumbien reise. Es tut gut, mal eine Nacht an einem bewachten Ort zu verbringen.

Am nächsten Tag geht es zur Ukuku-Lodge, in den Cañon del Combeima bei Juntas, Ibagué. Hier wartet mein nächstes Workaway-Projekt auf mich. Es ist herrlich grün hier, Vogelstimmen singen. Ich lasse meinen Blick schweifen. Da thront er: der Nevado del Tolima mit 5215 Metern Höhe. Ich bin angekommen in Ukuku, meiner Öko-Lodge für die kommenden Wochen. Hier werde ich beim Putzen, Gärtnern, Spülen helfen und darf sogar Gäste bekochen.

„Komm in unser Haus, dann kannst du bei uns bleiben!“ – gleich das erste Paar, das ich in der Lodge antreffe, lädt mich zu sich nach Hause ein. Die Gäste scheinen einfach von meiner Reisegeschichte gerührt zu sein, vielleicht kann ich sie aber auch mit meiner Kochkunst überzeugen. Wie auch immer! Gefragt habe ich auf jeden Fall nicht, freue mich aber umso mehr über diese besondere Einladung.

Zwei Wochen lang helfe ich in Ukuku mit, inmitten einer Berglandschaft auf 2000 Metern Höhe. Es ist der perfekte Ort zum Durchatmen. Dann wartet das nächste Abenteuer auf mich.

Eine mysteriöse Verwandlung

Tag 257. 2900 Meter ü. NN. Eigentlich wollte ich hier komplett alleine hochlaufen, aber wie das manchmal so ist, hat wieder einmal ein Auto angehalten und mich bis hierhin mitgenommen. Mein Ziel befindet sich eigentlich auf 4000 Metern Höhe: Ich will zum Paramó, so nennt sich die kolumbianische Landschaft in dieser enormen Höhe zwischen 3850 und 4400 Metern Höhe. Sie ist geprägt durch eine Pflanze, den Frailejon, der endemisch ist. Es gibt ihn nur in den Anden Kolumbiens und im Norden Ecuadors. Die Pflanze sieht aus wie eine Kombination aus Kaktus und Busch, also praktisch wie ein Kaktus mit Blättern.

Es ist zwar erst 12.30 Uhr, doch es regnet, und so entscheide ich, den weiteren Anstieg auf morgen zu vertagen. Auf einer Kuhweide mache ich es mir gemütlich. Als ich später im Dunkeln aus meinem Tarp herausschaue, funkelt es überall. Ein kleines Feuerwerk aus Glühwürmchen überrascht mich. Sie fliegen wie Miniraketen durch die Luft, leuchten auf und verschwinden wieder. Wie fabelhaft! Was die Natur doch für Ideen hat!

Am nächsten Tag stehe ich früh auf. Ein steiler, rutschiger Anstieg steht bevor, denn der andine, tropische Bergwald ist matschig, feucht und ziemlich dicht bewachsen. Alles ist grün. Selbst die Felswände sind von Bäumen überwachsen. Mein Equipment ist schon jetzt zur Hälfte nass, doch ich bin zuversichtlich, dass am Nachmittag noch die Sonne rauskommen wird. Sechs Stunden später und sechshundert Meter höher: Die Luft ist kühl und sie wird spürbar dünner. 3500 Meter über NN. Noch bin ich mitten im andinen Bergwald. Faszinierend, bis in welche Höhe dieses Dickicht doch reicht! Zum Glück ist zumindest mein Schlafsack überwiegend trocken. Ich pausiere, wärme mich auf und verdaue den bisherigen Weg. War

echt nicht ohne! Runter würde ich den nicht gehen wollen, das ist viel zu steil und zu rutschig. Ein Kolumbianer hat mir zum Glück den guten Tipp gegeben, dass es noch einen anderen Weg runter gibt. Dafür muss ich es nur erst einmal nach ganz oben schaffen. Na dann weiter!

Unterwegs begegne ich einigen auf ihrem Abstieg. Immer wieder höre ich dieselbe Frage: „Bist du allein?". Ja, ich weiß, allein am Berg unterwegs zu sein ist nicht üblich und sicherlich in Bezug auf die Sicherheit nicht das Gelbe vom Ei. Doch ich reise nun mal allein und Truman, bei dem ich das Workaway-Projekt „Ukuku" gemacht habe, ist Bergführer genau in dieser Region. Er hat mir noch ein paar wertvolle Tipps gegeben und hat nicht versucht, mich von meinem Alleingang abzuhalten. Er hat es gar nicht erst infrage gestellt.

Mitten am Berg steht dann plötzlich ein Schild auf dem Weg: „No transite solo." Ich denke, das versteht jeder. Haben mich deswegen die vielen absteigenden Kolumbianer angesprochen? Doch keiner hatte dieses Schild erwähnt. Ich überlege einen Moment und entscheide, ich werde umdrehen, sollte es mir doch zu gefährlich werden. Doch für den Moment fühle ich mich sicher! Ein Stoßgebet, ein Kreuzzeichen, dann steige ich weiter in die Höhe.

Nach einer Nacht im schlammigen Bergwald erreiche ich am nächsten Tag die 4000 Meter. Wow! Was für eine Landschaft! Noch einmal passiere ich ein Schild „No transite solo!". Was kommt da noch auf mich zu? Truman hatte mir folgenden Hinweis gegeben: Im Paramó, also auf 4000 Metern Höhe, bleibt der Weg immer auf derselben Höhe. Wenn du absteigst oder weiter in die Höhe steigst, hast du den Weg verloren! Diese Landschaft hier oben ist dafür bekannt, dass regelmäßig Menschen vom Weg abkommen, doch ich habe ein kleines Backup: eine Karte inklusive GPS über Satellitenempfang. Dass mir ein Handy mal so viel gefühlte Sicherheit geben könnte, hätte ich auch nicht gedacht. Also ziehe ich weiter.

Unterwegs werde ich von fünf kolumbianischen Jungs überholt. Sie sind in Gummistiefeln unterwegs, stinknormale Kochtöpfe aus Mamas Küche hängen an ihrem Rucksack, eine Decke lugt hervor. Ich denke an mein High-End-Equipment und mir wird bewusst, dass es nicht immer das Beste vom Besten sein muss! Auch wenn ich meine Ausrüstung liebe und sie tagtäglich verwende, geht es sicher auch etwas simpler. Ich denke an das Kopfschütteln der Deutschen, wenn einer in Flipflops oder Sandalen auf einen Berg steigen will. Doch wieso? Gummistiefel tun es scheinbar auch. Die Jungs sind flott unterwegs. Bald schon sehe ich nur noch ihre Spuren im matschigen Boden. Liegt vielleicht auch an den etwa 30 Kilogramm, die ich auf dem Rücken trage. Ich mache viele Pausen. Allerdings auch, um einfach zu staunen! Welch einzigartige Landschaft das hier doch ist! Alles sieht gleich aus, egal, wohin ich schaue. Zumindest, solange es bewölkt, neblig und regnerisch ist. Und das scheint es die meiste Zeit hier zu sein.

Ich folge den Spuren der fünf jungen Kolumbianer. Sie wollen nämlich ans selbe Ziel wie ich: zu den heißen Quellen. Heiße Quellen auf 4000 Meter Höhe bei 8°C und nassen, aufgeweichten Füßen? Ach, wie gerne würde ich da jetzt schon mal reinspringen! Ob ich da heute noch ankommen werde? Drei Stunden werde ich noch mindestens brauchen, schätze ich und stapfe weiter. Diese Frailejones scheinen das Wasser aufzusaugen und es, ähnlich wie Moose, nur langsam wieder abzugeben. So bleibt die Erde um sie herum stets feucht. Der stete Regen tut sicher sein Übriges. Doch tatsächlich, so erzählte mir Truman, wird fast ganz Kolumbien vom Wasser des Paramó gespeist. Wie ein Schwamm saugt diese Landschaft das Wasser auf und gibt es nach und nach wieder ab. Perfekt, für einen stetigen Wasserkreislauf! Und perfekt, um Fußabdrücke in der matschigen Erde zu hinterlassen. Über Stunden hinweg folge ich also den Abdrücken der Gummistiefel der fünf Jungs, doch mit einem Mal kann ich sie nicht mehr finden. Ich schaue genauer hin: Ja, das da ist eine Spur, aber nicht von einem Menschen. Es ist die Fährte einer Kuh, die ich nun vor mir erkennen kann.

Eine Kuh? Erstens: Was macht eine Kuh in 4000 Metern Höhe. Und zweitens: Wo sind die Jungs? Ich schaue auf mein Handy. Laut meiner Karte bin ich auf dem richtigen Weg, kann aber weit und breit keine Spuren der Jungs ausmachen. Ich laufe weiter, doch schon bald wird der Weg immer undeutlicher. Es war bisher nur ein schmaler Pfad, doch dieser scheint sich hier

komplett aufzulösen, ich kann keine Markierung mehr finden. So weit mein Auge reicht: nichts. Ich erkenne nichts außer Frailejones. Hunderte, nein Tausende oder doch Millionen? Es ist zutiefst beeindruckend. Alles, ja alles sieht gleich aus. Ich drehe mich um meine eigene Achse. Einmal. Zweimal. Vorhin war doch noch alles gut markiert! Kann doch nicht sein, dass es plötzlich keine Markierung mehr gibt! Also noch mal. Ganz langsam lasse ich meinen Blick von links nach rechts wandern. Dann wieder zurück. Hinter mir brauche ich ja nicht zu suchen, da komme ich ja her. Ich wünsche mir sehnlichst ein Zeichen, eine Markierung. Doch vergebens. Ich gebe auf und suche morgen weiter. Für heute reicht's! Ich spanne mein Tarp auf, rolle meine Isomatte aus und koche einen leckeren Reistopf mit Tomate und Paprika.

Hast du schon gewusst, dass die Kolumbianer nahezu täglich Reis essen? Noch in Deutschland habe ich Reis stets mit Asien verknüpft, schließlich importieren wir den Reis ja auch von dort. Als ich eine Woche bei der Familie in Bonda lebte, gab es jeden Tag Reis. Reis mit Kokos, Reis mit Nudeln, Reis mit Bohnen, Reis mit was auch immer – Hauptsache Reis! Hätte ich, ehrlich gesagt, nicht gedacht. Doch klar, das Klima hier ist perfekt dafür. Und so haben die Kolumbianer keinen Reis, weil sie Importweltmeister wären, sondern weil die Anbaubedingungen in großen Teilen des Landes dafür perfekt sind. Und ich verspreche eins: Die wissen, wie man verdammt leckeren Reis kocht! Das habe ich mir natürlich abgeguckt und sitze nun auf 4000 Metern über NN mit nassen Füßen im Schlafsack und koche köstlichen Reis. Das Geheimnis des Reiskochens nach kolumbianischer Art ist Folgendes: Nicht einfach nur Reis in Wasser kochen, sondern zunächst eine Tasse Reis mit Zwiebeln und Öl erhitzen. Sobald der Reis glasig wird, werden Wasser und etwas Salz hinzugeben. Man lässt den Reis so lange ohne Deckel kochen, bis praktisch das gesamte Wasser verkocht ist, dann wird die Temperatur heruntergedreht und der Deckel drauf gemacht. Hat er die gewünschte Konsistenz, noch etwas Öl hinzugeben und genießen!

In der Nacht klart es zwischenzeitlich leicht auf. Welch eine Pracht! Zu gerne möchte ich den schneebedeckten Gipfel des Nevado del Tolima mit der Milchstraße obendrüber fotografieren. Bleibt nur die Frage: Wann klart es mal so richtig auf? Bisher hatte ich immer mindestens Wolken. Meistens jedoch Regen und Nebel. Bei 7°C packe ich am nächsten Morgen bereits gegen 7.30 Uhr zusammen, denn es ist an der Zeit, den Weg zu suchen. Wie stelle ich das an? Wie finde ich diesen Weg? Mittlerweile ist der vierte Tag am Berg angebrochen und ich fange an, mir ernsthafte Sorgen zu machen. Mein Essen würde zwar noch für zwei bis drei Tagen reichen, aber so richtig beruhigen kann mich das auch nicht. Und plötzlich kommt mir die Idee, einfach wieder die Karte auf meinem Handy zu nutzen. Ich will das Handy anschalten, doch vergeblich! Hmmm, ist es zu feucht hier? Es wird doch nicht etwa ...? Ich gerate ins Stocken. Ah, vielleicht ist auch einfach nur der Akku leer. Wie gut, dass ich immer eine externe Batterie zur Hand habe, und so meldet sich das Handy kurze Zeit später mit neuer Power zurück.

Puh! Glück gehabt! Endlich kann es weiter gehen. Über zwei Stunden hinweg laufe ich praktisch querfeldein. Auf meiner Karte ist ein Weg eingezeichnet, der in der Realität aber nicht vorhanden zu sein scheint. Doch dank dem GPS weiß ich, wo ich mich befinde und folge dem virtuellen Weg. So lange, bis ich auf einen Weg stoße, den es wirklich gibt. Dieser führt mich schlussendlich zu den lang ersehnten heißen Quellen – den Las Termales. Heilfroh und dankbar, die Technik zur Hilfe gehabt zu haben, springe ich in die heißen Quellen, die mehr wie braune Tümpel aussehen, doch das ist jetzt wirklich egal. Das Wasser wärmt und tut einfach gut.

Ich atme durch, lasse sacken, was passiert ist. Für mich ist es dank GPS noch mal sehr glimpflich ausgegangen. Doch unterwegs durfte ich spüren, was einem in dem Moment der Desorientierung zum Verhängnis werden kann: Selbst, wenn man genügend Proviant, einen warmen Schlafsack und eventuell sogar ein Zelt dabeihat, ist es die Verzweiflung, die einen das Leben kosten kann. Wenn du anfängst zu verzweifeln, zieht es dir jegliche Kraft aus dem Körper. Damit nimmst du dir auch die Chance, irgendwann möglicherweise doch noch auf einen Weg und damit auf Rettung zu stoßen, indem du einfach weiterläufst. Eine wirklich heikle Situation, die ich niemandem wünsche.

Doch wo sind die fünf kolumbianischen Jungs? Die müssten doch eigentlich lange vor mir hier angekommen sein. An den heißen Quellen leben ein paar Bauern, bei denen ich mich nun nach den Fünfen erkundige. Keiner hat sie gesehen. Ich stutze. Hoffentlich haben sie einen Weg gefunden! Auch Pablo, ein Bergführer, der schon seit ein paar Nächten an den heißen Quellen zeltet, hat von den Jungs nichts mitbekommen. Was ist mit denen passiert? Ich werde es wohl nie erfahren.

Einen Tag verweile ich an den heißen Quellen, dann steige ich noch ein bisschen weiter in die Höhe. In meinem Kopf schwebt doch diese eine Bildidee herum. Meine Vorräte gehen allerdings schon stark zur Neige. Reis mit Gewürzen – das muss jetzt reichen. Während es den ganzen Tag regnet und meine Isomatte zur „Insel" wird, klart es in der Nacht dann endlich auf. Um 3 Uhr wache ich auf und luge unter dem Tarp hervor. Dank der zwei offenen Seiten ist es nicht schwer, aus meinem „Zelt" hinauszuschauen und so sehe ich sie direkt: eine Flut an Sternen über meinem Kopf. Hammer! Geil! Das ist ja die Milchstraße! Ich springe auf, krieche aus dem Schlafsack und schnappe mir meine Kamera. Ab in die Flip Flops und die Fotosession kann beginnen. Jetzt oder nie! Auf die Hose verzichte ich. Ich will keine Zeit verlieren, kann mein Glück kaum fassen.

Es ist unter 0°C, stockduster und sackkalt! Es ist schon ein bisschen unangenehm so ohne Hose und in Flipflops. Aber egal! Ich will diese Milchstraße einfangen! Und zwar jetzt, bevor sie wieder verschwindet. Es wirkt so, als würde die Milchstraße aus dem Gipfel des Nevado del Tolima entspringen. Was für eine unfassbar traumhafte Szenerie! Als das erste Foto im Kasten ist, springe ich kurz zurück zum Tarp, die Hose und eine Jacke holen. Es ist echt bitterkalt. Schnell gehts wieder zurück zur Kamera. Ich knipse, bis ich es vor Kälte nicht mehr aushalten kann. Glückselig verschwinde ich im Schlafsack – meiner Rettung! Da wäre ich doch fast gestern schon ins Tal abgestiegen. Doch – zum Glück – nur fast! Manchmal lohnt es sich eben, ein bisschen zu warten.

Voller Begeisterung trete ich den Rückweg an. Neun Stunden lang rutsche ich förmlich 2000 Höhenmeter ins Tal zurück. Sieben Tage Abenteuer auf 4000 Meter über

NN gehen zu Ende. Es war eine durchaus riskante, jedoch bedachte Aktion. Ja, ich habe das Schild „No transite solo“ gewissermaßen ignoriert und bin alleine weitergewandert. Aber war ich wirklich so alleine? Ich persönlich finde nämlich unser Dreiergespann ganz gelungen: der Rucksack, ich und der Heilige Geist.

Ein Wochenende auf dem Bauernhof

2000 Meter ü. NN, umgeben von fruchtbarem Boden. Von sehr fruchtbarem Boden und einer scheinbar perfekten Abwechslung von Sonne und Regen. Ich bin im Hinterland von Ibagué. Vulkanische, mineralstoffreiche Erde, dazu steter Wechsel von Sonne und Regen machen dieses Gebiet zu einem großartigen Anbaugebiet. Sozusagen zum Schlaraffenland eines Bauern.

Elena und Jaime, die ich in Ukuku bekochen durfte, haben mich zu sich eingeladen. Mit dem Satz: „Du bist unser Sohn, solange du bei uns wohnst", haben sie mich in ihrer Wohnung empfangen. Wie schön, so unkompliziert in eine Familie aufgenommen zu werden, denke ich, während ich zwischen Kaffeepflanzen hindurchspaziere. Kaum bin ich bei ihnen, geht es nämlich auch schon wieder raus aus der Stadt – rein ins Grüne. Sie wollen mir ihre Finca, so eine Art Bauernhof, zeigen. Mit einem Bus, der bunt und gefühlt mehr breit als lang ist, einer sogenannten Chiva, geht es hinauf in die Berge.

„Schau mal! Hier haben wir Mais, hier eine Bananenstaude, dort den Kaffee." Jaime zeigt mir seinen Garten „Und was ist das für ein Baum?", deute ich nach vorne. „Ein Orangenbaum." „Und das?" „Das ist Yuca. Zum Ernten reißen wir die Pflanze raus, um dann nach der Wurzel zu graben. Diese hier ist sogar reif, die können wir nachher ernten!" Yuca ist bei uns in Deutschland auch als Maniok bekannt. Es wird in tropischen Regionen angebaut und hat eine kartoffelartige Konsistenz. Für viele Völker im Regenwald ist das die Nahrungsgrundlage, wie ich später im peruanischen Regenwald noch erfahren werde. Yuca schmeckt, so wie Kartoffeln auch, gekocht oder frittiert besonders lecker. Es wird aber auch Mehl daraus gewonnen, um damit Brot oder ähnliches herzustellen.

Stundenlang laufen wir zwischen den kleinen Äckern am Hang entlang und ich bin begeistert, wie viele verschiedene Pflanzensorten hier auf kleinstem Raum wachsen. Ich lerne auch die Nachbarn kennen: eine Bauernfamilie, die sich fast komplett autark versorgen kann. Soja, Mais, Kochbananen, Yuca, Kaffee, Zitrusfrüchte, Bohnen, Zuckerrohr und, und, und. Hier scheint wirklich alles zu wachsen! Auf der Weide nebenan stehen sogar noch drei Kühe. Die bräuchte ich persönlich zwar nicht, aber hier gibt es wirklich alles, was das Bauernherz begehrt.

Mit allen, die wir auf unserem Spaziergang treffen, wird Smalltalk gehalten. Einfach aneinander vorbeizulaufen, wenn man sich sieht, das kennt man hier nicht. „Ei, qué lindo!" „Och, wie süß!" Eine Mutter kommt einen Schritt näher. Sie meint mich. „Schaut mal, er hat blaue Augen." Es ist nicht das erste Mal, dass ich so angesprochen werde. Viele Kolumbianerinnen kommen, zumeist erst der blonden Haare, dann der blauen Augen wegen, auf mich zu. Während ich das tiefbraun sowohl der Augen als auch der Haare der Latinas besonders schön finde, ist es bei ihnen genau umgekehrt. Ist es das Fremde, was uns so reizt? Das eben nicht Alltägliche, das nicht „Normale"? Vermutlich. Auf jeden Fall finde ich es sehr witzig, wie mich teilweise kolumbianische Mütter anscheinend sofort adoptieren wollen, nur meiner Haar- und Augenfarbe wegen.

Immer wieder staune ich aufs Neue über die enorme Herzlichkeit, die hier so selbstverständlich wirkt, aber alles andere als das ist. Oft wollen die Einheimischen mir zum Beispiel Essen schenken und wenn ich es aus Höflichkeit nicht annehmen will, schauen sie mich fast beleidigt an und sagen: „Los, nimm schon!" Oft stecken Sie mir einfach etwas zu, auch Geld oder Kleidung. Und so musste beziehungsweise durfte ich lernen, Geschenke anzunehmen. Geschenke, die von ganzem Herzen kommen. Man kann es den Menschen ansehen, wenn sie dir wirklich was schenken wollen, dir eine wahre Freude bereiten möchten. Und so will ich diese Freude irgendwie zurückgeben. Meistens bedanke ich mich unzählige Mal, zeige, wie sehr ich mich über das Geschenkte freue. Mit einem breiten Lächeln, Dankesworten, einem staunenden Gesicht. Und wenn sie Fragen haben, stehe ich gerne Rede und Antwort, denn auch das ist etwas, was ich zurückgeben kann.

Nach einem wundervollen Wochenende mit den Bauern Kolumbiens, bleibe ich noch einige Zeit bei Elena und Jaime in der Stadt, bevor Kolumbien die nächste faszinierende Überraschung für mich bereithält.

Ein Dorf zum Verlieben

Es ist der perfekte Kontrast: der Paramó auf 4000 Metern über NN, die Wüste auf wenigen hundert Metern über dem Meeresspiegel. Ich dachte, in Kolumbien gäbe es „nur" Strand, Regenwald und die Anden. Nein, Kolumbien hat sogar eine Wüste: El Desierto de la Tatacoa.

Sieben Fahrzeuge bringen mich an diesen besonderen Ort. Ein Bus per Anhalter, fünf Autos und ein Motorroller. Man muss nicht lange in Südamerika

unterwegs sein, um zu merken: Mitnehmen kann dich wirklich alles. Da in Kolumbien zum Beispiel besonders viele Motorräder unterwegs sind, stehen die Chancen gut, auch mal von einem solchen mitgenommen zu werden. Oder eben von einem alten Motorroller.

Wohlbehalten schlage ich am Abend mein Lager mitten in der Wüste auf. Dann staune ich wieder einmal über diesen traumhaften Sternenhimmel, wie ich ihn nur hier – in Kolumbien – erlebe. Ich bleibe zwei Nächte und als ich nach Wasser und Schatten dürste, treffe ich die nächste liebe Familie, die mich gleich auch noch mit auf eine Familienfeier nimmt. Kolumbien, du bist wirklich verrückt!

Dann trampe ich weiter. Mittlerweile bin ich im Departamento Huila, in der südlichen Hälfte Kolumbiens, angekommen. Zwei Monate und sieben Tage ist es her, dass ich die „Chiloé" und Fernando verlassen habe.

Nachdem mich bereits der 35-jährige Psychologe José mitgenommen hatte, der noch immer bei seiner Mutter wohnt – was übrigens ganz typisch kolumbianisch beziehungsweise südamerikanisch ist –, hält endlich ein nächstes Auto an. Ganze zweieinhalb Stunden habe ich jetzt hier gestanden. Gestanden und den Daumen rausgestreckt. „Woher kommst du?" Ich mache gerade die hintere Autotür auf, da fliegen mir schon die ersten Fragen an den Kopf. „Wo willst du hin?" „Komm! Spring rein." Ich kann keine einzige der Fragen beantworten – zu viele Fragen und zu viel Gepäck zum Hineinbugsieren gleichzeitig. Als ich im Auto sitze, komme ich endlich zum Reden. Vor mir sitzt ein junger, schick gekleideter Mann in weißem Hemd. Lässig sind die Ärmel hochgekrempelt. Das ist Carlos. Auf dem Beifahrersitz sitzt eine junge, hübsche Frau. Eine Freundin namens Patricia aus der Hauptstadt. „Wo du gestanden hast, ist es sehr gefährlich." Carlos schaut mich mit besorgtem Blick an. „Ich habe mich eigentlich recht sicher gefühlt", entgegne ich. Mittlerweile hat sich in mir ein ganz intensives Gespür entwickelt: Sobald ich aus einem Auto aussteige, sagt mir mein Bauch, ob ich dort bleiben kann oder nicht. Wenn ich mich nicht sicher fühle, wechsle ich lieber den Ort. Manche nennen es Intuition, für mich ist es die Stimme Gottes, die durch den Bauch zu mir spricht. Und bisher hat sie mich auch noch nicht enttäuscht. „Wurdest du schon mal ausgeraubt?“ Patricia schaut mich neugierig an. „Ähm, nein“, sage ich. „Gracias a dios!“

Ich wundere mich. Irgendwie werde ich ständig gefragt, ob ich schon mal ausgeraubt wurde. Also drehe ich die Frage einfach mal um: „Wurdest du schon mal ausgeraubt?“ Patricia schaut mich mit großen Augen an. „Ja, schon dreimal.“ „Was? Wo?“ Ich höre genau hin. „Immer in Bogotá, auf der Straße. Die haben mir zweimal mein iPhone und einmal meine gesamte Handtasche gestohlen“, erzählt Patricia. Bogotá. Natürlich. Die mangelnde Sicherheit war der Hauptgrund, weshalb ich diese Stadt – die Hauptstadt Kolumbiens – in einem großen Bogen umfahren habe. Immer öfter höre ich von Menschen, die in Bogotá bedroht beziehungsweise ausgeraubt wurden. Darum habe ich für mich beschlossen, die großen Städte zu meiden. Zumindest, solange ich alleine reise.

Dann machen wir in La Jagua Halt. Dieses Dorf begeistert mich auf den ersten Blick, und so halte ich in meinem Tagebuch fest:

Ein Dorf wie kein anderes.
Ein Dorf zum Verweilen. Zum Verlieben.
Ein Dorf, das einlädt. Voller lieber Menschen.
Ein Dorf, mehr ruhig als böse.
Ich bin verliebt. Fasziniert. Fühle mich wie zu Hause.

800 Menschen leben hier, die meisten von ihnen sind alte Leute. Ruhe liegt in der Luft. Das Dorf ist auch bekannt für seine Hexen. Es soll angeblich welche geben. Ich bin aber ganz froh, keine anzutreffen. Stattdessen stehe ich plötzlich vor Carlos’ Eltern. „Das ist Joshi, der schläft heute Nacht bei euch.“, stellt er mich seinen Eltern vor. Vier liebe Augen schauen mir entgegen. „Wie wundervoll! Herzlich willkommen, Joshi!“ Fanny, Carlos´ Mutter, nimmt mich in den Arm. „Hola!“, lächle ich völlig überwältigt. Auch sein Vater Hernando schüttelt mir enthusiastisch die Hand. Und Carlos schiebt noch kurz ein: „Also Joshi, hier kannst du bleiben. Meine Eltern sind zwei ganz Liebe. Ich komme

vielleicht später noch mal vorbei, um dir das Dorf zu zeigen." Dann verschwindet er wieder. Und ich? Ich stehe bei Fanny und Hernando im Vorgarten. Noch immer verwirrt. Hat er mich doch tatsächlich einfach seinen Eltern vorgesetzt und mich sozusagen bei denen eingeladen?! Und die Eltern? Die reagieren, als wäre ich ihr verlorener Sohn. Als hätten sie sich ewig auf meine Ankunft gefreut.

Ich versuche, mir das mal kurz zu Hause in Deutschland vorzustellen. Schwierig! Gäbe es da nicht erst mal kritische Blicke und Fragen? Wer bist du? Wo kommst du her? Wie lange willst du bleiben? Und, und, und ... So oder so ähnlich würden doch die meisten von uns reagieren, oder etwa nicht?

Hier ist das anders. Fanny zeigt mir mein Zimmer. Kaum bin ich in der Wohnung, bekomme ich ein eigenes Zimmer mit Doppelbett zugewiesen. So langsam falle ich wirklich aus allen Wolken. Als ich meinen Rucksack abgestellt habe, fragt Fanny: „Willst du einen Orangensaft oder lieber was Warmes?" „Ähm ... äh ... gracias!" „Was? Was willst du? Ich habe dich nicht ganz verstanden", hakt Fanny nach. Ich drehe den Spieß um, denn ich will nicht, dass sie sich extra Mühe für mich macht: „Was trinkst du denn?" „Einen Orangensaft." „Super, dann trinke ich auch Orangensaft."

Wie für gewöhnlich wird der Saft in Kolumbien ganz frisch zubereitet. Die Kolumbianer trinken sehr, sehr viel Fruchtsaft. Zu fast jedem Essen mindestens ein Glas davon oder Zuckerrohrsaft oder eben Kaffee. Wächst ja auch dort. Genauso wie diese Unmengen an leckeren Früchten. Es gibt sogar einige Früchte, die nur für die Saftherstellung genutzt werden. Was bei den Franzosen der Wein zum Essen ist, ist bei den Kolumbianern der Fruchtsaft. Klingt nach einer Vitaminbombe, klingt nach Power!

Am Abend liege ich auf dem Bett, schaue an die Decke und denke nur noch eins: Kolumbien, ich liebe dich. Ja, ich habe es geschafft. Oder besser: Du hast es geschafft. Kolumbien, ich habe mich in dich verliebt! Herz über Kopf. Einfach, weil ich nirgendwo auf diesem Planeten bisher solch einer Fülle an lieben, nein, an extrem lieben, herzlichen Menschen begegnet bin wie hier. So sehr die Gewalt noch in weiten Teilen vorherrschen mag, so sehr die Menschen auch unter Angst leiden, so offen, herzlich und beschenkend begegnen sie mir auf der anderen Seite. Ein Land der Extreme. Ein Land voller Herzensmenschen. Voller wundervoller Früchte, voller Obst und Gemüse. Voller fantastischer Natur.

Erst nach zweieinhalb Monaten will ich nun die Grenze nach Ecuador passieren. Gerade noch rechtzeitig, um eine Freundin zu besuchen, die bald wieder von ihrem Auslandsjahr in Ecuador zurück nach Deutschland fliegen wird. In den letzten Tagen durch den Süden Kolumbiens nimmt mich noch einer mit, der mir erzählt: „Hier sind vor einem Jahr noch die Panzer gefahren. Hier war vor einem Jahr noch Krieg. Da konntest du hier nicht entlangfahren!“ Ja, ein Land der Extreme. Die Sandsackburgen vom Militär und vereinzelte Panzer stehen noch immer am Straßenrand. Wirkt irgendwie alles noch so frisch.

Unmittelbar vor der Grenze nimmt mich Juan mit. Juan, ein Mann Ende 40, ist zwar Kolumbianer, wohnt aber in Quito, der Hauptstadt Ecuadors. „Ey! Wenn du in Quito vorbeikommst, kannst du bei mir übernachten!“, bietet er mir an, obwohl auch er mich erst seit wenigen Minuten kennt. „Ja, super! Muchísimas gracias!“ Er gibt mir seine Handynummer und zeigt mir, wo genau er wohnt. „Ich rufe dich an, wenn ich Richtung Quito unterwegs bin“, versichere ich. Dann düst er davon und ich trampe mit dem nächsten Auto weiter. Ein Klassiker. Ein Kolumbianer. So kenne ich sie und so liebe ich sie. Und schon habe ich meinen ersten Kontakt in Ecuador. Ein Träumchen!

Ecuador – wild, rau, herzlich

WOHIN DU AUCH GEHST, GEH MIT DEINEM GANZEN HERZEN.
Konfuzius

Tag 299. Der 30. Juli 2017. „Da bin ich, Ecuador!“, rufe ich voller Vorfreude, während ich noch in der Schlange an der Grenze stehe. Es ist eine lange Schlange. Eine wirklich lange. Die meisten hier kommen aus Venezuela, haben Haus, Familie und Freunde zurückgelassen und sind nun auf der Flucht. Auf der Suche nach einer neuen Perspektive, einer Zukunft. Viele von ihnen haben gerade mal ein kleines Köfferchen dabei, sind mit dem Bus von Venezuela durch Kolumbien direkt an die ecuadorianische Grenze gefahren und wollen noch weiter gen Süden. Peru scheint für einige Hoffnung zu bergen. Durch die galoppierende Hyperinflation und eine politische Krise im eigenen Land kommt es zu immer stärkeren Versorgungsengpässen, Lebensmittel werden unbezahlbar und die medizinische Versorgung verschlechtert sich. In der Folge nehmen die Kindersterblichkeit und die allgemeine Armut stark zu. Es ist so bitter, die Venezolaner, die 2012 noch zu den glücklichsten Menschen der Welt gekürt wurden, jetzt so verzweifelt zu sehen. Sie können in ihrem eigentlich an Rohstoffen und Ressourcen reichen Land schlichtweg kaum noch überleben. Seit 2016 sind bereits etwa 10% der Bevölkerung geflohen, und wer weiß, wie sich das noch weiterentwickelt.

Dann bin ich an der Reihe. Ich zeige meinen Reisepass, bekomme stumm einen Ausreisestempel. Fertig. Zu Fuß überquere ich die Brücke und damit die Grenze nach Ecuador. Auf ecuadorianischer Seite das Gleiche, doch irgendwie ist hier die Schlange bedeutend kürzer. Ob es manche Venezolaner gar nicht erst über die Grenze schaffen? Meine Gedanken sind bei all denen, die fliehen müssen, hoffnungsvoll oder verzweifelnd.

Ich zeige meinen Reisepass vor, bekomme einen ecuadorianischen Stempel. Fertig. Drei Monate darf ich mich hier einfach so aufhalten. Wir Europäer sind echt so privilegiert.

Mein erstes Ziel ist Ibarra, dort darf ich bei Diego, dem Freund meiner deutschen Freundin, unterkommen. Und da das Trampen hier noch viel einfacher ist als in Kolumbien, komme ich dort auch recht schnell an. Ich darf drei Wochen bei Diego bleiben, genug Zeit, um richtig anzukommen und in die ecuadorianische Kultur einzutauchen.

Eine unverhoffte Begegnung

Blickt man über Ibarra hinweg, erhebt sich im Hintergrund der Imbabura mit 4457 Metern Höhe. Er ist wie die meisten Berge der Anden ein Vulkan. Nur zu gerne würde ich ihn mal besteigen. Gesagt, getan!

Auf dem Weg zum Imbabura mache ich Halt auf dem Cubilche. So heißt der Berg nebenan, der einen kleinen See auf 3700 Metern beherbergt. Hier mache ich Feuer und nächtige. Langsam möchte ich mich steigern, lastet mein über 30 Kilogramm schwerer Rucksack doch sehr auf meinem Rücken und den Knien. Das hat man halt davon, wenn man seinen Rucksack mit Orangen vollpackt. Dann werde ich wohl die nächsten Tage fleißig Orangen essen, schmunzle ich. Ich liege in meinem „Versteck", im Schlafsack unterm Tarp. Gegen Nachmittag kommen noch einige andere auf den Berg gestiefelt, doch als sie meinem Lagerchen näherkommen, zucken sie zusammen und machen erst einmal wieder ein paar Schritte zurück. „Hola!", rufe ich ihnen zu. Die Truppe atmet sichtlich erleichtert auf. Sie dachten, mein Lager sei eine Überwachungskamera vom Militär oder so. Jetzt verstehe ich auch, warum sie so erschraken. Eigentlich gut zu wissen, dass mein Camouflage-Tarp durchaus abschreckend wirkt. So lässt es sich noch ruhiger schlafen.

Am nächsten Tag wandere ich durch eine Bauernlandschaft auf 3000 Metern Höhe. Die kleinen Häuser wirken wie kleine Festungen inmitten der sie umgebenden Felder. Wie ich so zwischen den Bauernhäuser hindurch Richtung Gipfel des Imbabura wandere, entsteht in mir der Wunsch, mal ein oder zwei Tage bei einer dieser Familien zu leben, mal einzutauchen in deren Lebenswelt. Doch leider wirken die Menschen hier oben sehr verschlossen. Oft bellt nur ein Hund, dann werde ich maximal noch mit einem verstohlenen Blick aus der Ferne begutachtet. Ich habe den Eindruck, einen Zugang zu diesen Menschen zu gewinnen, wird nicht leicht. Doch träumen kann ich ja mal.

Bis zum Gipfel ist es noch ein gutes Stück und als die Sonne untergeht, weiß ich noch nicht, wo ich heute Nacht schlafen werde. Mich irgendwo ins Grüne zwischen die Bauernhäuser zu schmeißen, scheint mir nicht sehr attraktiv. Wohlfühlen tue ich mich bei diesem Gedanken nicht. Vielleicht sind es die vielen herumstreunenden Hunde oder die Sorge, von einem der Bauern von seinem Land vertrieben zu werden. Da kommt mir mein kleiner Traum wieder in den Sinn. Den ganzen Tag habe ich schon daran gedacht, es mir felsenfest gewünscht. Doch die Leute einfach anzusprechen und zu fragen, wie ich es sonst schon getan habe, kommt mir in dieser Gegend irgendwie falsch vor. Dann schlafe ich doch lieber draußen. Doch erst mal laufe ich weiter die Straße hinauf, in der Hoffnung, bald auf mehr grünes Dickicht zu treffen, wo ich mich beruhigt zum Schlafen hinlegen kann.

Mir bleiben noch etwa 20 Minuten bis zur völligen Dunkelheit. Der Rucksack wird auch nicht gerade leichter. Ich werde langsam schwächer, aber hier kann ich nicht bleiben: Links ein Haus, rechts gehts steil ins Tal hinab. Ich muss einfach weiter! Aus dem nächsten Haus, vielmehr aus dem Rohbau einer Baustelle, guckt ein kleiner Junge. „Hello! Where are you from?“, spricht er mich sofort auf Englisch an. Ich bin verdutzt. „What's your name?“, schiebt der kleine Junge mit kurzem braunen Haar hinterher. Er kommt näher. „Joshi heiße ich und ich komme aus Deutschland“, antworte ich ihm auf Spanisch, in der Annahme, dass er diese Sprache auch spricht. „Und wer bist du?“ „Ich bin Jomer.“ Ich bin immer noch überrascht. So wirkten diese Menschen hier bisher doch alle so verschlossen und eher auf Abstand bedacht. Dieser Junge offenbart mir hingegen eine ganz andere Seite, eine offene, neugierige, eben kindliche Art. Ich bin auch eher einer der neugierigen Art und frage gleich mal zurück: „Wie alt bist du denn?“ „Zehn Jahre. Und du?“ „19.“ Wir unterhalten uns ein Weilchen und ich erzähle ihm, dass ich morgen auf den Imbabura steigen möchte, und gerade nach einem guten Platz zum Schlafen suche. Jomer lenkt ein: „Soll ich mal meine Mama fragen, ob du bei uns auf dem Dach schlafen kannst?“ Mit „Dach“ meint er wohl den ersten Stock der Baustelle. „Oh ja, Jomer, sehr gerne!“ Ich spüre regelrecht, dass gerade mein kleiner Traum im Begriff ist, Realität zu werden. Jomer flitzt ins Haus.

Kurze Zeit später treten seine Mutter, seine Großmutter und er aus dem Dunkeln hervor. Während Jomer wieder gleich auf mich zugeht, halten die Erwachsenen noch gebührenden Abstand. Sie wirken verängstigt. Ich lächle ihnen zu und winke vorsichtig. Hoffentlich sehe ich nicht gefährlich aus, bitte ich inständig. Langsam kommen die beiden Frauen auf mich zu. Die Mutter von Jomer hat noch ein Baby auf dem Arm, Jomers kleine Schwester. „Hola!" Noch sehr verhalten schaut sie mich an. Jomer springt dazwischen. „Du kannst bei uns schlafen!" „Oh, vielen, vielen lieben Dank!" Ich richte meinen Blick zu den beiden Frauen und mache eine dankende, verbeugende Bewegung. Die Frauen nuscheln etwas Unverständliches, dann gehen wir in den Rohbau. Sie zeigen mir einen Raum: „Ist das gut für dich?" „Das ist perfekt! Das ist super!" Es handelt sich um einen Raum ohne Fenster und Türen, aber mit ein paar einfachen, unverputzten Mauern und einem Dach. Was will ich mehr?! Ich schlage mein Lagerchen auf und frage Jomer, ob wir noch Karten spielen wollen. Ein prüfender Blick zu seiner Mutter, dann holt er eine Kerze und einen kleinen Hocker aus Holz. Die beiden Frauen verschwinden unterdessen wieder. In meinem Rucksack trage ich ein paar Spielkarten im Miniformat mit, ideal für solche Momente. Als die Kerze schließlich runtergebrannt ist, schaut Jomer mich an und sagt: „So, und jetzt gehen wir schlafen." Ich wünsche ihm eine gute Nacht und mache es mir im Rohbau gemütlich. Bei einsetzendem Regen schlafe ich dankbar und überglücklich ein.

Am nächsten Morgen breche ich um sieben Uhr auf. Es fehlen noch sieben Kilometer und 1554 Meter in die Höhe bis zum Gipfel. Saftig, aber machbar! Besonders jetzt, wo ich meinen sackschweren Rucksack bei Jomer stehenlassen kann. Er hat schon gefragt, ob ich nicht lieber hierbleiben will, um mit ihm zu spielen. Er hat Sommerferien und ihm sei total langweilig. Kein Wunder, die nächsten Nachbarskinder wohnen mehrere hundert Meter entfernt.

Als mir auf 4200 Metern der Weg zu riskant wird und ich in den Wolken verschwinde, drehe ich um. Der Gipfel ist sogar schneebedeckt und der Ausblick auch in dieser Höhe schon phänomenal! Fröhlich singend und kein bisschen enttäuscht hüpfe ich die grasreichen Hänge wieder hinab. Sechs Stunden nach Start der Wanderung bin ich wieder zurück.

Wir spielen Fußball, Verstecken und Karten, bis am Abend dann Jomers Vater Eduardo von der Arbeit zurückkommt. Der Vater ist gerade mal 31 Jahre alt und stammt, wie seine Frau, aus einer Bauernfamilie. Weil seine Familie zu arm ist, konnte er nie studieren, stattdessen arbeitet er im Moment bei der Wasserversorgung von Ibarra im Schichtdienst: 24 Stunden arbeiten, 48 Stunden frei. Viel dabei zu verdienen scheint er nicht. Ganz im Gegenteil. Die Familie ist sehr arm. Vielleicht die ärmste Familie, bei der ich auf meiner Reise unterkomme. Seit zwei Jahren bauen sie schon an dem Haus, in dem ich schlafe, erzählt mir Eduardo. Doch sie können nicht weiterbauen, weil ihnen schlicht und einfach das Geld für den nächsten Stein fehlt. So lebt die gesamte vierköpfige Familie in einem Raum und schläft in einem Bett. Das

Dach besteht, eigentlich nur provisorisch gedacht, aus Wellblech. Nachts ist es drinnen oft laut, da der Wind durchs Blech fegt. Küche, Wohnzimmer, Schlafzimmer – es ist alles ein und derselbe Raum. Für uns Deutsche kaum vorstellbar.

Im Moment ist hier Sommer, das bedeutet 8 bis10°C. Im Winter wird es etwas kühler, allerdings nie so kalt, dass es friert. Frühling und Herbst gibt es hier am Äquator nicht. Man spricht generell eigentlich nicht von Jahreszeiten, sondern mehr von Trocken- und Regenzeit. Und wir befinden uns gerade in der Trockenzeit, theoretisch zumindest. Dass es zurzeit täglich regnet, ist alles andere als normal.

Wir sitzen zum Abendessen in der Wellblechhütte zusammen, essen Kartoffeln, Reis und Nudeln. Um das Ganze noch ein bisschen aufzupeppen, hole ich ein Fläschchen Sojasoße aus meinem Rucksack und weil sie ihnen so gut schmeckt, schenke ich sie ihnen auch gleich. Wir unterhalten uns noch bis spät in die Nacht, tauschen uns über Gott und die Welt aus. Was für eine wertvolle Begegnung, denke ich, als ich einschlafe.

Als ich am nächsten Tag aufbrechen will, fragt mich Jomer, ob ich nicht doch noch ein bisschen länger bleiben könne. Und die Eltern fragen mich – wie aus dem Nichts – mit ihrer Tochter auf dem Arm, ob ich nicht Pate werden wolle. „Pate?“, frage ich leicht verunsichert nach. „Ja, Taufpate von unserer Tochter." Ich bin baff. Was für eine Ehre das doch ist! Dennoch lehne ich dankend ab, so kommt ein häufiges Hin- und Herfliegen für mich nicht infrage. Ich staune aber sehr, wie eine anfangs so verschlossen wirkende Familie sich zum Ende hin so sehr öffnet! Was für ein Geschenk!

Wiedersehen macht Freunde

Atuntaqui. Von der armen Familie auf 3000 Metern Höhe geht es für mich direkt weiter in die nächste Familie. Allerdings ist diese verhältnismäßig reich, hat keine Überlebenssorgen. Ich lernte sie knappe zwei Wochen zuvor kennen, als sie mich ein Stück mitnahmen. Guillermo stoppte und nahm mich mit seinem Pick-up mit. Als er meine Story hörte, wollte er mir unbedingt noch seine Antiquitätensammlung, die vorwiegend aus alten Kameras besteht, zeigen. Seine Frau Andrada lud mich dann noch zu einem Café ein und wirkte regelrecht beleidigt, als ich nicht auch noch zum Essen bleiben wollte. Doch ich versicherte, wiederzukommen.

Also rief ich gestern an und fragte, ob ich heute vorbeikommen könne. Und wie ich sie kenne, sind sie ganz unkompliziert. Schlafen kann ich im Wohnzimmer zwischen schönen alten Holzmöbeln und Sofas. Guillermo und Andrada haben zwei Kinder, Andrés und eine jüngere Tochter in meinem Alter. Ich bleibe zwei Nächte bei ihnen, gehe mit Andrés joggen und koche gemeinsam mit der Mutter. Diese Selbstverständlichkeit, mit der Gastfreundschaft hier gelebt wird, beeindruckt mich jedes Mal aufs Neue.

Wie einfach das Trampen doch Türen öffnet, denke ich dankbar, während ich mich wieder auf den Weg in die Natur mache. Lange warte ich nicht. Dann nimmt mich ein Radiomoderator mit. „Was? Zur Laguna Mojanda willst du?" Er rät mir ab. Dort werde geraubt. „Auch am Tage?", frage ich. Als er das bejaht, streiche ich diese Lagune gedanklich von meiner Liste. Ich habe es nicht nötig, einen Überfall zu provozieren. Wenn die Einheimischen mich vor etwas warnen, dann ist es sicherlich nicht völlig verkehrt, darauf zu hören. Und so steuere ich einfach stattdessen die Laguna Cuicocha an, eine von vielen Lagunen, sprich Seen vulkanischen Ursprungs, hier im Hochland der

Anden. Ich lasse mir gerne von den Einheimischen Reisempfehlungen geben. Oft frage ich sie auch ganz konkret nach ihren Lieblingsorten in der Region. So ergeben sich meine Ziele von ganz allein und einen Reiseführer benötige ich auch nicht. Welche Region ich lieber meiden sollte, brauche ich in aller Regel gar nicht erst zu fragen, das sagen mir die Menschen schon von ganz allein. Und wenn ich mal nicht Bescheid weiß – fragen kann ich ja immer noch. Bevor ich an der Lagune das Auto des Radiomoderators verlasse, lädt er mich noch zu einem Interview ein. Auf Spanisch selbstverständlich. Warum nicht!?

Am Eingang der Laguna Cuicocha angekommen, muss ich mich zunächst einmal registrieren. Sie gehört zu einem Naturreservat. Ob ich hier wohl übernachten darf? Aufgrund der Registrierung und sonstigen Regeln bin ich mir nicht sicher und frage lieber gleich nach. Prompt kommt die fast befürchtete Antwort: „Nein, hier im Reservat darfst du nicht zelten." Hmmm.... Habe ich mir ja schon fast gedacht. „Aber vielleicht irgendwo am Eingang?", frage ich nach. „Ja klar! Das geht bestimmt!", antwortet die junge Dame. Super! Ich lasse meinen Rucksack bei der Registrierung stehen und wandere ohne großes Gepäck um die Lagune. Welch ein wundervoller Ort! Es ist Mittag, als ich einen Moment innehalte, die Schönheit auf mich wirken lasse. In meinem mittlerweile fünften Tagebuch notiere ich:

Ich sitze im Wind und Zauber von Luft umhüllt mich.
Vor mir erstreckt sich die Laguna Cuicocha.
Atemberaubend. Mitreißend.

Zurück am Eingang stellt sich wieder die Frage: Wo genau schlafe ich? Direkt vor dem Eingang? Weil mir der Platz gut gefällt und es auch einfach das Simpelste ist, baue ich mir meine kleine „Tarphöhle" direkt neben der Straße vor dem Eingang auf. Ich kuschle mich in meinen warmen Schlafsack und genieße bei einem fantastischen Sonnenuntergang eine neue, kulinarische Entdeckung: Ein Haferbreichen, sprich Haferflocken in warmem Wasser eingeweicht und mit Rohrzucker gesüßt. Extrem simpel, extrem günstig, extrem guttuend, wärmend und sättigend zugleich. Auf diese Art und Weise verzehre ich in den kommenden zwei Wochen zwei Kilogramm Zucker in den Anden Ecuadors. Kann man machen, muss man aber nicht!

Am Mittelpunkt der Erde

Am Abend überlege ich noch, wo ich als nächstes hin will. Für übermorgen habe ich bereits einen Kontakt über Couchsurfing in Cayambe – auch nicht weit von hier – gefunden. Couchsurfing ist eine Plattform, über die man auf der ganzen Welt Gäste und Gastgeber suchen und finden kann. Das Prinzip ist ganz einfach: Man erstellt ein kleines Profil, beschreibt, wer man so ist, was man so macht, und eben auch, ob und wie viele Gäste bei einem übernachten könnten oder ob man eher auf der Suche nach Gastgebern ist. So kann man als Reisender einfach in einer beliebigen Stadt nach einem Gastgeber suchen. Manche von ihnen darf man auch ganz spontan anfragen, andere wollen es etwas früher wissen. All das kann man auf dem jeweiligen Profil einsehen. Ich habe Javo aus Cayambe für übermorgen angefragt und er hat mir zugesagt. Top! Da Otavalo auf dem Weg liegt, schaue ich einfach mal, wen es so als Couchsurfer in Otavalo gibt. Ich schreibe Juan am Morgen an, am Nachmittag klingle ich schon an seiner Tür. Easy! Es ist meine erste Erfahrung als Couchsurfer und ich bin begeistert.

Bei Juan ist gerade auch ein Couchsurfer aus Taiwan untergekommen. Sein kleines Zimmer ist rappelvoll. Mit meiner Isomatte versperre ich nun auch noch erfolgreich den Durchgang. Aber das ist egal! Juan hat mich trotzdem aufgenommen. Vielen Dank! Er lebt in seiner Familie, die ein kleines Restaurant betreibt. Als das Restaurant vollbesetzt mit Gästen ist, helfen wir alle mit. Es macht echt Spaß, gleich so ein Teil der Familie zu sein. Am nächsten Morgen mache ich mich dann auf den Weg zu meinem zweiten Couchsurfer – Javo in Cayambe.

Ich komme dem Äquator immer näher, und weil ich nicht mehr warten will, trampe ich kurzerhand, bevor es zu Javo geht, schon mal zur La Mitad del Mundo – zur Mitte der Welt. Am 4. September 2017, nach exakt 11 Monaten der Reise, stehe ich zum ersten Mal in meinem Leben auf dem Äquator, dem fünf Kilometer breiten Breitengrad 0° 0‘ 0“. Ein wirklich komisches Gefühl.

22 vermummte Gesichter

Es zieht mich wieder raus in die Natur. Also breche ich früh am Morgen bei Javo auf, um den naheliegenden Berg Cayambe zu besteigen. Von meinem Schlafplatz an der Laguna Cuicocha hatte ich bereits einen traumhaften Blick auf diesen Berg. Er zeigte sich im schönsten Licht. Und damit hat er mich endgültig in seinen Bann gezogen. Also hoch mit mir!

Die ersten fünf Kilometer laufe ich durch irgendwelche Straßen, dann habe ich wieder Erfolg beim Trampen, was ich dem Laufen natürlich vorziehe. Ein Pick-up stoppt. Mit einem Trupp von Lehrern geht es ein ordentliches Stück den Berg hinauf. Sie wollen zur Schule, ich weiter in die Höhe. Ich laufe ein Stück weiter, dann nimmt mich noch mal ein Auto mit. Wunderbar! So liebe ich es! Aber dann muss ich doch laufen. Verdammt!, lache ich und stapfe los. Langsam, aber sicher geht es in die Höhe. So richtig Spaß macht mir das Ganze aber heute nicht. Wo sind sie nur, die vielen Autos? Ich meine, wer fährt nicht gerne irgendwelche Schotterpisten, die auch noch Sackgassen sind, den Berg hinauf? Natürlich kann ich hier kein Auto erwarten, aber schön wäre es ja doch.

Nun habe ich mich aber schon vor längerem vom Prinzip der Erwartungshaltung gelöst. Ich lebe lieber nach der Devise: Habe keine Erwartungen, denn dann werden sie immer übertroffen! Und du wirst nie enttäuscht werden. Ein einfaches Prinzip, das mir das Leben leichter macht. So kann ich mich über jede noch so kleine Sache freuen, denn ich hatte sie nicht schon erwartet. Damit wird alles zur Überraschung, über die ich mich gewaltig freuen darf.

Vor mir erstreckt sich also der breite Weg durch die recht kahle, windige Hochandenlandschaft Ecuadors und führt mich Richtung Schnee, Eis und Gletscher. Ich erwarte kein Auto, träume aber mal rein aus Spaß von einem, das mich jetzt mitnähme.

Aus dem Augenwinkel sehe ich etwas Großes. Nanu? Ein Lkw kriecht den Berg hinauf. Noch ist er recht weit weg, doch er scheint auf demselben Weg wie ich unterwegs zu sein. Ich freue mich wie ein kleines Kind. Langsam kommt das Gefährt näher. Oh, der sieht ja geländegängig aus, staune ich nicht schlecht, als ich erkennen kann, was für ein Monstrum auf mich zukommt. Das Witzige: Obwohl er so groß ist, versucht er, sich scheinbar möglichst unauffällig zu präsentieren. Ein netter Versuch! Ich strecke den Daumen raus. Lächle. Lächle breiter. Noch macht er keine Anstalten anzuhalten.

Dann stoppt er doch. „Wohin willst du?" „Nach oben", gebe ich zum Besten. „Alles klar, dann spring hinten auf", schickt mich der Fahrer nach hinten. Hinten? Eine Ladefläche habe ich nicht gesehen. Aber eigentlich ist es mir auch egal, wohin er mich verfrachtet – Hauptsache, ich brauche nicht mehr zu laufen. „Ja, hinten! Einfach hochklettern!" Der militärische Befehlston klingt schon durch. „Ok! Danke!" Schnell laufe ich an den Reifen entlang nach hinten. Crazy! Die sind ja fast so groß wie ich. Sieht definitiv geländegängig aus! Hinten angekommen, falle ich fast um. Vor Schreck, versteht sich. Statt einer leeren Ladefläche, starren mir 22 vermummte Gesichter entgegen. Männer. Soldaten. „Halleluja!", rufe ich. „Hola!", schallt es zurück. Dann erst realisiere ich, was ich gerade gerufen habe und lache. Naja, mein Himmelfahrtskommando wird es ja hoffentlich noch nicht sein, oder? „Hola!", korrigiere ich mich. Jetzt bin ich wieder ganz da. Immer noch schauen mich 22 vermummte Gesichter an. Nur ein kleiner Spalt lässt etwas von ihrer Individualität erahnen, denn sonst tragen sie allesamt dasselbe: einen Anzug im Tarnmuster. Es ist eine irrwitzige Situation, wie ich finde. Das Problem: Ich muss da noch hoch. Also nicht auf den Berg, nein, auf diesen monströsen Lastwagen. Ein Joshi mit 30 Kilogramm Gepäck auf dem Rücken kann halt nicht mehr so gut klettern. Dieses Ding ist echt verdammt hoch. Dann reiße ich mich aber zusammen und ziehe mich verdammt noch mal hoch. Ich nicke in die Runde. 22 vermummte, stumme Gesichter schauen zurück. Habe ich etwas falsch gemacht? Dürfen die nicht reden? Oder was ist hier los?

Der Laster ruckelt los, es geht weiter. Wer sich nicht festhält, fliegt zumindest gegen den Nachbarn. Und noch immer schauen mich 44 ausdruckslose Augen an. Langsam wird's mir zu blöd. Ich eröffne das Gespräch: „Wo kommt ihr her?" Die Klassiker-Frage für den Einstieg. Geht immer. „Aus Quito." „Aha." Allerdings hat diese Klassiker-Frage leider meist nicht so viel Tiefgang. „Und was seid ihr? Das normale Militär?", probiere ich es mit einer anderen Frage. „Nein.", entgegnen sie sofort. Treffer! Jetzt habe ich das richtige Thema erwischt. „Wir sind von der ‚forza de especalidad'." „Okay. Was ist das? So ein Sondereinsatzkommando?" „So etwas Ähnliches." „Und in welchen Fällen kommt ihr zum Einsatz?" Der Lkw ruckelt laut, wir müssen uns anschreien. „Insbesondere in der Grenzregion mit Kolumbien. Wegen Drogenschmuggel und so." Ich nicke verständnisvoll. Ja, dass die Ecuadorianer die Grenze gut hüten, habe ich schon gemerkt.

Es wird zunehmend kälter. Kein Wunder, wir steigen auch zunehmend in die Höhe. Die Steine scheinen größer zu werden. Zumindest werden wir nun noch stärker umher geschleudert. Die Soldaten sitzen übrigens schon seit vier Stunden auf diesen doch sehr unbequemen, oder nennen wir es bescheidenen Sitzen. Es sind Bänke beziehungsweise schlichte Holzbretter. Von Federung kann man maximal träumen. Ich bin wohl ein wenig von dem Beifahrersitz verwöhnt. Auf jeden Fall bin ich sehr froh, dass wir in Deutschland keinen obligatorischen Wehrdienst mehr haben.

Ich schaue aus dem Lkw und sehe Eis. Ja, die Straße ist echt vereist. Verrückt. Wir sind auf 4555 Metern Höhe angelangt. Wow! So hoch war ich noch nie! Plötzlich kommt der Lkw ins Rutschen. Nur ganz kurz zwar, aber deutlich spürbar. Er stoppt. Versucht es noch mal, aber keine Chance. Die Natur scheint uns eine klare Grenze aufzeigen zu wollen.

„Alle Mann aussteigen!" Aus dem Fahrerhäuschen ist einer nach hinten gekommen. Hektik bricht aus. Und ich dachte, Soldaten seien so diszipliniert. Aber wahrscheinlich müssen die einfach alle pinkeln. Verständlich, nach vier Stunden auf einer knallharten, ruckelnden Bank. Schleunigst ziehen sich alle maximal warm an, denn es ist wirklich saukalt hier oben. Mit Gletscher-/Gipfel-High-End-Equipment, alle gleich aussehend, stiefelt der Trupp los. Ich mit meinem fetten Rucksack, einer auffälligen orange-roten Jacke und einer triefenden Nase hinterher. Circa 200 Höhenmeter begleite ich die noch, schieße vor einer Berghütte auf etwa 4700 Metern noch ein Gruppenfoto und steige dann wieder ein bisschen hinab. Denn etwas tiefer ist es schon bedeutend windstiller und schneeärmer. Die Soldaten, so erzählen sie mir, müssen übrigens zu Übungszwecken bis auf den Gipfel.

Während jener Trupp also versucht, den Gipfel zu erklimmen, begnüge ich mich mit 4500 Metern über NN. Auch wenn es schon wesentlich windstiller ist, ungemein windig ist es noch immer. Ja, ziemlich fies windig, ehrlich gesagt. Soll ich hier bleiben und übernachten? Was mache ich hier eigentlich? Ich habe keine wirkliche Ahnung. Bin einfach mal hier hochgestapft oder vielmehr hochgetrampt. Der Berg hat mich halt angelacht. Zumindest aus der Ferne. Sah so mysteriös, so beeindruckend aus. Jetzt stehe ich hier, es ist Mittag und der eiskalte Wind fegt um meine Ohren. Ich drehe mich etwas. Betrachte dieses kleine Hochplateau. Es gibt sogar Wasser. Eigentlich ist es doch ganz schön hier.

Ein Auto hält an. Es gibt also doch Autos hier oben. Ich muss lachen. Ein Mann, bestimmt 60 Jahre alt, steigt aus. „Hey! Willst du hier übernachten?" Auf seinem Auto kann ich so etwas wie „Nationalpark Cayambe" lesen. Ah, scheint ein Parkranger zu sein. Da ich nicht genau weiß, ob ich hier überhaupt legal übernachten dürfte, antworte ich einfach mal: „Nee, glaub nicht." Er schaut mich leicht irritiert, ja fast schon entsetzt an. „Warum übernachtest du nicht einfach hier? Hier ist es ruhig, du bist für dich und wunderschön ist es auch noch. Bleib doch einfach! Hast doch alles dabei, was du zum Leben brauchst, oder?" Er schaut mich erwartungsvoll an, dann blickt er noch mal kurz, fast schon bestätigend auf meinen großen Rucksack. Ist ja verrückt. Ich kenne das eher so, dass es im Nationalpark streng verboten ist, draußen zu schlafen beziehungsweise wild zu campen. Dieser Parkranger scheint mich aber ja geradezu davon überzeugen zu wollen. „Ich überlege es mir.", versichere ich ihm. Er lächelt freundlich und fährt mit seinem allradbetriebenen Autochen wieder davon.

Joa, warum eigentlich nicht hier übernachten, frage ich mich nun nach seinen gutgemeinten Worten. Als der Wind am Nachmittag auch noch vollkommen nachlässt, baue ich mein Tarp auf. Dazu ein warmer Schlafsack, so kann ich es mir gemütlich machen. Und weils doch einfach so schön ist, brate ich Auberginenscheiben mit Tomaten, Paprika, Knoblauch und Sesam und koche dazu Nudeln mit einer gelben Kochbanane und Tomate. So wird man auf 4500 Meter über NN zum Genießer. Und dann geht die Sonne unter. Gut gestärkt und mit der Kamera bewaffnet, verlasse ich mein Tarp.

Als es dunkel wird, wird es ungemütlich. Erst sinken die Temperaturen unter null, dann kommt wieder Wind auf und als ich aufwache, entladen sich auch noch die Wolken. Regen bei etwa 2°C. Ich verkrieche mich so tief ich nur kann in meinem Schlafsack, zumindest nochmal für einen Moment. Dann packe ich flott zusammen und wandere zehn Kilometer bergab, bis ein Taxi von oben heruntergefahren kommt, dass mich dankenswerterweise kostenfrei mitnimmt.

Wenn Gastfreundschaft ansteckend wird

Es geht für mich zurück. Zurück in den Norden, wo ich eigentlich herkomme. Auf dieser Reise benutze ich nur ganz selten dieselben Wege noch ein zweites Mal. Und noch seltener reise ich wieder gen Norden, denn seit dem Start in Deutschland ist meine grundsätzliche Richtung Feuerland, also der Süden Südamerikas. Bisher ging es sozusagen der Sonne hinterher, sobald ich den Äquator gequert habe, reise ich der Sonne voraus. Dennoch, die Einladung zu einem Radiointerview auf Spanisch will ich mir nicht entgehen lassen und besuche dabei gleich noch mal meine lieben Freunde in Atuntaqui. Und zwar jene Familie, bei der ich nun schon zweimal unterkam. Das Interview wird ziemlich witzig, denn ich verstehe noch bei weitem nicht immer

auf Anhieb alles richtig. Aber ich war im Radio, hab meine Geschichte erzählt und das ist natürlich der eigentliche Gag.

Mein nächster Stopp soll in Quito sein, dort will ich Juan besuchen, den Kolumbianer, der mich sechs Wochen zuvor unmittelbar vor der kolumbianisch-ecuadorianischen Grenze ein Stück mitnahm. Voller Vorfreude trampe ich mit sechs Autos und einem Lkw nach San Rafael, einem Stadtteil von Quito, wo Juan mich schon erwartet. Hoffentlich zumindest. Denn noch weiß er nichts von meiner Ankunft. Von unterwegs rufe ich ihn mal an, und herzlich und spontan wie die Südamerikaner nun mal sind, darf ich auch gleich vorbeikommen.

Wenig später stehe ich vor einem bewachten, eingezäunten Viertel. Hier lebt Juan. Als ich dort hineingehen möchte, muss ich erst noch an einem Wachmann vorbei. Es ist noch recht früh am Nachmittag und Juan ist wohl noch nicht zu Hause. Ich erkläre dem Wachmann, ich würde gerne schon mal rein – zumindest ins Viertel. Ob das möglich sei? Skeptisch blickt er auf meinen großen Rucksack, dann wieder auf mich. „Darf ich mal deinen Ausweis sehen?“ „Klar!“ Ich krame ihn aus meinem Rucksack; der Wachmann notiert sich einige Daten. Dann darf ich rein. Ich mache es mir auf einer Spielplatzbank bequem und warte noch ein paar Stündchen.

Als Juan ankommt, begrüßt er mich, wie ich es von den Kolumbianern gewohnt bin, mit überschwänglichen Fragen: „Hermano, como te fuiste?“ „Bruder, wie erging es dir?“ „Wo bist du langgereist? Wie gefallen dir die Ecuadorianer? Wo ist deine zweite Tasche hin?“ Und, und, und. Ach, wie ich sie liebe – diese kolumbianische Art!

„Hier kannst du schlafen.“ Er zeigt mir ein Zimmer. Juan lebt allein, hat aber eine recht geräumige Wohnung. Wieder einmal darf ich es mir in einem Doppelbett gemütlich machen. Nachdem ich Juan maximal die Hälfte seiner Fragen beantwortet habe – der Rest war vielleicht auch eher rhetorisch gemeint – und wir klassisch kolumbianische Arepas gegessen haben, falle ich glücklich ins Doppelbett. Kurz zur Erklärung: Arepas sind köstliche Fladen aus weißem Maismehl. Teilweise mit Käse kombiniert, teilweise einfach so.

Salz, Maismehl, Wasser. Sie werden in einer Pfanne gebraten oder geröstet, in aller Regel ohne Öl. Herrliche Snacks! Insbesondere die mit dem groben Maismehl, welche aus erster Hand der Bauern kommen.

Ich bleibe „nur" eine Nacht. Als ich Juan am nächsten Morgen verkünde, ich wolle weiterreisen, wirkt er entsetzt. „Jaja, hat es dir nicht gefallen, wie?", scherzt er. Schwer einzuschätzen, ob er nun beleidigt ist oder es nur so sagt. „Nein, nein! Mir hat es sehr, sehr gut gefallen!", beruhige ich ihn. „Doch ich will wieder in die Natur. Zum Cotopaxi-Nationalpark." Er lacht nur. Diese Kolumbianer!

Beim Verlassen des überwachten Wohnkomplexes passiere ich wieder den Wachmann vom Vortag. Neugierig spricht er mich an. „Sag mal, woher kennst du diesen Kolumbianer?" Ich erzähle ihm die kleine Geschichte unseres Kennenlernens und die Augen des Wachmanns leuchten auf. „Verstehe. Ich wohne in Ambato und habe die nächsten neun Tage Urlaub. Wenn du magst, komm vorbei!" „Oh ja, sehr gerne!", antworte ich freudig und ziemlich überrascht. Wenn Gastfreundschaft ansteckend wird, denke ich glücklich. Ambato liegt ein wenig südlicher und somit ziemlich passend auf meiner angedachten Route. Wir tauschen Handynummern aus, dann verabschiede ich mich dankend von Ruben.

Ob das hier immer so leicht ist? Überglücklich laufe ich weiter und komme an einem Laden mit dem Titel „Helado de la paila" vorbei. „Eis aus der Pfanne". Klingt erst mal nach einem Scherz, ist aber tatsächlich eine ecuadorianische Spezialität. Das Eis wird natürlich nicht in einer heißen Pfanne zubereitet, sondern in einer Bronzepfanne, die in einer Wanne voller Eiswürfel liegt. Scheinbar ist das die ideale Kühlmethode.

Der Eisverkäufer steht gerade vor der Tür und unterhält sich mit einem Freund, als ich vorbeilaufe. Noch ziemlich erfreut von der Begegnung mit dem Wachmann Ruben, grüße ich den Eismann entsprechend freundlich. Und weils so ein schöner Tag ist, wünsche ich ihm im Vorübergehen auch gleich noch lächelnd: „Un buen domingo!" „Einen schönen Sonntag!" Drei Sekunden später schallt mir ein „Oye!" hinterher. „Oye" bedeutet so viel wie „Hör mal!". Fröhlich lächelnd drehe ich mich um, und was sehe ich da? Einen winkenden Eisverkäufer. Er winkt mich zu sich und ich ahne schon, was es gleich geben wird. Na klar, ein Eis. Aus seiner Truhe holt er Vanille und Schoko hervor und kratzt es auf die Waffel. „Oh, muchísimas gracias!" Ich freue

mich wirklich sehr. Und weil sich der Eismann so sehr freut, dass ich mich so freue, schippt er mir gleich noch eine Portion Passionsfruchteis drauf. Was soll man da noch sagen? Vielleicht einfach noch mal DANKE.

Wie die Menschen sich doch freuen, wenn ihnen ein freudiges Gesicht entgegenlächelt. Und genau das ist für mich auch der wichtigste Schlüssel beim Trampen: positive Energie ausstrahlen. Lächeln.

Als ich später an einem großen Kreisel stehe, würde ich genau das jetzt wirklich gerne machen. Doch ich schaffe es noch nicht einmal, den Daumen rauszustrecken. Ich sacke zusammen. Bin völlig erschöpft. Wovon? Keine Ahnung! So sitze ich plötzlich im Staub am Kreisel auf meiner Pappe und kann nicht mehr. Es geht einfach nicht, aber ich muss weiter. Also schließe ich meine Augen, halte inne, atme durch, versuche, Kraft zu sammeln. Einige Zeit später gelingt es mir dann, mich aufzurappeln. Ich gehe ein paar Schritte weiter zu einer Stelle, wo die Autos besser anhalten können. Mit Ach und Krach schleppe ich mich die 20 Meter weiter. Den Daumen kann ich nun auch wieder rausstrecken, nur das Lächeln fällt mir noch schwer. Zehn Minuten vergehen, dann hält ein Auto neben mir. Punktgenau. So, dass ich keinen Schritt nach links oder rechts setzen muss. Die Tür springt auf. „Rein mit dir!", ruft mir die Frau am Steuer zu. Puh! Meine Rettung! Erleichtert lasse mich in den letzten freien Sitz fallen. „Wir haben dich eben am Kreisel sitzen sehen und sind wieder umgedreht." Wow! Was? Wie lieb! Wie aufmerksam! Wie hilfsbereit! Das erklärt auch den punktgenauen Stopp neben mir. Und sie bringen mich geradewegs zum Nationalpark Cotopaxi. Als wir dort ankommen, geht es mir schon wieder besser. Mal wieder habe ich keine Ahnung, was mich plötzlich so umgehauen hat.

Unterwegs in windigen Höhen

In einem Restaurant kann ich dem Koch für einen Dollar noch eine Zwiebel und fünf Tomaten abkaufen. Perfekt! Ich brauche nun echt etwas Frisches! Die nächsten Tage will ich im Nationalpark verbringen, bis zum Parkeingang fehlen aber noch ein paar Kilometer. Ich laufe an der Straße entlang und strecke reflexartig meinen Daumen raus, als sich ein Fahrzeug nähert. Ich drehe mich um, um mein Gesicht zu zeigen. Sofort nehme ich den Arm wieder runter. Mist, ein Taxi, denke ich bereits ein wenig ernüchtert, als das Taxi plötzlich etwa 20 Meter vor mir anhält. Ein Junge winkt wie wild aus dem Fenster heraus. Ich versuche aus der Ferne klarzumachen, dass ich kein Taxi will. Gut, doch ich will ein Taxi, aber eben per Anhalter. Als der Junge nicht aufhört zu winken, laufe ich zu ihm. „Komm, steig ein!", fordert mich der dickere Mann am Steuer auf. „Aber ich habe kein Geld für eine Taxifahrt", erwidere ich und der Mann fängt an zu lachen. „Jaja, wir nehmen dich so mit." „Oh! Vielen Dank!" Ich geselle mich zu dem Jungen auf der Rückbank. Als die Taxiinsassen sich vorstellen, stellt sich schnell heraus: Es ist einfach eine Familie auf dem sonntäglichen Familienausflug. Der Vater ist von Beruf Taxifahrer, weshalb die Familie auch mit dem Taxi unterwegs ist. Und sie wollen auch in den Nationalpark. „Ach, lustig!", meine ich, als sie sich vorgestellt haben und wieder einmal merke ich: Unverhofft kommt oft. Probiere es einfach! Du weißt nie, was passiert.

So fahre ich also mal wieder mit einem Taxi durch die Landschaft, bis wir plötzlich vor verschlossenen Toren, beziehungsweise Schranken, stehen. Es ist kurz nach 15 Uhr und die Schranken des Parks haben sich vor ein paar Minuten geschlossen. Nach 15 Uhr darf keiner mehr rein. Eine recht witzige Regelung, wie ich finde. Denn, ist man einmal im Park drinnen, darf man auf ausgewiesenen Camping Zones übernachten, also mitten im Park bleiben. Und das auch noch so lange man will. Durch die Öffnungszeiten will man bestimmt kontrollieren, wer ein- und ausgeht und vermeiden, dass sich Ortsunkundige im Nationalpark verlaufen. So kann ich es mir zumindest vorstellen. Für die dreiköpfige Familie ist es eben leider mehr eine sonntägliche Spritztour als eine Nationalparkerkundungstour geworden. Die Armen! Doch irgendwie wirkt die Familie überhaupt nicht enttäuscht. Frei nach dem Motto „Wo keine Planung, da keine Erwartung und wo keine Erwartung, da auch keine Enttäuschung" nehmen sie es echt gelassen und kennen nun wenigstens die Öffnungszeiten, sollten sie noch einmal wiederkommen wollen.

Also macht die Familie kehrt und ich ziehe weiter. „Darf ich hier irgendwo schlafen und morgen in den Park hineingehen?", frage ich einen Parkranger. „Ja, klar. Du kannst da vorne zelten. Hier ist es tranquilo, also ruhig und sicher." Er zeigt auf einen Fichtenbestand neben der Straße. Wunderbar!

Noch immer ziemlich angeschlagen, errichte ich mein Lagerchen und nicke, kaum im Schlafsack angekommen, sofort ein …

Hui! Das hat gutgetan! Ich blinzle unter meinem Tarp hervor. Noch ist es hell. Darum koche ich mir erst einmal eine riesige Portion Reis, denn mit vollem Magen schläft es sich bekanntlich besonders gut. Kaum gegessen, schlafe ich auch gleich wieder ein. Ja, mein Körper holt sich das, was er braucht.

Erholt und erstaunlicherweise von allen Schmerzen und Beschwerden des gestrigen Tages befreit, registriere ich mich um 9 Uhr am Eingangstor und betrete den Park, beziehungsweise trampe gleich noch ein Stück in die Höhe. Es geht hoch auf 3800 Meter über NN. Der Name des Parks stammt vom gleichnamigen Vulkan Cotopaxi, der sich mit 5897 Metern markant aus der Landschaft heraushebt. Er ist ein Vulkan wie aus dem Bilderbuch: ein kegelförmiger Schichtvulkan mit einem schneebedeckten Krater.

Zwei Nächte bleibe ich am und im Nationalpark. Mit der Kamera darf ich die volle Schönheit entdecken und festhalten. Welch ein großartiges Geschenk dazu, auch noch kostenfrei im Nationalpark übernachten zu dürfen! Antreffen tue ich trotzdem kaum jemanden. Ob es den meisten für eine Nacht hier draußen zu windig ist? Denn in den Hochanden fegt der Wind ungebremst über die karge Landschaft, Bäume gibt es nur sehr wenige. Doch selbst in 3800 Metern Höhe finde ich noch ein paar – perfekt zum Aufspannen meines Tarps. Ich scheine mich an der Baumgrenze der Anden aufzu-

halten, die damit ziemlich genau 2000 Meter höher liegt als in den Alpen.

Da man mit dem Auto durch den Nationalpark fahren darf, hoffe ich auf eine Mitfahrgelegenheit aus dem Park heraus. Nachdem ich gemütlich zusammengepackt und Weißwedelhirsche fotografiert habe, gehe ich zurück zur Straße.

Unter Wölfen

Es vergeht keine Minute und ein Auto hält neben mir. „Wohin willst du?“, fragen mich die beiden Insassen auf Englisch. Ihre helle Haut und ihr blondes Haar verraten mir schon mal, dass sie keine Einheimischen sind. Und außerdem würde dich ein Latino in der Regel auch erst einmal auf Spanisch ansprechen. „Zur Laguna Quilotoa. Und ihr?“, antworte ich. „Ach witzig!“, sagt die Frau am Steuer zu ihrem Mann auf Deutsch. „Ach witzig!“, wiederhole ich ihren Satz ebenfalls auf Deutsch. „Ihr seid aus Deutschland? Ich auch!“ Die beiden lachen. „Ja cool – und scheinbar haben wir auch noch dasselbe Ziel!“ Wir hieven meinen Rucksack in den Kofferraum Und los geht’s.

Die Laguna Quilotoa ist eine der berühmtesten Attraktionen Ecuadors. Gefühlt auf jedem Reisemagazin, welches für Ecuador wirbt, findet sich ein Foto dieser Lagune. Und weil ich es so oft gesehen habe, will ich nun auch dorthin. Kreisrund ist der Kratersee, der bei einem Vulkanausbruch weit vor unserer Zeit entstanden ist. Je nach Himmelsfärbung spiegelt sich die Laguna Quilotoa in türkisgrünem oder eher bläulichem Wasser wider. Ich möchte unten an der Lagune übernachten, deshalb decke ich mich im Dorf mit ein paar Lebensmitteln ein. Dass mir die Menschen hier so unfreundlich vorkommen, liegt wahrscheinlich an den vielen Touristen. An Wochenenden kämen hier pro Tag 2000 Menschen vorbei, wird mir erzählt. Dass die Bewohner dann anfangen, die Touristen abzocken zu wollen, kann man sich zwar vorstellen, ist aber trotzdem nicht wünschenswert.

Auch hier muss man sich registrieren, bevor man zur Lagune absteigen darf. Name, Vorname, Reisepassnummer. Es kostet keinen Eintritt, doch man wird in einer Liste vermerkt. Spannend! Und allein der Anblick ist einen Abstecher hierher auf jeden Fall wert!

Läuft man einmal um die ganze Lagune, legt man zehn Kilometer zurück. Nach zwei entspannten Nächten am Lagerfeuer mit anderen Reisenden verlasse ich diesen traumhaft schönen Ort und reise weiter entlang der Panamericana, der Straße, die von Alaska bis nach Feuerland führt, also Nord-, Mittel- und Südamerika miteinander verbindet. Sie verläuft stets entlang der Westküste des Kontinents und in Ecuador insbesondere durch die Anden.

Ecuador lässt sich geografisch in vier Zonen aufteilen: El Oriente – die Regenwaldzone, La Sierra – die Berge/Anden, La Costa – die Pazifikküste und Galápagos – die Inseln fernab vom Festland. Innerhalb eines Tages kann man problemlos vom Regenwald über die Anden an die Küste fahren. Für den Kontinent Südamerika ist Ecuador ein vergleichsweise kleines Land, ungefähr so groß wie Deutschland ohne Bayern. Doch an Vielfalt mangelt es hier definitiv nicht! Und deshalb möchte ich noch ein wenig in den andinen Teil Ecuadors eintauchen, bevor es mich Richtung Regenwald zieht.

Mit einem Lkw, der Schutt von A nach B fährt, geht es zum Naturreservat Chimborazo. Wieder benannt nach dem höchsten Vulkan der Region und diesmal sogar des gesamten Landes. El Chimborazo ist mit seinen 6268 Metern wirklich beeindruckend. Eine gewaltige Höhe. Und wieder komme ich pünktlich zum Feierabend am Eingang des Reservats an. Doch so freundlich und offen wie die Ecuadorianer nun mal sind, darf ich in einem der Gebäude am Eingang nächtigen. Es gibt zwar keine Tür, aber eine Steckdose. Wundervoll! Noch am selben Abend ziehe ich mit meiner Kamera los, um diese Mondlandschaft in 4300 Metern Höhe zu erkunden. Nur ein paar Grasbüschel und kleine Sträucher sorgen für ein lebensbejahendes Grün in dieser kargen,

lebensfeindlichen Umgebung. Zumindest kommt es mir ziemlich lebensfeindlich vor. Der Wind pfeift, es ist kalt, vielleicht 8°C, weit und breit ist kein Wasser in Sicht. Hier würde ich nicht leben wollen.

Ich staune nicht schlecht, als ich unweit vom Eingang des Reservats eine ganze Herde großer Tiere sehe. Vikunjas sollen das sein, hatte mir vorher ein Lkw-Fahrer erklärt. In dieser Region gäbe es die größte Population mit über 1000 Tieren. Ich hatte schon beim bloßen Zuhören große Augen bekommen, jetzt stehen sie Auge in Auge vor mir. Elegante, faszinierende Gestalten, die gar nicht so robust wirken, wie es das raue Klima vermuten ließe. Sie besitzen noch nicht einmal ein dickes Fell, aber scheinbar fühlen sie sich in genau dieser Landschaft wohl.

Neugierig kommen zwei Vikunjas langsam näher. Ich liege mittlerweile auf dem Boden, zwischen Sand und Sträuchern. So wirke ich nicht so groß und bekomme eine bessere Perspektive fürs Foto. Und da sie mich nun nicht gleich als Menschen identifizieren können, kommen sie sogar noch auf mich zu. Eine Win-win-win-Situation, also für mich. Und das Licht der untergehenden Sonne ist übrigens auch perfekt. Mein Naturfotografen-Herz schlägt höher.

Am Eingang erzählt man mir, hier gebe es auch Wölfe. Wölfe? Wo? Da muss ich hin! Was muss das für ein Glücksmoment sein, Wölfe in freier Wildbahn erleben zu können? Ein Geschenk. Ein einmaliger Augenblick. „An der Schutzhütte halten sich immer wieder welche auf.“, erklärt mir der Ranger am Eingang. „Hast du die da auch schon gesehen?“, versuche ich meine Chancen abzutasten. „Ja, ja, die kommen regelmäßig. Der Koch von der Hütte schmeißt nämlich seine Fleischabfälle dorthin.“ Ahh ...! Darum kommen die. Die perfekte Gelegenheit für mich. Ich wandere die 500 Höhenmeter und etwa sieben Kilometer Strecke hinauf. Als ich an der Schutzhütte auf 4800 Metern ankomme, habe ich Kopfschmerzen, leichten Schwindel und fühle mich gar nicht wohl. Es hat keinen Sinn, denke ich laut und quatsche den nächstbesten Touristen an. „Kannst du mich ein Stück mit runter nehmen?“ „Ja klar!“, antwortet dieser. Kurz später bin ich wieder am Eingang des Reservats. Es war wohl die Höhe, die mir so zugesetzt hat, denn der Schwindel und die Kopfschmerzen sind schon wieder verschwunden. Tja, auf 4800 Metern über NN war ich halt einfach noch nie zuvor. Schon 4300 Meter sind hoch, doch noch mal 500 Meter höher machen einen enormen Unterschied, zumindest einen sehr spürbaren.

Am nächsten Morgen versuche ich es erneut und trampe wieder hoch. Dieses Mal: keine Kopfschmerzen, keinen Schwindel. Perfekt! Ich lege meinen Rucksack ab und starte sofort mit der Suche nach den Wölfen, „los lobos“ im Spanischen. Und zack – obwohl es mitten am Tag ist und die besten Zeiten die Dämmerungszeiten sein sollen, entdecke ich den ersten Wolf, der mich irgendwie stark an einen Fuchs erinnert. Scheint eine interessante Wolfsart zu sein! Sein graues Fell tarnt ihn wirklich gut in dieser steinigen Umgebung. Ob er sich deswegen auch am Tage so nah an die Hütte traut? Oder hat er einfach zu großen Hunger? Ich mache ein paar Bilder, dann verliere ich ihn aus den Augen. Morgens um sechs Uhr und abends um 18 Uhr könne ich die Wölfe sehen, sagte man mir. Okay! Also heißt es abwarten.

Neben der bewirtschafteten Berghütte gibt es eine kleine Zone, in der man kostenfrei zelten darf. Genauso wie auch im Cotopaxi-Nationalpark. Blöd nur, dass ich kein Zelt habe und es auch keine Bäume zum Aufspannen meines Tarps gibt. Nachdenklich lasse ich meinen Blick über den steinigen Hügel schweifen. Na klar! Das ist es: Steine. Ich baue mir eine Art Höhle aus Steinen und spanne das Tarp darüber. Sitzen kann ich in meiner Lodge zwar nicht, aber sie ist ja auch mehr zum Schlafen gedacht. Und sie erfüllt ihren Zweck, prompt verschlafe ich den Nachmittag. Pünktlich zur Abenddämmerung wache ich hektisch wieder auf. „Die Wölfe!“, schießt es mir in den Kopf. Ich schnappe meine Kamera mit einem 300 Millimeter-Teleobjektiv und gehe auf die Suche. Wer hat die wachsameren Augen? Wer entdeckt wen zuerst? Ich schleiche durch die Landschaft.

Als es bereits sehr duster ist, taucht der erste Wolf auf. Leider ist es schon zu dunkel für meine Kamera, aber der Moment ist magisch. Ich sitze hinter einem Stein, der Wolf scheint mich nicht zu bemerken. Als ich den Kopf leicht nach

links drehe, erschrecke ich. Wow, da ist ja noch einer! Jetzt schießt mein Adrenalinspiegel deutlich in die Höhe. Nur drei Meter entfernt von mir steht ein Wolf. Ich halte den Atem an. Wahrscheinlich mit offenem Mund. Ich staune. Wie faszinierend diese Geschöpfe doch sind! Lautlos laufen sie nahrungssuchend umher. Als es schließlich komplett finster ist, lege ich mich in meine kleine Höhle, aber ich bin noch viel zu wach zum Schlafen. Mann, ist das aufregend! Innig hoffe und wünsche ich mir, diese Wölfe am nächsten Tag wiederzusehen.

Plötzlich vernehme ich ein Knacken. Ich schaue zwischen den Steinen und dem Tarp ins Dunkel, höre genau hin. Da raschelt doch etwas? In dem Moment sehe ich eine dunkle Gestalt vorbeilaufen. Ich leuchte hin und zwei Augen leuchten zurück. Ach was! Das ist ja ein Wolf! Dann kommt noch einer dazu. Sie schleichen regelrecht um meine Höhle herum. Da ich wohl nichts Leckeres für sie bei mir habe, verlieren sie bald das Interesse. Als ich kein Rascheln und Steineklackern mehr höre, schlafe ich ein. Die Nacht verläuft jedoch alles andere als entspannt: mehrfach wache ich nach Luft schnappend auf. Ich habe das Gefühl, keine Luft mehr zu bekommen, so als schnüre mir jemand den Hals zu. Ein wirklich unangenehmes Gefühl, das aber zum Glück wieder schnell nachlässt.

Um sechs Uhr klingelt dann der Wecker. Für einen Moment bin ich verwirrt. Was ist das denn für ein Geräusch? Seit Wochen oder sogar Monaten habe ich nur noch sehr gelegentlich einen Wecker gestellt, und kann ihn hier oben in diesen windigen Höhen im ersten Moment gar nicht zuordnen. Doch dann erinnere ich mich: die Wölfe! Also raus aus dem Schlafsack, rein in die Kleidung. Es ist kalt. Heute Nacht hat es geschneit. Vorsichtig, langsam und aufmerksam umherblickend, schleiche ich durch die Gegend. Lange ist nichts zu sehen, doch ich gebe nicht auf. „Komm, zeigt euch! Wo seid ihr?", flüstere ich in den Wind. Dann entdecke ich einen von ihnen. Er kommt fast geradewegs auf mich zu. Ich mache erste Bilder. Der Wolf schaut genau in meine Richtung. Ich bewege mich nicht, bleibe starr. Dann frisst er wieder weiter. Doch was frisst er da eigentlich? Er läuft von Strauch zu Strauch. Ist ja witzig! Dann wollten die gestern Abend vielleicht doch mein Gemüse! Der Gedanke ist gar nicht so abwegig, als ich erkenne, was er wirklich frisst: Blüten. Er frisst einfach Blüten. Orangefarbene Blüten. Ob die besonders süß sind? Zu gerne würde ich auch eine probieren. Ich lasse es aber bleiben, da ich nicht weiß, wie giftig sie für Menschen sind.

Dieser Wolf scheint sehr tolerant und neugierig zugleich zu sein. Von sich aus kommt er immer näher. Ich bleibe regungslos, versuche, ihn nur mit der Kamera zu verfolgen. Für einen Moment schnuppert er sogar an mir, dann entfernt er sich wieder. Ruhig liege ich auf dem Boden. Kurze Zeit später kommt ein Mann näher, der das Szenario aus sicherer Entfernung beobachtet hat. „Das ist doch ein gefährliches Tier! Hast du denn keine Angst?" „Nein, die machen nichts, solange du dich ruhig verhältst", beschwichtige ich ihn.

Dann wende ich mich wieder dem Wolf zu, denn ich will ihn wirklich nicht aus dem Auge verlieren. Langsam nähere ich mich erneut und er duldet meine Anwesenheit. Stets in der Hocke, krieche ich ihm hinterher. Eine Stunde lang, dann verschwindet der Wolf wieder im Land aus Fels und Stein. Was für eine intensive Begegnung! Intimer kann ich persönlich in die Natur wohl kaum eintauchen. Und Angst hatte ich wirklich keine. Das Geheimnis ist, sich so ruhig und unauffällig wie möglich zu verhalten, sich also klein zu machen und möglichst langsam zu bewegen. Auf diese Art und Weise kann man sich vielen Tieren in freier Wildbahn nähern, ohne dass es gefährlich wird. Auch wenn dieses spezielle Tier durchs Anfüttern ein wenig an den Menschen gewöhnt ist, ein wildes Tier bleibt es noch immer, halt eventuell mit etwas weniger Scheu. Übrigens handelt es sich hierbei gar nicht um einen echten Wolf, wie ich im Nachhinein erfahren sollte, sondern um einen Andenschakal. Von der Größe her ein Mittelding zwischen Wolf und Rotfuchs. Da die Menschen vor Ort immer vom Wolf sprachen, ging ich wirklich von einem Wolf aus und darum habe ich es auch hier so übernommen. Aber mal ehrlich: Andenschakal oder Wolf – es sind beides hoch faszinierende Raubtiere, oder wie ich jetzt auch weiß: Opportunisten. Clevere Kerlchen, denn in dieser extremen Landschaft ist es wohl das Einfachste zu nehmen, was da ist, und im September sind es eben orangene Blüten.

Unweit vom Reservat entfernt wohnt Ruben. Der 31-jährige Wachmann, der mich nach dem Besuch bei Juan in Quito zu sich einlud. Höchste Zeit, diesem lieben Wachmann mal einen Besuch abzustatten! Ruben wohnt mit seiner ganzen Familie etwas außerhalb der Stadt, in einem Bauernhaus auf 3300 Metern Höhe. Stolz präsentiert er mir seinen Garten voller Gemüse und Kräuter. „Schau mal hier!", ruft er, während er einen Hasen aus dem Stall holt. „Wie lange brauchen die, bis die küchenreif sind?", deute ich auf den schneeweißen, doch eigentlich sehr hübschen Hasen, den Ruben an den Ohren hochhält. Der Arme, denke ich mir, als Ruben antwortet „Naja, so ein halbes Jahr etwa."

Ja, diese Tiere sind echt alle zum Essen da. Hühner hat er auch in großer Anzahl, und Meerschweinchen, die Tiere schlechthin in den Anden. Meerschweinchen brauchen nicht lange, bis sie groß genug sind, um gebraten werden zu können: teilweise nur sechs Wochen, maximal jedoch drei Monate. Und viel fressen tun die auch nicht. Sie begnügen sich auch mit den Bioabfällen. Es ist also eine sehr effiziente Fleischproduktion.

Um 7 Uhr in der Früh stehen wir gemeinsam in der Küche. Es ist noch recht duster, das Feuer lodert. Rubens Mutter ist schon länger wach und hat zum Frühstück eine wunderbar wärmende Kartoffelsuppe mit Nudeln, Käse und Kräutern gekocht. Sehr, sehr lecker! Und mal ein Frühstück der ungewohnten Art. Während sich der Nebel langsam verzieht, packe ich wieder meinen Rucksack, denn das nächste Abenteuer wartet bereits.

Perspektivwechsel

Nur zu Erinnerung: Gestern bin ich noch auf 4800 Metern im Schnee aufgewacht. Zwei Tage später finde ich mich bei 35°C auf 500 Meter über NN in der Regenwaldstadt Tena wieder – ein heißes Manöver für Körper und Geist! Deshalb mache ich zumindest einen Zwischenstopp im berühmt-beliebten Baños und schlafe auf 1400 Metern oberhalb eines rauschenden Flusses. In dieser Höhe ist schon alles dicht und grün, wenn auch noch recht bergig und geprägt von tiefen Flusstälern, Schluchten und steilen Berghängen. Die Luft ist hier bereits sehr tropisch: warm und feucht. Als ich am nächsten Tag in Tena ankomme, bin ich erstmal für etwa eine Woche ausgeknockt. Ich bin super schnell erschöpft und echt nicht zu großen Touren in der Lage. Welch ein Glück, dass ich bei Christian unterkommen darf, den ich durch meinen zweiten Couchsurfer kennengelernt habe.

Nach und nach gewöhne ich mich an die 35°C und erkunde die Gegend. In Tena ist es ruhig und sicher, hier kann man auch nachts bedenkenlos durch die Stadt laufen. In der näheren Umgebung entdecke ich Affen und erkunde Höhlen. Tropische Höhlen, versteht sich, und da begegnet man auch mal der einen oder anderen etwas größeren Spinne, doch die sind harmlos. Neben diesen spannenden Erkundungstrips schiele ich aber noch immer auf die Umsetzung einer Idee, die ich schon in der Karibik hatte: per Anhalter in die Luft zu gehen, zu fliegen.

Jetzt bin ich hier in Tena, umgeben von Regenwald. Da gibt es doch bestimmt jemanden, der ein Flugzeug hat und mit mir mal in die Luft gehen oder mich an einen anderen Ort fliegen will. Oder klingt das zu absurd? Wer nicht wagt, der nicht gewinnt, heißt es doch so schön, also stapfe ich los. Mutig frage ich Leute. „Kennst du einen Piloten hier?“, „Kennst du jemanden der ein Privatflugzeug hat?“, „Gibt es hier irgendwo einen Flughafen?“ Irgendwann halte ich tatsächlich einen Kontakt in der Hand. „Ruf den mal an! Der kennt jemanden, der Pilot ist.“ Sehr gerne doch! Ich klingle mich durch, dann treffe ich Jorge. Ich treffe ihn direkt in Tena, in seiner kleinen Werkstatt. Er baut gerade an seinem nächsten Flugobjekt. „Hi, ich bin Joshi“, stelle ich mich vor und erzähle, nein, schwärme ihm von meinem Traum vor, einmal per Anhalter über den Amazonas zu fliegen, mal den Regenwald von oben zu sehen. Gerade als Naturfotograf wäre das natürlich besonders spannend. Als ich mit meiner Überzeugungsrede fertig bin, macht Jorge kurzen Prozess: „Ich nehme dich mit. Kannst du morgen?“ „Wow! Ähm ...“, ich gerate ins Stottern. „Na klar! Wann denn am besten? Ich bin den ganzen Tag hier.“

„Gegen Nachmittag. Um 15 Uhr?“, schlägt er vor. „Top! Muchísimas, muchísimas gracias!“ Ich strahle übers ganze Gesicht. Der Wahnsinn! Einfach verrückt! Unglaublich! Und wieder soll einer dieser Träume in Erfüllung gehen. Schon wieder!

Überglücklich springe ich durch die Straßen und gönne mir erst mal mein Lieblingsessen in Tena: eine Empanada. Das ist praktisch ein dünner Mehlfladen, der in sehr heißem Öl frittiert wird. Dann noch etwas Zucker drüberstreuen und genießen! Sie kostet umgerechnet 0,25 Euro und allein darum gönne ich sie mir reichlich oft. Was ich wirklich an Südamerikas kulinarischen Spezialitäten liebe, ist, dass man sie alle auf der Straße findet. In Kolumbien sind es Arepas, in Ecuador Empanadas, Säfte, Obstspieße und, und, und. Alles wird direkt auf der Straße verkauft, und das meist für sehr wenig Geld. Da kann ich mit unter einem Euro am Tag schon große Leckereien probieren. Und das kann ich auch jedem empfehlen!

Am 357. Tag dieser Reise ist es so weit: Flotten Schrittes laufe ich zur Werkstatt. Jorge repariert auch häufig Motorräder und auf ein solches schwingen wir uns jetzt. „Hier, nimm den da!“ Er drückt mir einen Motorradhelm in die Hand, dann geht‘s los. Zunächst sind die Straßen noch geteert, bald nur noch geschottert und dann stehen wir im Grünen vor seiner Piste. Es ist wahrlich eine Piste aus Gras und Erde. Links und rechts stehen Bäume und ein paar kleine Maisfelder. Wir laufen entlang der Piste zu einem kleinen überdachten Platz. „Das ist es!“ Ich schaue genauer hin. „Das hier?“ Noch nicht ganz überzeugt, deute ich sicherheitshalber noch mal drauf. „Ja genau! Das habe ich selbst gebaut.“ „Ehrlich?“ Eine Mischung aus Ungläubigkeit, Vorfreude und Begeisterung macht sich breit. Ist ja krass! Wollen wir mal schauen, wie wir damit durch die Luft sausen, denke ich freudig beim Anblick dieses kleinen Ultraleichtfliegers. Lustig wird es auf jeden Fall, wie ich wenig später merke: Fenster, geschweige denn einen Flugzeugkörper, in den wir uns setzen könnten, gibt es schlichtweg nicht. Stattdessen setzen wir uns einfach auf zwei simple Stühle und können mit den Füßen lenken. Hinter uns der Propeller und über uns die Flügel aus einem festen Stoff. Das ist mal was anderes! Vertrauen habe ich aber absolut in Jorge. Er wirkt wirklich so, als wüsste er, was er tut. Als sich die Sonne am Horizont neigt, heben wir ab. Zunächst klingt es wie bei einer Motorsäge, dann wird es lauter, unsere Lage schräg und wir nehmen Fahrt auf. Brummend steigen wir in die Höhe.

Und dann erstreckt sich eine grüne, tiefgrüne Landschaft unter uns. Regenwald so weit das Auge reicht. Mittendrin die Stadt Tena und ein Fluss, der sich durch die waldige, hügelige Landschaft schlängelt. Wir bleiben einige Zeit in der Luft und ich versuche mir diesen unglaublichen Moment für immer einzuprägen: im goldenen Licht über dem Regenwald unterwegs. Per Anhalter durch die Luft. Zwar nicht von A nach B, sondern „nur“ von A nach A, doch das tut der Besonderheit dieses Moments keinen Abbruch. Muchísimas gracias! Ich hoffe sehr, Jorge kann meine Begeisterung und Freude spüren!

Eine Lehrstunde im Glücklichsein

Mit beiden Beinen wieder auf dem Boden, entscheide ich spontan: auf, zurück in die Berge! In Cuenca habe ich schon einen Kontakt. Der Bruder vom Freund meiner deutschen Freundin, die in Ibarra ein Auslandsjahr gemacht hatte, hat mich eingeladen. Nach einer Stadtbesichtigung und einem Abstecher in den Nationalpark Las Cajas, geht die Reise für mich weiter, zunächst einmal gen Westen. Bevor mein Bruder in Lima zu mir stoßen wird, der sich vor einigen Tagen angekündigt hatte, will ich doch noch, zumindest kurz, an die ecuadorianische Pazifikküste, von der ich so viel Positives gehört habe. Mir bleiben also noch 16 Tage und 1500 Kilometer Fahrt, bis es gemeinsam mit Benni weitergehen wird.

Am 4. Oktober 2017 – also genau ein Jahr nach Reisestart – stehe ich wieder an der Straße. Noch immer stehe ich an der Straße. Ein bisschen stolz bin ja schon. Seit 365 Tagen trampe ich nun auf Straßen und Meeren und schlafe an Stränden, im Hochgebirge und bei fremden Menschen. Bei Menschen, die einfach so – voll Vertrauen – ihre Türe für mich öffnen. Ich wache aus meinen Gedanken auf und strecke den Daumen raus, ein Lkw hält. Wunderbar! Ich liebe es, mit Lkws zu fahren, das ist wie Fernsehgucken, nur viel spannender und irgendwie in echt.

Fix klettere ich in das Gefährt, in dem mich ein strahlendes Gesicht begrüßt. „Hola! Como estás?“ „Super gut!“, antworte ich, allein schon begeistert von diesem fröhlichen Gesicht. „Und du?“, frage ich zurück. „Auch!“ Er lacht. Wir haben jetzt 9 Uhr und bisher haben mich schon drei Autos mitgenommen. „Wohin willst du?“, fragt er mich grinsend. „Zur Küste!“ „Ja super! Ich auch.“ Die nächsten vier Stunden darf ich mit ihm verbringen. „Und wie heißt du? Ich bin Joshi“, stelle ich mich vor. „Joshi aus Deutschland.“ Er macht große Augen. „Ich bin Orgel.“ Wie die Orgel? Ich muss grinsen. „Im Deutschen gibt es ein Instrument, das genauso heißt wie du“, kläre ich ihn auf. „Ja? Welches?“ Sofort sind wir in ein Gespräch verwickelt. Ob das an der guten Laune liegt? Bestimmt ist es förderlich! Im Spanischen heißt Orgel übrigens „órgano“, es hat also mit seinem Namen wirklich nichts zu tun.

Irgendwann frage ich ihn, ob er mit seinem Job zufrieden sei. „Ja! Sehr sogar!“, kommt es wie aus der Pistole geschossen. „Mir macht das großen Spaß. Schon als Kind wollte ich Lkw-Fahrer werden.“ Ich schmunzle. Wie schön, da hat sich doch einer seinen Kindheitstraum verwirklicht! „Auch, wenn es hart ist“, fährt Orgel fort. „Warum hart?“, möchte ich wissen. „Ich arbeite sechs Tage die Woche und schlafe immer nur so zwei bis drei Stunden.“ „Was? Du schläfst nur zwei bis drei Stunden pro Tag?“, frage ich entsetzt nach. Ich schaue genauer in sein Gesicht. Klar, die Augenringe sind nicht zu übersehen. „Naja, auch mal zwischendurch. Aber das kommt selten vor.“ „Und seit wann machst du das so?“, frage ich fast schon besorgt. „Seit 15 Jahren.“ „Respekt, mein Lieber!“, schaue ich ihn mit großen Augen an. „Hast du eine Familie?“ Ich stelle es mir ehrlich gesagt schwierig vor. „Ja, eine Frau und eine Tochter.“ Also doch! Heftig! „Und wie viel verdienst du?“ „Ich bekomme 15 US-Dollar pro Tag.“ Ehrlich gesagt hoffe ich, dass ich mich verhört habe. „Für Frühstück, Mittagessen und Abendessen brauche ich etwa zehn Dollar, dann bleiben noch fünf Dollar für die Familie.“ Ich kann mich eigentlich nicht verhört haben, hoffe es aber jetzt noch mehr. Fünf Dollar am Tag, die er nach Hause bringt. Sprich 30 US-Dollar in der Woche. Das sind gerade mal 120 Dollar im Monat, rechne ich hoch. Und davon kann er seine Frau und Tochter ernähren? Respekt! „Und trotzdem bist du glücklich mit deinem Job?“, wiederhole ich nun ungläubig meine anfangs gestellte Frage. „Ja! Ich wollte immer Lkw-Fahrer sein!“ Orgel lacht.

Erst letztens hat mir ein anderer Lkw-Fahrer erzählt, was er verdient. Und das war wesentlich mehr. Orgel könnte ja auch innerhalb seines Berufsstandes den Arbeitgeber wechseln, um mehr zu verdienen. Um ihn aber seines Glücksgefühls nicht zu berauben, verschweige ich ihm, was andere Lkw-Fahrer in seinem Land durchaus verdienen können. Ach, und Urlaub bekommt er auch nur zwei Wochen im Jahr. Mich beeindruckt einfach diese tiefe Zufriedenheit, die er trotz alledem ausstrahlt. Arm, aber glücklich. Heute fährt

er nach Guayaquil, in die Hafenstadt und größte Stadt Ecuadors. Dort wird er 33 Tonnen Meersalz laden. Mich lädt er vorher an einer Abzweigung ab. „Alles Gute und muchísimas gracias!" Orgel grinst.

Für mich geht es weiter Richtung Olón, direkt ans Meer. Insgesamt acht Stunden lang, davon vier Stunden mit Orgel, bin ich in acht Fahrzeugen auf den 400 Kilometern unterwegs, bis ich am Ziel ankomme. Ich warte maximal drei Minuten, dann sitze ich im nächsten Fahrzeug. Ein glücklicher Tramptag, der zudem mit einer sehr glücklichen Begegnung endet. Im letzten Auto sitzt eine finanziell wohl sehr reiche Frau. Sie ist vielbeschäftigt, hat darum ihren eigenen Chauffeur. Und sie hat ein Ferienhaus. Na, wo bloß? Natürlich in Olón, genau da, wo ich hinwill! „Du kannst einfach in dem Ferienhaus übernachten. Es gibt noch eine junge Familie nebenan, die aufs Haus aufpasst, aber ich werde ihnen Bescheid geben", sagt sie. Unfassbar! Unterwegs schenkt sie mir auch noch ein Mittagessen. Der Chauffeur schaut zwischendurch etwas merkwürdig zu mir rüber und spricht mich wenig später an: „Ich wusste gar nicht, dass die auch so freundlich sein kann." Scheinbar erlebt er sie in einer völlig anderen Rolle. Ja, Freundlichkeit kennt eben keinen Kontostand. Ist doch egal, ob man finanziell reich oder arm ist – ich begegne den Menschen meist einfach in meiner ganz natürlichen Art, lasse mich von Reichtum nicht beeindrucken und erreiche somit schnell eine sehr angenehme Kommunikationsebene. Selbst bei den „fremden" Reichen. Sei du selbst und du wirst staunen, was für sympathische Menschen Reiche sein können! Außerdem versuche ich, sie nie von vorneherein abzustempeln, sondern ihnen eine Chance zu geben.

Das hat sich auch in diesem Fall bewährt. Am Haus angekommen, rauscht der pazifische Ozean im Hintergrund. Ich brauche nur durchs Gartentor zu gehen, schon bin ich am Strand. Sobald die liebe Dame und der noch immer leicht verwirrte Chauffeur mich alleine zurücklassen, lasse ich alles stehen und liegen und renne ins Meer! Nach etwa sieben Monaten auf und am Mittelmeer, dem Atlantik und dem Karibischen Meer, dann fünf Monaten im Inland Kolumbiens und Ecuadors, stehe ich exakt ein Jahr nach Reisestart zum ersten Mal in meinem Leben am Pazifik!

Ich hebe meine Arme in die Luft und sage: Danke! Und mir wird eins in diesem Moment ganz besonders bewusst: Jeder, ja wirklich jeder Tag ist ein Geschenk! In meinem Tagebuch notiere ich zu diesem Gedanken folgende Zeilen:

Jeder Tag ist ein Geschenk!

Ich möchte jeden Tag mit einem Lächeln aufstehen.
EGAL, was passiert.
JEDEN MORGEN.

Ich möchte aufwachen und sagen: „Danke!“
Und dann lächle ich den neuen Tag an.
Ich möchte strahlen, als würde mir jemand ein Geschenk in die Hand drücken.
Denn genau dieses Geschenk,
einen neuen Morgen erleben zu dürfen,
drückt mir
GOTT
tagtäglich aufs Neue
in die Hand.
Was ich daraus mache,
bleibt mir selbst überlassen.
Lass mich jeden Tag neu aufstehen und sagen:
Das ist heute MEIN TAG!

Ich blicke zurück aufs Meer. Die Wellen, sie kommen und gehen. Diese Beständigkeit, dieses Rauschen. Das Meer – es bleibt ein Raum zum Träumen. Nach ein paar ruhigen Tagen an der Küste, trampe ich wieder gen Süden, Richtung Peru. Dabei passiere ich abermals Guayaquil, die größte Stadt Ecuadors. Ich will so schnell wie möglich hindurch kommen, einfach nur weg von hier. Denn ich wurde im Voraus gewarnt, Guayaquil sei sehr gefährlich. Auf dem Hinweg, als ich mit Orgel die Stadt passierte, schloss er auf einer bestimmten Strecke die Türen von innen ab. „Hier springen die manchmal auf die langsam fahrenden Lkws und klettern dann ins Führerhaus.“ Da hatte ich ja schon die Luft angehalten, aber jetzt muss ich hier alleine durch. Also Augen zu und durch!

An der Stelle, an der ich weitertrampen will, scheint es schwierig zu werden. Die Straße hat zwar nur zwei Spuren, doch die Autos quetschen sich zu viert oder sogar zu fünft nebeneinander und aneinander vorbei. Es ist ein reines Geschiebe und Gedränge. Die Polizei nutzt Mopeds, um sich besser durch dieses Verkehrschaos durchmogeln zu können. „Halleluja“, denk ich mir. Ein solches Chaos habe ich noch nie gesehen. Die Polizei zieht ein Auto aus dem Verkehr. Ein junger Mann steigt aus jenem Auto aus. Ich winke ihm zu, hoffe dass er mich sieht und beim Weiterfahren mitnehmen könnte. Er winkt zurück und gibt mir zu erkennen, ich solle warten, dann diskutiert er mit der Polizei weiter. Jackpot! Jetzt muss ihn nur noch die Polizei laufen beziehungsweise fahren lassen.

Es vergehen einige Minuten, scheinbar lässt der junge Mann nicht so schnell locker. Er diskutiert und diskutiert. Irgendwann steigt er dann doch endlich wieder in sein Auto und kommt zu mir gefahren. „Kannst du mich ein Stück mitnehmen?“, frage ich ihn durchs offene Fenster. „Ja, klar, spring rein!“ Auf der Rückbank liegt eine Gitarre. Sympathisch! Mario lässt auch gleich seinen Unmut über die Polizeiaktion raus: „Die haben mich einfach angehalten, nur weil es angeblich aus dem Auspuff qualmt. Aber das ist ein Diesel. Das ist doch normal, oder?!“ Er sucht nach Bestätigung. Hmmm, so normal ist das nicht, aber ich will ihm jetzt nicht auch noch in den Rücken fallen. Also antworte ich: „Ja, doch. Denke schon.“ Meine Gedanken schweifen zum Dieselskandal und Dieselverbot in Deutschland ab. Ja, es sind zwei verschiedene Welten: In Deutschland überlegt man, Dieselautos innerhalb der Städte der Luft zuliebe komplett zu verbieten, hier in Ecuador geht man davon aus, dass man noch nicht einmal einen Rußpartikelfilter braucht. Und übrigens qualmt es bei ihm wirklich aus dem Auspuff. Schwarz.

Als wir weiterhin im Stau stecken, holt er seine Gitarre hervor und klimpert ein wenig. Coole Idee! Da stehst du im Stau und statt dich aufzuregen, spielst du einfach ein Lied. Dazu hat Mario seine Gitarre immer hinten auf der Rückbank. Griffbereit für jeden Stau. „Ich spiele Schlagzeug“, erzähle ich ihm. „Ach was! Voll gut! Ich habe übermorgen ein kleines Konzert. Willst du mich begleiten? Ich habe zu Hause Rasseln und ein Tamburin.“ Wollte ich nicht eigentlich möglichst schnell Guayaquil hinter mir lassen? Einen Moment lang überlege ich. „Dürfte ich dann bei dir pennen?“ „Ja, klar, Bruder!“, kommt es wie aus der Pistole geschossen. „Top! Dann bin ich am Start.“ Und schon bin ich wieder in einer neuen Familie gelandet.

Ich bleibe sogar sechs Tage, schlafe viel, verdaue Vergangenes, mache Musik, und vor allem: ich koche. Auf dieser Reise konnte ich schon ein paar

Mal mit meinen Kochkünsten begeistern. Wie schön ist es doch, als Gast seinen Gastgebern ein leckeres Essen zu kochen. Zunächst ist Cecilia, Marios Mutter, skeptisch, doch als das Essen dann auf dem Tisch steht, ist sie und die ganze Familie begeistert. „Gut, dann koche ich morgen auch", rufe ich freudig aus. Ich liebe es einfach. „Nein, nein, lass mal. Du bist doch der Gast!" Cecilia will mich aufhalten, aber keine Chance.

Am nächsten Tag stehen Cecilia und ihre Mutter neben mir in der Küche und gucken zu. Sie beobachten mich beim Kochen. Cecilia würde nämlich auch gerne öfter etwas Vegetarisches kochen, doch sie weiß nicht was beziehungsweise wie. Ich gebe ihr den Tipp, einfach mal munter auszuprobieren, zu experimentieren, beim Kochen stets abzuschmecken und ihre wundervollen Kräuter auf der Terrasse nicht zu vergessen. So koche ich zumindest immer. Ein „fertiges" Rezept habe ich selten im Kopf.

Und so vergehen die Tage doch rascher als geglaubt. Ich hoffe sehr, dass ich für Mutter und Oma, die bei jeder weiteren Essenszubereitung mehr Fragen stellten, eine kleine Inspiration sein und so meinen liebevollen Gastgebern etwas zurückgeben durfte. Etwas, was sich eben nicht durch finanziellen Wert definieren lässt. Etwas Unkäufliches. Etwas Einmaliges. Und damit sage ich „Adios Ecuador! Hola Peru!"

Peru – ein Stempel mehr

**MIT DER ZEIT NIMMT DIE SEELE
DIE FARBE DEINER GEDANKEN AN.**
Marc Aurel

Tag 373. Es geht geradewegs auf die Grenze zu. Ich sitze im Auto bei einem Chinesen. Er spricht praktisch weder Spanisch noch Englisch und ich absolut kein Mandarin. Es wird eine stille Fahrt, doch ich lerne Hallo auf Mandarin zu sagen. Immerhin! „Ni hao“ heißt das übrigens.

Auch wenn wir uns verbal kaum austauschen können, ist es wieder eine dieser Begegnungen, bei der wir uns praktisch ohne Worte Dinge erzählen. So erzählt er mir, er sei hier wegen des Goldes. Mir fällt der Wachmann Ruben ein, der von Chinesen erzählte, die in einer großen Gruppe anreisen, alles Nötige von zu Hause mitbringen, selbst ihr Essen, und dann eine Goldmine eröffnen. Wenn es kein Gold mehr aus dem Berg zu holen gibt, verschwinden sie wieder. Das klingt ehrlich gesagt nicht besonders sympathisch. Ruben hat bei solchen Goldminen schon als Wachmann gearbeitet, darum kennt er diese gängige Praxis. Und mein Fahrer scheint in genau so einer Mine zu arbeiten, wobei ich sogar eher glaube, er höchstpersönlich ist der Chef. Welcher normale Arbeiter fährt schon so ein edles Auto und lebt permanent in einem Hotel in Guayaquil? Aber wie nett, dass – so räuberisch sich die Chinesen wohl auch in Bezug auf Rohstoffe verhalten mögen – er mich mitnimmt. Und er nimmt mich nicht einfach nur mit, nein, er lädt mich auch noch zum Essen ein. Welch ein freundlicher Chinese!

Immer wieder kommt es vor, dass mich Menschen mit Essen beschenken wollen, besonders dann, wenn wir uns schlecht verständigen können. Ich finde es sehr interessant, denn besonders dann kennen mich die Menschen doch kaum. Nur mein äußerliches Erscheinungsbild lässt sie mutmaßen, wer ich sein könnte. Ich werde wohl nie erfahren, was genau sie dazu bewegt, aber ist das überhaupt wichtig? Ich denke nein. Stattdessen staune und freue ich mich über diese enorme Herzlichkeit, ja, Nächstenliebe, die ich immer wieder aufs Neue erfahren darf.

Während ich über zwei Stunden lang an der peruanischen Grenze in der Schlange stehe, denke ich an die vergangenen zweieinhalb Monate in Ecuador zurück. In 15 verschiedenen Häusern durfte ich zu Gast sein und sogar übernachten. Bunter hätte die Mischung der Menschen, die mir begegnet sind, wohl kaum sein können. Ich sage „Danke", einen Einblick in das Leben dieser Menschen bekommen haben zu dürfen.

Dann bin ich an der Reihe. Wie lange ich wohl in Peru bleiben werde? Wenn man Glück hat, bekommt man als Deutscher sechs Monate Aufenthalt gewährt. „Ihr Reisepass bitte!" Bereits aufgeschlagen übergebe ich meine Papiere. „Sie haben drei Monate – viel Spaß!" Alles klar, denke ich, wird auch reichen. Ob man jetzt sechs oder „nur" drei Monate gewährt bekommt, liegt wohl am jeweiligen Grenzbeamten. Möchte man dann doch länger in Peru bleiben, kann man einfach die Grenze erneut queren, doch da zweieinhalb Monate in Kolumbien und zweieinhalb Monate in Ecuador eine super Zeitspanne waren, kann ich mir kaum vorstellen, dass ich in Peru länger bleiben will. Außerdem würde ich gerne irgendwann zwischen Dezember und Februar in Feuerland ankommen, dann ist Sommer auf der Südhalbkugel. Sonst wird es so nah an der Antarktis recht ungemütlich. Heute haben wir ja schon Anfang Oktober. Mal schauen, wann ich wirklich an der Südspitze Südamerikas ankommen werde.

Alles eine Frage des Blickwinkels

Man hatte mich vorgewarnt. In Kolumbien sprachen die Menschen davon, die Ecuadorianer seien etwas ruhiger und die Peruaner noch verschlossener, gleichzeitig aber auch noch gefährlich. Sie seien „mala gente" – „schlechte Leute". „Pass auf! Die rauben und klauen wie die Hunde!", musste ich mir öfters anhören, wenn ich jemandem meine angedachte Route durch Südamerika offenbarte. Und in Ecuador fragte man mich: „Wohin willst du danach? Nach

Peru?“ Nicht selten blickten mir dann entsetzte Augen entgegen. „Ja, der Machu Picchu ist schön, aber pass auf! Die Peruaner rauben, das sind mala gente!“

Dass die südamerikanischen Staaten gerne übereinander lästern, bemerke ich schnell. Aber irgendwie klang das nun wie eine ernstgemeinte Warnung, zumal ich es nicht nur einmal zu Ohren bekam. Je näher ich der Grenze kam, umso öfter wurde ich gewarnt, so kam es mir zumindest vor. Während also die Vorfreude auf ein Wiedersehen mit meinem Bruder weiter wächst, habe ich gleichzeitig gar keine große Lust mehr, Peru kennenzulernen. Vielleicht hole ich auch einfach nur Benni ab und dann reisen wir so schnell wie es geht nach Bolivien weiter, male ich mir ein mögliches Szenario aus. So passiere ich die Grenze, stehe in Peru und habe ein zutiefst negatives Bild in meinem Kopf. Na toll, denke ich laut. Ich will den Menschen hier nicht mit diesem Vorurteil begegnen! Es mag ja sein, dass viele in Peru schlechte Erfahrungen gemacht haben, aber ich wurde ja auch zum Beispiel nie in Kolumbien ausgeraubt, und da werden wirklich viele zumindest einmal überfallen. Ich versuche mir dieses vorgegebene, unfreiwillige Gedankenkonstrukt aus dem Kopf zu reißen, doch ich kann es irgendwie nicht. Es sitzt zu tief, ist eingraviert. Na gut, dann einfach rein ins Getümmel!

Die motorisierten Rikschas sind in Peru beliebte Fahrzeuge. Auf drei Rädern saust man durch die Landschaft. Vorne sitzt meist einer allein, hinten ist genügend Platz für zwei Personen und ganz hinten gibt es noch eine kleine Ladefläche für Gepäck. Das Ganze ist mit einem Dachkonstrukt aus Kunststoff bedeckt, sodass man auch im Regen trocken sitzt. Und da es preislich sehr günstig ist, ist es auch besonders attraktiv. Tatsächlich finde ich dieses Fahrzeug aber nur in Peru und eines von ihnen nimmt mich auch gleich von der Grenze mit.

Meine zweite Mitfahrgelegenheit ist ein Lkw. Die Spanne der möglichen Gefährte ist wirklich riesig. Wir sind noch nicht losgefahren, da fällt mir plötzlich ein: Ups, ich habe ja noch ecuadorianisches Geld. Das sollte ich schleunigst eintauschen.

Ich frage bei den umstehenden Lkw-Fahrern: „Wisst ihr, wo ich das Geld umtauschen kann?“ Sie werden hellhörig. „Wie viel hast du denn?“ „Ach, echt nicht viel! Aber Dollar brauche ich halt nicht mehr!“, entgegne ich. Es ist mir schon etwas unangenehm, mit diesen Gestalten über Geld zu reden, denn wenn die Lunte riechen, nehmen sie mich womöglich mit und rauben mich aus. „Da vorne kannst du mal fragen, die müssten was zum Tauschen haben.“ Ein freundlicher Lkw-Fahrer schickt mich zum Büro. Es wirkt zumindest ein bisschen wie ein Büro. Sie tauschen mir das Geld. Perfekt! Ich bin eigentlich sehr zufrieden.

Als ich in „meinem“ Lkw sitze, fragt mich mein Fahrer: „Und? Wie viel haben sie dir für deine Dollar gegeben?“ Er will wissen, ob sie mich ausgenutzt haben, betrogen. Ich nenne ihm die Zahlen und er schüttelt nur den Kopf. „Diese Mistkerle!“, flucht er über seine Mitmenschen. Ich fand den Kurs ganz okay und bin einfach froh, es umgetauscht zu haben. Da kommt es auf die paar Dollar nicht an. Trotzdem, mir kommen sofort die Worte der Kolumbianer und Ecuadorianer in den Sinn: „Pass auf! Das sind mala gente!“ Hmmm ...

Auch wenn mir in den nächsten Tagen nichts ernsthaft Negatives passiert, irgendwie fühle ich mich unwohl. Ich habe das Gefühl, lauter unfreundlichen Menschen zu begegnen. Immer wieder begegne ich bösen Blicken. Was soll das? In Mancora an der Küste treffe ich einen Mann, bei dem ich zwar übernachten darf, mich aber absolut nicht wohl fühle. Misstrauisch fragt er mich aus und lässt mir keine Ruhe. Als dann unmittelbar vor dem Schlafengehen noch ein Skorpion unter meiner Isomatte hervorkriecht, habe ich die Nase voll. Ein Blick zur Seite offenbart mir zu allem Überfluss auch noch die Anwesenheit von Kakerlaken. Ich hab echt das Gefühl, im falschen Film zu sein. Was ist – verdammt nochmal – los? Was geht hier ab? Am nächsten Morgen verschwinde ich so früh ich kann. Gut geschlafen habe ich diesmal wirklich nicht.

Als ich einige Meter zwischen mich und diese seltsame Nacht gebracht habe, halte ich einen Moment inne. Stop!, sage ich laut zu mir selbst. Ich habe keinen Bock mehr, unfreundlichen und seltsamen Peruanern zu begegnen. Und ich habe vor allem keinen Bock mehr, dieses Vorurteil zu erleben! Wo seid ihr, ihr lieben Peruaner?

Vielleicht sollte ich den Spieß mal umdrehen, und selbst mehr Freude, Mut und Vertrauen ausstrahlen, dann werde ich bestimmt auch fröhlicheren, offeneren und vertrauensvolleren Peruanern begegnen. Gesagt, getan! Am Nachmittag nimmt mich ein 18-jähriger Fußballer in seiner Rikscha mit und will mir zum Abschied noch unbedingt vier Sol (circa 1 Euro) schenken. Danke, Mann! Funktioniert doch! Ich freue mich sehr über die nette Geste und laufe von nun an mit anderen Augen durch Peru.

Ein Leben zwischen Trockenheit und Plastikblumen

In Piura, der siebtgrößten Stadt des Landes, komme ich dank Couchsurfing bei Maximo unter. Maximo ist 25 Jahre alt, wirkt aber eher wie 19, also so alt wie ich. Wir verstehen uns auf Anhieb super, zusammen gehen wir auf dem Markt einkaufen. Ich bin überwältigt von der farbenprächtigen Fülle an Obst, Gemüse, Hülsenfrüchten und vielem mehr. Hier liegt wirklich alles, sogar der Boden, voller Lebensmittel, die noch nicht mal teuer sind. So kaufe ich zum Beispiel für umgerechnet 30 Cent ein Kilogramm Trauben. Für drei Euro bekomme ich zwei volle Tüten mit Obst und Gemüse.

Übrigens: Wer sich in Südamerika rein pflanzlich ernährt, lebt besonders kostengünstig. Denn nichts ist günstiger als das lokale Obst und Gemüse. Entscheidend ist dabei allerdings, dass es regional ist. So kosten zum Beispiel die Orangen in den Bergen Ecuadors doppelt so viel wie dort, wo sie angepflanzt werden, was ich absolut unterstützenswert finde! Und dort, wo es wächst, schmeckt es auch am besten. Dass jedoch in Deutschland tierische Produkte teilweise günstiger als Obst und Gemüse sind, empfinde ich als eine Schieflage, die nicht allein aufgrund des enormen Verbrauchs tierischer Produkte zu rechtfertigen ist. Diesbezüglich könnten wir definitiv von den Südamerikanern lernen.

Zurück in der Wohnung, bekoche ich Maximo und seinen Freund Ever. Es gibt gebratene Auberginenscheiben, dazu Nudeln mit einer Gemüsesoße. Die etwa 0,5 cm dünnen Auberginenscheiben lasse ich 10 Minuten mit Salz beträufelt ziehen, so verlieren sie Flüssigkeit und werden schmackhafter. Anschließend brate ich sie in der Pfanne in heißem Öl an und gebe Knoblauch, Sesam, Kräuter wie Majoran oder Basilikum, Gewürze wie zum Beispiel Pfeffer und die in Scheiben geschnittenen Tomaten dazu. Köstlich!

Auch den beiden schmeckts, sie kochen aber noch zusätzlich einen Reis, denn so wie in Kolumbien, isst man in Peru täglich Reis. Hierzulande bereitet man diesen allerdings mit einem 1:1 Reis-Wasser-Verhältnis zu. Außerdem brät man zunächst nur etwas Knoblauch im Öl an, dann gibt man Reis, Wasser und Salz hinzu. Der Deckel bleibt drauf, bis das Wasser verkocht ist. Dann dreht man die Temperatur herunter und lässt den Reis noch etwas ziehen.

Eigentlich will ich gleich am nächsten Tag weiter, doch Maximo bittet mich, noch zu bleiben. „Am Montag fahre ich zu meiner Familie in ihr Fischerdorf. Komm doch mit dahin!“ Schon oft durfte ich erleben, dass mir die Latinos unheimlich gerne ihre Familie vorstellen wollen. Und bin ich irgendwo zu Gast, so kommen oft viele Verwandte und Freunde zu Besuch, wollen oder sollen mich kennenlernen. Ein schönes Miteinander, wie ich finde!

Ich überschlage die Tage bis zu Bennis Ankunft im Kopf. Wird knapp, aber das schaff ich! „Ok, Maximo! Ich bleibe und dann können wir am Montag zu deiner Familie trampen.“ „Super!“, freut er sich und ich bin schon sehr gespannt, wo und wie seine Familie lebt. Gleichzeitig kribbelt es in meinem Bauch, denn in sechs Tagen kommt Benni, mein großer Bruder. Ich freue mich riesig auf die gemeinsame Zeit und ein neues Kapitel der Reise.

Am Montag trampen wir dann mit fünf Autos, zwei „Mototaxis“ (diesen motorisierten Rikschas) und einem Lkw nach Parachique. So heißt das Dorf, wo Maximos Familie lebt. Drei Stunden brauchen wir für die 80 Kilometer und das Highlight ist gewiss das Auto, das zwar schon voll besetzt ist, aber trotzdem hält. „Wir hätten noch im Kofferraum Platz.“ „Das ist super!“, freuen wir uns und verschwinden im Kofferraum. So macht man aus einem 5-Sitzer kurzerhand einen 7-Sitzer.

„Da ist es!“ Maxi zeigt auf sein Dorf. Er strahlt, sicherlich ein bisschen vor Stolz und Wiedersehensfreude. In der Bucht, die sich vor uns erstreckt, liegen Fischerboote vor Anker. Eine Brise weht und mir steigt der Geruch von salziger, fischiger Luft in die Nase. Wir spazieren durchs Dorf. „Hier ist es sehr trocken“, erzählt mir Maximo. „Es regnet nur an drei bis vier Tagen im Jahr.“ Waaas? Das nenne ich nicht „selten“, das nenne ich „extrem“! „Wir müssen auch sehr sparsam mit dem Wasser umgehen. Wir haben nämlich pro Tag maximal eine Stunde Grundwasser, dann versiegt es.“ Krass! Es wirkt wirklich alles extrem trocken. Die Sonne ist gleißend, der Boden staubig. Extrem staubig. „Warum leben denn dann die Leute noch immer hier?“, frage ich Maxi. „Sie leben vom Fisch. Und wenn es keinen Fisch gibt, leidet das ganze Dorf. Denn jeder ist vom Fisch abhängig. Jeder. Der Fischer selbst, klar. Aber auch der Taxifahrer verdient nichts, wenn er keine Einwohner zum Fischstand fahren oder den Fisch den Leuten nach Hause bringen kann.“ Ich bin fasziniert. Das gesamte Dorf und dessen Leben ist auf den Fischfang ausgerichtet. Stirbt der Fisch aus, stirbt auch dieses Dorf aus.

Gemüse und Obst anzupflanzen, ist nicht möglich. Hier wächst keine Pflanze, die nicht extreme Dürre, Trockenheit und Hitze ertragen kann. Es ist praktisch eine Wüste. Eine Wüste am Meer. Kein Wunder, dass die Menschen hier sehr arm sind. Strom und fließendes Wasser? Fehlanzeige. Was für uns selbstverständlich ist, ist für diese Menschen einfach gar nicht vorhanden. „Ziehen die jungen Menschen denn gar nicht von hier weg?“, frage ich verblüfft. Ich kenne es zum Beispiel aus abgelegenen Alpentälern so, dass die jungen Menschen in die Städte und Ballungsräume ziehen, in der Hoffnung auf ein einfacheres Leben. Auch in vielen Dörfern in Deutschland ist das so: die klassische, sogenannte Landflucht.

Doch hier scheint es anders zu sein. „Ich, zum Beispiel, bin in die Stadt gezogen, aber damit bin ich der Einzige in der Familie“, erklärt mir Maximo. „Mein Bruder lebt noch immer hier und arbeitet als Mototaxi-Fahrer. Er traut sich nicht wegzuziehen.“ Ich verstehe. Neben dem „Sich-nicht-Trauen“ kommt noch hinzu, dass es in Südamerika eine sehr stark ausgeprägte Mutter-Kind-Bindung gibt. Die Mutter wird die letzte sein, die sagt: „Komm, geh und bau dir was Eigenes auf!“ So leben nicht wenige für immer oder bis ins hohe Alter bei ihren Eltern. Und sicherlich ist es auch eine Frage des finanziellen Standpunktes. Wobei Maxi ja eigentlich das perfekte Gegenbeispiel ist: Er kommt aus einer sehr armen Familie und ist trotzdem umgezogen, um zu studieren und sich bessere Chancen zu ermöglichen.

Wir kommen zum Haus seiner Familie. Eigentlich ist es mehr eine Hütte als ein Haus: Die Wände sind aus Binsengewächsen geflochten und eine Toilette gibt es nicht. „Wenn du mal musst, gehst du halt einfach da vorne hin oder so.“ Maxi zeigt auf die steppenartige Landschaft vor der Hütte. Aha.

Ich schaue mir diese Landschaft, auf die Maxi eben so weitläufig gezeigt hat, mal etwas genauer an und erschrecke, als ich begreife, was ich da sehe: Aus dem Boden schauen dornige Halme heraus, die Pflanzen zu sein scheinen, und an jedem dieser Halme hängt eine Plastiktüte oder etwas anderes aus Kunststoff. Alles ist voller Plastikmüll! Ich nenne sie ironischerweise Plastikblumen, bin gleichzeitig aber sehr entsetzt. Es bricht mir das Herz. Dieses verdammte Plastik! Haben die denn hier kein Müllentsorgungssystem? Nein, das haben sie tatsächlich nicht, wie Maxi mir später erzählt.

Als wir nach dem Mittagessen zu ein paar Fischern gehen, erzählen sie uns: „In letzter Zeit fangen wir immer weniger Fisch. Wir wissen auch nicht, was los ist, aber es wird immer weniger. Vor zehn Jahren war hier noch alles voller Fisch.“ Es sind klagende Rufe. Und ich weiß ganz genau, was das für das Dorf bedeutet. Nun können verschiedene Faktoren für das stetige Abnehmen der Fischbestände verantwortlich sein: Überfischung der Meere, Klimawandel und so weiter. Doch eins spielt bestimmt auch noch sehr bedeutend mit hinein: Ich stehe auf einer Brücke und schaue ins Wasser. Unter mir schwimmt etwas Blaues hindurch. Nanu? Ein etwas genauerer Blick genügt, um zu erkennen, dass das eine Plastiktüte ist. Egal, wohin ich schaue: überall Kunststoff. Noch nie zuvor habe ich so ein derbes Bild gesehen.

Mit Maxi kampiere ich draußen, dann geht es am nächsten Morgen wieder zurück Richtung Panamericana. Für Maxi zurück nach Piura, mir stehen 500 Kilometer bis Trujillo bevor. Wir trampen nicht weit, dann finde ich wieder ein Bild des Schreckens vor: Der gesamte Hang neben der Straße ist voller Müll. Ist das ein Straßengraben oder eine Müllhalde? Meinem Eindruck nach eher Letzteres. Geier kreisen über unseren Köpfen, unweit von uns liegt ein Hundekadaver. Und direkt vor uns? Pampers, Plastiktüten, Essensreste, Schuhe, jegliche Formen von Verpackungen, Autoreifen. Fast schon zu sarkastisch thront über all dem Übel ein großes Schild: „No retirar la basura!“ „Schmeiße keinen Müll weg!“ Ob erst das Schild kam und dann der Müll oder andersrum? Ich bin traurig und wütend zugleich! Was machen

wir mit „unserem“ Planeten? Wie behandeln wir ihn? Verhalten wir uns wie Gäste oder mehr wie Verbrecher? Wo bleibt das Feingefühl, die Empathie und Sympathie für diese Erde? Für diesen eigentlich doch so großartigen, wundervollen Planeten! Ich könnte heulen. Ganz ehrlich!

Leider muss ich in Peru den rücksichtslosen Umgang mit Abfällen besonders drastisch erleben. Oft genug geht die Scheibe der Autos vor mir runter und irgendein Müll, sei es eine Bonbonverpackung oder leere Coladose, fliegt heraus. Ganz so, als wäre es organischer Abfall, als könnte er sich in Luft auflösen. Die Spitze dieses Verbrechens erlebe ich in Huaraz. Dort können wir täglich beobachten, wie Bewohner ihren Hausmüll in den Fluss vor ihrer eigenen Haustür werfen. Dieser Fluss könnte Trinkwasserqualität haben. Könnte!

Ich möchte an dieser Stelle nicht die Peruaner per se verurteilen, überall auf diesem Planeten gibt es solche – entschuldigt bitte – Idioten, die einfach super kurzsichtig denken, was diese ernstzunehmende Problematik angeht.

In Peru kommt noch hinzu, dass es teilweise schlichtweg keine staatliche Infrastruktur für die Abfallentsorgung gibt und die Menschen einfach nicht wissen, wohin mit dem Müll. So wird ein Straßengraben oder Fluss mangels Alternative eben schnell mal zur Müllhalde. Doch in der Regel geht es jeden Einzelnen von uns etwas an. Denn jeder darf und soll sich mal an die eigene Nase fassen und überlegen, wie er oder sie den persönlichen Müll und Plastikkonsum reduzieren kann. Ich bin überzeugt, jeder wird ohne groß nachdenken zu müssen, etwas finden. Neben all den wundervollen Orten, die ich auf dieser Reise entdecken und bestaunen darf, ist für mich diese Reise auch ein erneutes Wachwerden in Bezug auf Themen wie diese.

Der Countdown läuft

Nur noch drei Tage bis zu Bennis Ankunft und noch etwa 1100 Kilometer bis Lima, wo sein Flieger landen wird. Der Countdown läuft! Über Couchsurfing habe ich Nilser in Trujillo kontaktiert und darf bei ihm schlafen. Jetzt muss ich dort nur noch ankommen! Gegen Mittag sitze ich in einem Lkw nach Chiclayo. Das ist schon mal die halbe Miete. Yeah!

Ab 15.30 Uhr geht dann plötzlich nichts mehr. Habe ich mich zu früh gefreut? Seit zweieinhalb Stunden stehe ich in Chiclayo, ein Lkw nach dem anderen fährt achtlos an mir vorbei. Mein Arm schmerzt. Plötzlich hält ein Polizist auf seinem Moped. „Wo willst du hin?“ „Nach Trujillo“, antworte ich seufzend. Er überlegt kurz, dann erwidert er: „Ich habe einen Kollegen, der einen Bus hat. Vielleicht fährt der ja später und kann dich mitnehmen. Ich frage ihn mal!“ Dann düst er davon. Zwanzig Minuten später ist er wieder da. „Immer noch nichts?“, fragt er mich mit einem mitleidigen Blick. „Ich habe den Kollegen gefragt.“ „Und?“ Hoffnung macht sich in mir breit. „Er kommt gegen 19 Uhr hier vorbei. Wenn du dann immer noch hier stehst, nimmt er dich mit.“ „Oh, vielen, vielen Dank!“ Was für ein wahrer Freund und Helfer, denke ich. Ein sehr sympathischer Polizist!

Nach weiteren fünfzehn Minuten steht er wieder neben mir. Nanu?, staune ich über sein schnelles Wiederkehren. „Komm mit, ich lade dich zum Essen ein!“ „Was?“, schaue ich ihn ungläubig an. „Ja, komm mit!“, besteht er auf seine Einladung. Drei Minuten später sitze ich mit dem Polizisten im Restaurant. Verrückt! Dieser Mann ist mehr als „nur“ ein Polizist, denke ich reich beschenkt. Dann wird er neugierig. „Und woher kommst du? Was machst du? Was willst du in Trujillo machen?“ Ich erzähle so einiges und gerade das scheint seine Neugierde erst so richtig zu wecken. Sehr gerne stehe ich ihm Rede und Antwort. Dann drängt es mich wieder auf die Straße, will ich doch heute noch ankommen. „Ich werde mal die Lkw-Fahrer ansprechen“, kommt ihm plötzlich eine Idee. Wow! Das wäre echt phänomenal! „Dankeschön!“ „Nimm das!“, fügt er noch hinzu, drückt mir eine Tüte voller Bananen und Kekse in die Hand und düst davon. Wenige Minuten später kann ich beobachten, wie er im Fahren Lkw-Fahrer fragt. Ein wahrer Freund und Helfer! Mein Held des Tages!

Was für extrem liebe Peruaner! Ich denke an die Kolumbianer zurück, die mir auch oft unbedingt ein Essen ausgeben beziehungsweise schenken wollten. Teilweise wurde ich zweimal am Tag zum Essen eingeladen. An Herzlichkeit wohl kaum zu übertreffen. Doch von Peru bin ich gerade auch sehr begeistert. Ein Fahrer hat mir erzählt, Kolumbianer und Peruaner seien sehr ähnlich. Ich wollte das erst nicht glauben, wurde mir seitens der Kolumbianer doch so viel Negatives über die Peruaner berichtet. Doch vielleicht ist ja wirklich was Wahres dran. Ich trampe übrigens auch wieder vorwiegend mit Lkws – eben genauso wie in Kolumbien.

Nach vier Stunden Warten ist es dann endlich soweit: Ein Lkw hält circa 100 Meter von mir entfernt an. Ich renne hin. Der kann nur für mich sein! Wir haben bereits 18 Uhr und in einer Stunde wird es stockdunkel sein. Während ich die paar Meter laufe, geht mir ein Licht auf: Ich stand aber auch an einer echt blöden Stelle mitten in der Stadt. Wo hätte da ein Lkw halten sollen?!

Um 23 Uhr komme ich dann doch noch in Trujillo an. Juhuu, die 500 Kilometer sind geschafft! Nach einer fixen Besichtigungstour und zwei kurzen Nächten in Trujillo, gehts auch schon wieder weiter, denn es sind noch fast 600 Kilometer bis nach Lima. Und schon morgen Früh kommt Benni an.

Bis nach Chimbote schaffe ich es per LKW, dann stehe ich wieder da, wieder in einer Wüstenstadt unweit der Küste. Es ist trocken, staubig und windig. Die Sonne brennt. Ja, es gibt wirklich schönere Orte zum Trampen. Besonders sicher fühle ich mich auch nicht. Mit einem Pappschild zeige ich mein Ziel an: LIMA. „Oh Mann, Benni, ich schaffe das!“, denke ich, mir selbst Mut zusprechend.

Es vergeht einige Zeit, dann hält plötzlich ein Taxi neben mir. Ich bin sehr gespannt, was passieren wird, denn mit Taxis habe ich schon alles Mögliche erlebt. Aber bis Lima ist es noch echt weit. 400 Kilometer wird mich wohl kein Taxi fahren, oder? Im Taxi sitzt eine Frau – sie könnte meine Mutter sein – mit einem Baby auf dem Arm. „Steig ein! Ich bringe dich zum Busbahnhof“, spricht mich die Frau durchs offene Fenster an. „Das ist wirklich lieb, aber ich will trampen!“, erwidere ich etwas verwirrt, weil ich nicht weiß, was ich am Busbahnhof soll. „Doch, doch, steig ein! Ich bringe dich zum Bus.“ Allmählich dämmerts mir. Die will mir doch nicht eine Busfahrt schenken?! Oder etwa doch? Doch, sie will. „Ich bezahle für dich.“ „Nein, nein, schon gut“, versuche ich abzulehnen. „Nein, ich bezahle für dich!“ Sie besteht drauf. „Meine Tochter hat mich geschickt.“ Was? „Sie hat dein Pappschild ‚LIMA‘ gelesen und mich angerufen, ich solle doch bitte den ‚Jovensito‘ – ‚jungen Jugendlichen' zum Terminal bringen, und das tue ich jetzt!" Mit strahlenden Augen schaut sie mich an. Ich steige ins Taxi ein. Ich bin baff! Da ist diese Frau doch extra ins Taxi gestiegen, um mich in einen Bus nach Lima zu setzen. Wahnsinn! Ich fass' es nicht. Am Busbahnhof falle ich ihr um den Hals. „Muchísimas, muchísimas gracias!" Mehr bleibt mir in diesem Moment nicht zu sagen. Es ist einfach unglaublich. Unglaublich herzlich! „Dios te bendiga!" – „Gott segne dich", rufe ich ihr noch hinterher, dann verschwindet sie schon wieder. Mir kommen die Worte des Königs von Salem aus dem großartigen Buch „Der Alchimist" von Paulo Coehlo in den Sinn: „Wenn du etwas ganz fest willst, dann wird das gesamte Universum dazu beitragen, dass du es auch erreichst."

„Benni, ich komme!", flüstere ich überglücklich, während der Bus den Motor startet. Auf nach Lima! Und während die Sonne über dem Pazifik untergeht, sitze ich im bequemen Bus und strahle vor Glück und Vorfreude. Mein Traum, mit Benni durch den Süden Südamerikas zu reisen, soll wahr werden. Patagonien und Feuerland – wir kommen! Zusammen. Bereits bei Reisestart hatte ich diesen Wunsch fix in meinem Tagebuch. Hinten auf meiner Träumeliste. Erst schien es zeitlich nicht zu passen und nun sitzt Benni doch im Flieger nach Peru. Und ich? Im Bus.

Freiwillig würde ich normalerweise echt nicht in den Bus springen, Busfahren ist mir mittlerweile irgendwie zu langweilig geworden. Lieber warte ich ein paar Stunden, um dann wieder ganz anderen Menschen zu begegnen und von deren Leben und Sichtweisen zu erfahren. Das ist mittlerweile das, was ich am Trampen so sehr liebe. Jedes Auto, jeder Lkw, jedes Segelboot, und jedes Motorrad bringt seine ganz persönliche Geschichte mit, beziehungsweise deren Fahrer.

Doch für heute ist es genau das Richtige! Ich kann noch mal durchatmen und ganz entspannt ankommen. Es ist bereits dunkel, als der Bus am Terminal „Fiori" in Lima stoppt.

Nilser, mein Gastgeber von letzter Nacht, hat zwei Freundinnen in Lima, die er netterweise kurzerhand fragte, ob sie mich nicht abholen könnten. Und natürlich – also überhaupt nicht natürlich – haben sie „Ja" gesagt. Was habe ich denn bitte für ein Glück?! So stehe ich am Busbahnhof mitten im Getümmel und warte auf zwei mir noch fremde Mädels.

Im Busbahnhof in Lima ist es lauter als auf jedem Markt. Jeder versucht, Leute anzulocken und seinen Bus vollzukriegen. Warum das praktiziert wird, verstehe ich allerdings nicht. Normalerweise weiß man doch, wohin man reisen will, wenn man zum Busbahnhof kommt, oder? Da entscheide ich mich doch nicht um, nur weil ein Mann lauter ruft als der andere. Schilder würden auch genügen, und wenn mich nicht alles täuscht, sind die Preise eh alle dieselben. Ach ja, wir Menschen sind schon was Spezielles. Ich lehne mich auf einer Bank zurück und schaue dem Treiben zu. Wenn ich Stress in einem Ort definieren müsste, dann wäre es dieser. Neben mir sitzt noch ein Peruaner, der mich schon aus dem Bus kennt. Er wartet extra mit mir, bis die Mädels kommen, damit ich nicht ausgeraubt werde, denn auch dafür soll der Trubel am Busbahnhof prädestiniert sein. Vielen Dank!

Es ist schon spät, als mich die zwei lieben Mädels abholen. Sie standen zwei Stunden im Stau von Lima, spätabends wohlgemerkt. Das demonstriert ganz gut das Chaos dieser Stadt, das es wohl nicht nur im Busbahnhof gibt. Was ich jedoch noch verrückter finde: Die beiden bleiben einfach mit mir wach. Um zwei Uhr nachts fahren wir zum Flughafen, setzen uns in der Eingangshalle auf den Boden und spielen Karten. Die Nacht zieht sich wie Kaugummi. Wir malen ein Willkommensschild und die tapferen Peruanerinnen halten wirklich die ganze Nacht durch.

Um fünf Uhr in der Früh ist es dann soweit: Die beiden Mädels halten die Pappe mit „Hola Benni!“ hoch, ich verstecke mich hinter einem Pfosten. Verwirrt schaut Benni die Peruanerinnen an. Wo ist Joshi? In seinem Gesicht sehe ich die Verunsicherung, zumal er kein Spanisch spricht. Als er ein verhaltenes „Hola“ hervorbringt, springe ich ihm entgegen. „Holaaa! Bienvenido! Herzlich willkommen!“ Ich umarme ihn, drücke ihn ganz fest, lasse ihn wieder los und drücke ihn erneut. Ich bin so glücklich, dass er da ist. Was für ein magischer Moment!

Zu zweit unterwegs – Vom Bergsteigen und Sandsurfen

Noch an Bennis Ankunftstag trampen wir auf 3100 Meter hoch, was ihm die einmalige Möglichkeit bietet – hust, hust –, sich optimal zu akklimatisieren. Und am nächsten Morgen kriechen wir auch noch auf fast 4000 Meter hoch.

Dabei liegt Lima als Hafenstadt auf Meereshöhe. Es ist ein großer Sprung in kurzer Zeit – gerade für Benni, der noch nie in solch einer Höhe gewesen ist. Doch nicht er ist es, der wegen des krassen Höhenunterschiedes Probleme bekommt, sondern ich. Noch am ersten Tag bekomme ich plötzlich Husten, Halskratzen und starken Schnupfen. Trotzdem legen wir den sieben Kilometer langen Anstieg irgendwie zurück. Mit vollem Gepäck. Unterwegs hatten wir uns noch mit reichlich Obst und Gemüse eingedeckt. Alle 500 Meter brauche ich eine Pause.

Doch letztendlich können wir an einem wunderbaren Platz auf Limas „Hausberg" Marcahuasi unser Zelt aufschlagen. Wir wollten so schnell es geht, dem Trubel der Hauptstadt entfliehen und das ist uns geglückt.

Jetzt liege ich im Zelt und bin völlig fertig. Schlapp. Erledigt. K.O. Ich habe Fieber, Husten und Schnupfen. Wie gut, dass Benni ein Zelt mitgebracht hat. Was für ein Luxus!

Kaum kommt der große Bruder – Benni ist anderthalb Jahre älter als ich – in Südamerika an, werde ich krank. So richtig verwundern tut es mich aber eigentlich nicht. Die letzten acht Monate war ich auf mich allein gestellt, jetzt kann die Anspannung abfallen, Benni ist ja da. Es dauert ziemlich lange, bis ich wieder ausreichend Kraft verspüre, meinen Rucksack auf einer Wandertour tragen zu können, dennoch wechseln wir in den nächsten zwei Wochen mal den Ort: Von Marcahuasi geht es nach Huaraz, ebenfalls in die Berge. Selbstverständlich trampen wir, obwohl ich noch krank

bin. Wir hatten sogar zuerst einen Bus um 6 Uhr morgens von Marcahuasi nehmen wollen, doch der fuhr eine halbe Stunde zu früh ab. Es sollte scheinbar nicht sein. Also werden wir praktisch zu unserem Glück gezwungen.

Ich frage einen Mann, der Anstalten macht, demnächst loszufahren, ob er uns mitnehmen könne. „Nein, ich fahre nur ‚pocito'", entgegnet dieser. Aha. Ich erkläre ihm, dass Trampen wie eine Art Spiel sei und wenn wir nur „pocito", also ein ganz klein bisschen weit kommen, so kämen wir doch voran. „Ach so." Er versteht und nimmt uns mit. Noch vor Sonnenaufgang verlassen wir das Dorf. Er fährt und fährt und fährt. Nanu? Wie klein bisschen ist denn dieses „pocito"? Es stellt sich als mehr als eine Stunde Fahrt und 1000 Höhenmeter heraus. Von wegen „pocito"!

Mit einer Familie, die Avocados in Lima verkauft, geht es weiter in die 10-Millionen-Einwohner-Stadt. Von dort nehmen wir einen Bus, der uns aus der Innenstadt bringt, einfach, um diese schnell zu verlassen. Fast ein Drittel von Perus Bevölkerung, die insgesamt etwa 32 Millionen Menschen zählt, lebt in Lima. So etwas nenne ich mal Ballungszentrum!

Ab dort scheint der Trampergott es gut mit uns zu meinen, denn wir legen ohne große Wartezeiten in 14 Stunden 500 Kilometer zurück und kommen mitten in der Nacht in Huaraz an. Wir schlafen im Eingang einer Bank und staunen am Morgen nicht schlecht: Hinter der Stadt Huaraz erheben sich monumentale Sechstausender. Mit ewigem Eis überzogen ragen sie in den Himmel. Nur zu gerne würden wir diese Landschaft etwas mehr erkunden, doch momentan bin ich noch nicht fit genug.

Wir finden einen ruhigen Platz, an dem ich mich auskurieren kann, und einige Tagen später gehts dann endlich in die Berge. Wir wollen zur La Laguna 69, die sich im Huascarán-Nationalpark auf 4500 Metern befindet. Wir starten auf 3800 Metern über NN. Entlang eines Baches, dessen Wasser fast schon wie Eis aussieht, so kalt muss es sein, winden wir uns 700 Meter in die Höhe. Die Luft wird spürbar dünner, unsere Rucksäcke drücken enorm, doch da wollen wir uns jetzt durchbeißen!

Als wir um 11 Uhr endlich die Lagune erblicken, frage ich Benni: „Ist das natürlich? Ist diese Farbe wirklich echt?" „Finden wir es doch einfach heraus! Können ja mal reinspringen!", schallt es motiviert zurück. Keine fünf Minuten später planscht Benni im Wasser. Ich lasse der Vernunft diesmal ausnahmsweise den Vorrang und springe wegen meiner gerade erst abgeklungenen Erkältung nicht mit rein. Stattdessen stehe ich am Ufer und bin noch immer von der Farbe dieses Wassers hin und weg. Ich habe schon so einige Farbtöne gesehen, aber solch ein intensives Türkisblau?! Es sieht wirklich so aus, als hätte da jemand einen Eimer Farbe hineingeschüttet. Im Hintergrund erheben sich Sechstausender und ein Wasserfall speist die Lagune mit Gletscherwasser. Welch ein atemberaubender Anblick! Welch eine Perle der Natur! „Puuuh, ist das kalt!", stottert Benni und kommt schleunigst wieder aus dem Wasser. Wir bleiben lange. Erst als wir alleine an der Lagune sind, steigen wir ab.

Auch in diesem Nationalpark gibt es ausgewiesene Camping Zones. Nach einer Nacht an einem solchen Platz trampen wir am nächsten Morgen durch eine traumhafte Berglandschaft wieder ins Tal.

Und noch am selben Abend sind wir wieder in Lima. Diesmal jedoch in einer ganz besonderen Unterkunft: der Feuerwehr. „Bei der Feuerwehr könnt ihr immer fragen", hatte ich schon vor der Reise den Tipp bekommen. Als uns am Abend im Norden Limas ein Feuerwehrauto entgegenkommt, ist die Idee geboren. „Na klar, wir können mal bei der Feuerwehr fragen!", rufe ich euphorisch Benni zu. Zwei Straßen weiter stehen wir auch schon vor deren Gebäude. Wir treten ein und fragen vorsichtig, ob wir in der Halle eventuell unsere Schlafsäcke für die Nacht ausrollen dürften. „Aber klar doch!" Eine freundliche Frau kommt uns entgegen. Es gibt sogar Kekse und eine heiße Cebada, übersetzt eine heiße Gerste. Klingt wenig verlockend, doch sie wird mit Karamell zermahlen und dann mit heißem Wasser aufgegossen und schmeckt wirklich köstlich. „Wow! Vielen, lieben Dank!" Keine 30 Meter vom Meer entfernt, schlafen wir hier wirklich gut.

Am nächsten Tag geht es auch schon weiter. Hunderte, ja gar tausende Kilometer erstreckt sich die Panamericana entlang der Westküste Perus gen Süden. Die Landschaft ist recht monoton und besteht aus einer steinigen Wüste und einer vegetationslosen Küste. Ein eher lebensfeindlicher Ort. Bis auf diese karge Landschaft und ein paar ehemalige Hühnermast-Anlagen können wir tatsächlich nicht viel entdecken. Allerdings machen wir an der höchsten Düne der Welt Halt. Zumindest ist sie das laut einem Peruaner, der uns das ganz stolz offenbarte.

In Acarí werden wir herzlich von den Herz-Jesu-Missionaren aufgenommen. Über einen befreundeten Kontakt aus Deutschland können wir hier unterkommen. Genial! Als kleines Dankeschön helfen wir bei der Feigen- und Olivenernte. Hier im Kloster ist es schön ruhig. Fernab von jeglichem Tourismus und chaotischen Städten, ist das der perfekte Ort zum Durchatmen. Und genau hinter diesem Ort türmt sich die gewaltige Düne, ein über 1000 Meter hoher Berg aus Sand, auf. Eigentlich wollten wir auf einer einfachen Pappe die Düne runterrutschen, aber wir lernen einen Mann kennen,

der uns zwei Holzbretter in die Hand drückt. Das klingt natürlich noch spannender! Benni und ich grinsen breit und stapfen die Düne hoch. Über 1000 Meter stapfen wir durch den Sand in die Höhe. Ein fabelhaftes Erlebnis! Und mit einem Mal sind wir über den Wolken.

Als die Sonne untergeht, setzen wir uns auf die Bretter und sausen den 60 bis 70 Grad steilen Hang wieder runter. Zunächst rein in die Wolken, dann wieder raus. Mit einem unglaublichen Blick aufs Dorf und die Olivenhaine drumherum düsen wir eine halbe Stunde lang abwärts. Der Sand fliegt uns um die Ohren und wir haben unseren Spaß. „Also Schnee brauchen wir zum Boarden nicht", grinst Benni fröhlich, als wir unten angekommen sind. Währenddessen reibt er sich den Sand aus den Nasenlöchern und Ohren. Überall, ja überall ist jetzt Sand – aber das war's wert!

18 Stunden auf Bananen

Wir sind wieder „on the road". Seit einer Stunde stehen wir hier, in irgendeinem Wüstenort, und warten auf das eine Auto oder den einen LKW, der uns am besten gleich möglichst weit mitnehmen kann. Denn unser nächstes Ziel, der Cañón de Colca, liegt noch ganze 560 Kilometer entfernt.

Nach anderthalb Stunden Warten ist es endlich so weit: Ein Lkw mit zwei Anhängern legt eine Vollbremsung hin. „Rapido, rapido!" „Schnell, schnell!", ruft uns der Fahrer zu. Er springt aus dem Führerhäuschen, hat es aber scheinbar sehr eilig. In einer hektischen Bewegung zeigt er auf die Leiter am hinteren Anhänger. „Suban! Suban! Y no sacan la cabeza!", brüllt er, während er schon wieder Richtung Führerhäuschen läuft. Was? Wir sollen den Kopf nicht rausstrecken? Wahrscheinlich wegen der Polizei, mutmaße ich. „Wohin fährst du?", schreie ich ihm noch schnell hinterher. Es ist doch ganz spannend zu wissen, wohin man kutschiert wird. „Arequipa!" Dann verschwindet er hinterm Lenkrad.

„Geil, Mann!“, rufe ich Benni zu, der es sich schon auf den Bananen bequem macht. „Der nimmt uns bis nach Arequipa mit!“ Von da ist es nur noch ein Katzensprung zum Cañon de Colca, wo man wohl sehr gute Chancen hat, den König der Anden zu sehen. Der Kondor ist ein riesiger Geier mit bis zu 320 Zentimetern Flügelspannweite. Nur der Wanderalbatros hat eine noch größere Spannweite. Ein wahrer König also und der schwerste Greifvogel der Welt.

Unser Lkw nach Arequipa transportiert Bananen, zwei Anhänger voller noch grüner Bananen. Und wir liegen oben drauf. Wie viele Tonnen Bananen das wohl sind? Ich wüsste es nur zu gerne. „Schade eigentlich, dass da nicht schon ein paar reife mit dabei sind“, murmelt Benni, der erfolglos nach einer gelben Banane sucht. „Wie lange wir wohl unterwegs sein werden?“ Ich schaue Benni fragend an. „Bestimmt ein Weilchen!“, bekomme ich zu hören, dann legt er sich auch schon wieder hin und schläft eine Runde. Benni schläft in fast jedem Lkw. Ziemlich praktisch, so mangelts ihm zumindest nicht an Schlaf. Normalerweise unterhalte ich mich unterdessen mit dem Fahrer, doch heute könnte auch ich gut schlafen. Wäre da nicht diese Landschaft! So monoton sie sein mag, so faszinierend ist sie auch. Vorsichtig hebe ich meinen Kopf. Ich weiß, der Lkw-Fahrer hatte klare Worte gesprochen, aber ich bin einfach zu neugierig. Ich setze mich so hin, dass er mich definitiv nicht sehen kann und schaue nach vorne. Es geht entlang der Küste. Zur linken Seite haben wir eine Stein- beziehungsweise Sandwüste, zur rechten den Strand und den Pazifik.

Stundenlang fahren wir durch diese Landschaft gen Süden. Von hier oben haben wir wirklich eine gute Aussicht! Nach einer halben Ewigkeit halten wir in einem winzigen Dorf an der Küste an. „Können wir jetzt auf Toilette?“, schaut mich Benni schon leicht ungeduldig an. Und auch ich würde mich über einen Toilettengang sehr freuen. „Ich weiß nicht“, antworte ich verunsichert. „Was machen wir, wenn der plötzlich losfährt, wir sitzen noch auf der Toilette und unsere Rucksäcke liegen hier oben? Die sind dann weg!“ „Hmmm ...“ Benni schaut mich an. Er muss wirklich dringend. „Na gut! Komm, geh! Ich pass auf!“ Vom Fahrer fehlt nach wie vor jedes Lebenszeichen. Schläft er? Oder ist der schon ausgestiegen? Was tut er? Selbst durch den Außenspiegel können wir im Führerhäuschen nichts erkennen.

Benni klettert geschwind vom Anhänger und läuft eilig ins Restaurant. Als er wiederkommt, hält er Essen in den Händen. „Nanu? Wie hast du das gemacht?“ Ich lache. „Ich dachte, du musstest auf Toilette.“ „Ja, als ich von der Toilette wiederkam, hat mich ein Mann angesprochen und mir das Essen in die Hand gedrückt.“ „Witzig! Und voll cool!“ Noch immer ist alles ruhig, also klettere auch ich noch schnell vom Lkw und renne auf die Toilette. Es ist ein ganz blödes Gefühl, unser Gefährt aus den Augen zu lassen. Auch, wenn es nur für einen Moment ist. Schleunigst laufe ich wieder zurück. Vom Fahrer fehlt noch immer jede Spur. Dann bedanken wir uns herzlich bei dem lieben Menschen, der uns zum Essen eingeladen hat, schnappen das verpackte Essen und klettern wieder hoch.

Plötzlich kommt noch ein anderer Mann daher und beschenkt uns mit Wasser. Crazy! Die sind echt so, so freundlich! Wir wollen zwar die Wasserflaschen nicht, sollen sie aber unbedingt annehmen. Na gut! Der Mann reicht sie uns hoch. Und in genau diesem Moment fährt unser Lkw los. Urplötzlich und ohne Vorwarnung. Ohne Motorvorheizen, was in Südamerika gerne gemacht wird, ohne großes Aufjaulen oder sonstige Geräusche. Wie aus dem Nichts setzt sich der Bananen-Koloss wieder in Bewegung und fährt weiter. Nur gut, dass wir schon wieder oben drauf sitzen!

Wir atmen durch. Dann genießen wir im sanften Fahrtwind das geschenkte Essen. Echt beeindruckend, wie oft es passiert, dass uns wildfremde Menschen Essen schenken wollen, und zwar so unbedingt! Was ist es, das die Menschen hier genau dazu verleitet? Sehen wir so hungrig aus? Oder so sympathisch? Oder so arm?

Doch eins fällt uns auf und das ist besonders schön: Wir haben stets den Eindruck, dass die Schenkenden sich selbst sehr freuen, uns eine Freude zu machen. Sie freuen sich, weil wir uns freuen. Und so versuchen wir, unsere Freude auch ganz deutlich auszudrücken, sie es spüren zu lassen. Zwar halten sie anschließend nichts Greifbares, nichts Materielles oder Finanzielles in den Händen, doch ich bin mir sicher, dafür etwas viel Wertvolleres! Etwas, was das Herz berührt und die Seele erreicht. Das ist die Magie des Schenkens. Und darum darf man auch mutig Geschenke annehmen. Entscheidend ist doch, was für ein Gefühl wir als Beschenkte zurückschenken.

Die Fahrt geht weiter entlang der Küste durch diese Mondlandschaft. Irgendwann fängt es an zu dämmern, erste Sterne tauchen auf und in mir: Bauchschmerzen. Sie werden immer stärker. Irgendwann kann ich es nicht mehr aushalten. „Benni, was soll ich tun? Ich muss kacken, und zwar dringend!“ „Setz dich doch einfach da hinten auf den Balken“, meint er trocken. „Auf den Balken?“ Ich habe, ehrlich gesagt, etwas Schiss, dort herunterzufallen.

Doch zu sehr sehne ich mich nach einer Erlösung. Als der Bananenlaster dann mit etwa 30 km/h einen leichten Berg hochfährt, schnappe ich mir das Klopapier und krabbele zum hintersten Balken. „Was muss, das muss!“, rufe ich noch laut, dann habe ich die Scheiße. Na toll, auch noch Durchfall! So ist es wenigstens schneller vollbracht. Ich versuche, diese bisher so krampfhafte Situation etwas aufzulockern.

Fast schon stolz über diese neue Erfahrung kehre ich zu Benni zurück und lege mich neben ihn auf die Bananen. Nur eine Stunde später wiederholt sich das Spiel. Na, wenigstens weiß ich jetzt, wie es geht. Das ist das Leben: Wenn du Scheiße in dir trägst, dann lass sie raus! „Da kann man ja fast schon philosophisch werden“, denke ich und blicke auf dem Rücken liegend in den Sternenhimmel. Unter uns befinden sich Tausende Bananen und über uns Tausende Sterne. Ein fast schon komisches Szenario.

Um Punkt Mitternacht kommen wir in Arequipa an. Zwölf Stunden lang ging diese Fahrt der speziellen Art. „Junge, Junge!“, sage ich zu Benni. „Das ist 'ne Hausnummer!“ Der Lkw-Fahrer steigt aus. Oh, schau mal, den gibt's ja auch noch! „Hey!“ Unser Chauffeur der vergangenen zwölf Stunden kommt zu uns. „Ich lasse den Anhänger hier stehen. Ihr könnt hier oben drauf bleiben bis es hell wird, dann komme ich wieder. Okay?“ „Ja, cool! Vielen Dank!“, entgegne ich. „Und passt bitte auf, dass niemand die Reifen stiehlt!“, bittet er uns noch. „Ok, bis morgen früh!“ Dann verschwindet er mit dem vorderen Teil des Lkws. Zurück bleibt der Anhänger mit uns oben drauf. Und das inmitten der Stadt Arequipa mit ihren eine Million Einwohnern.

Wir bleiben noch weitere sechs Stunden auf dem Anhänger. Ich kann sogar ein wenig die Augen zumachen, Benni hat zum Glück während der Fahrt schon etwas schlafen können. Mit Anbruch der Morgendämmerung beginnt auch das Leben auf der Straße. Erste Stände werden vorbereitet, Zeug wird

durch die Straßen getragen, die ersten Läden öffnen. Um sechs Uhr schnappen wir dann unsere Rucksäcke, bevor es allzu trubelig wird. Eigentlich wollte der Lkw-Fahrer uns noch zum Frühstück einladen, aber wir haben keine Lust, ewig zu warten, zumal er uns keine genaue Uhrzeit genannt hat. Also machen wir uns auf in Richtung Cañon de Colca – auf zu den Kondoren. Wir laufen zunächst durch die Stadt und treffen einige Bauernfamilien, die Gemüse in den Straßen verkaufen. Für 50 Centimos, umgerechnet etwa 15 Cent, gibt es hier ein Kilo Tomaten oder auch ein Kilo Karotten. Angesichts dieser unschlagbaren Preise, beladen wir unsere ohnehin schon schweren Rucksäcke mit einigen Kilo Gemüse.

Gar nicht so günstig

Arequipa liegt bereits auf 2000 Meter über NN, zum Cañón geht es bis auf 3700 Meter hoch. Und los gehts! Uns nehmen zwei Taxis, ein Privatauto und ein Kleinbus mit. Mit 60 km/h überqueren wir einen 4800 Meter hohen Pass, dann geht's in einigen Kurven wieder runter. Die Luft wird knapp, aber übel wird mir nicht. Ein rasanter Ritt! Die letzte Etappe machen wir dann noch mit einem Bus, dann sind wir da. Vor uns erstreckt sich ein tiefes, zerklüftetes Tal. Sehr steil, teilweise senkrecht geht es Hunderte von Metern in die Tiefe.

Nur zu gut kann ich mir vorstellen, wie hier am Morgen die majestätischen Kondore aufsteigen. Sie schlafen wohl in den Felswänden dieser zerklüfteten Schlucht und sobald sich die Luft am Morgen erwärmt, nutzen sie die Thermik und steigen ohne einen Flügelschlag in die Höhe. Wir schlafen direkt am Aussichtspunkt und können noch am Abend die ersten Kondore sehen. Wow! Was für ein spektakulärer Vogel mit einer gewaltigen Größe! Allein ein einzelner Flügel ist etwa so lang wie ich selbst. Am nächsten Morgen wird es schnell voll. Klar, es ist die Attraktion schlechthin in der Region. Alle wollen den König der Anden sehen.

Und was denkt sich Peru? „Ach komm, lass uns den Touristen doch mal Geld abknüpfen. Selbst schuld, wer über einen solch majestätischen Vogel

staunen möchte.“ Plötzlich stehen zwei Peruaner vor uns und wollen 70 Sol pro Person. Das sind etwa 25 Euro, sprich 50 Euro für uns beide. What?! Warum? Weil wir über die Einzigartigkeit der Natur staunen wollen? Ich finde es ehrlich gesagt eine Unverschämtheit, mit der Natur so ein Geld machen zu wollen. Wenn sie jetzt sagen würden, 5 Euro für die Instandhaltung der Aussichtspunkte oder so, okay. Das würde ich ja verstehen. Aber 25 Euro dafür, dass man eventuell einen Kondor in freier Wildbahn zu Gesicht bekommt?! Da stimmt irgendetwas hinten und vorne nicht!

Als ich dann erzähle, dass wir mit nur 6 Sol (1,50 Euro) täglich reisen, meint die Dame: „Ok, dann machen wir den Studentenpreis.“ Das sind immer noch 15 Euro pro Person, aber immerhin. Allerdings gelten diese horrenden Preise auch nur für Ausländer, wobei egal ist, ob du Ecuadorianer oder Deutscher bist. Während ein Einheimischer 5 Sol zahlt, zahlt ein Ausländer 70 Sol. Eine Frechheit!

Leider begegnen wir in Peru ständig Eintrittspreisen. Überall will man Geld. Aus allem wird versucht, noch Geld rauszuziehen. Und auf Touristen hat man es dabei anscheinend besonders abgesehen. Während in Ecuador zum Beispiel kein einziger Nationalpark Eintritt kostet, aber sogar Toiletten bereitgestellt werden, will man uns in Peru 15-30 Euro für den Eintritt abknüpfen. Ohne Toilette versteht sich. Wohin geht all dieses Geld?

Noch am selben Tag fahren wir mit einem Lkw, mit dessen Fahrer wir lang und breit über das Thema Korruption und Abzocke sprechen. Peru privatisiert alles und egal, wohin du gehst: du zahlst Eintritt, und zwar völlig überteuerte, relationslose Eintrittspreise. Es ist traurig und wieder stellt sich in mir die Frage: Wohin fließt all das Geld? Denn, dass Peru eine besonders moderne Infrastruktur hätte oder sich besonders für die sozial schwachen Glieder des Staates einsetzen würde, konnten wir bislang leider auch nicht wirklich entdecken. Ja, noch nicht einmal eine flächendenkende Abfallentsorgung haben sie. Der Fahrer und wir sind uns einig: Das Geld verschwindet geradewegs in den Hosentaschen der Regierung. Ich weiß, ich lehne mich hiermit weit aus dem Fenster. Doch das ist auch genau das, was uns die meisten Peruaner sagen. Maximo zum Beispiel, der mir das Fischerdorf seiner Familie gezeigt hatte, erzählte mir: „Schon im Kindergarten lernen wir, korrupt zu sein.“ Autsch! Und Henri, der uns von Huaraz bis in den Norden Limas 400 Kilometer weit mitnahm, betonte, wie korrupt dieses Land sei:

„Wenn du einen Autoführerschein machen willst, brauchst du keinen Kurs zu belegen. Wenn du genügend Geld hinblätterst, bekommst du den Schein auch so!“ Und er erzählte uns noch ein anderes Beispiel: „Wenn die Polizei dich anhält und du wegen irgendetwas – sagen wir mal – 500 Sol Strafe zahlen sollst, dann bettelst du einfach ein bisschen, und höchstwahrscheinlich wird der Polizist sagen: ‚Ok, gib mir 250 Sol, dann lassen wir den Papierkram weg und gut ist.‘“ Es ist echt bitter.

Aber nicht nur in Peru blüht die Korruption so lebendig. In Ecuador traf ich eine Frau, die im Büro der Regierung in Quito gearbeitet hat, und sie erzählte mir: „Täglich kam der Geldtransporter direkt beim Regierungschef vorbei.“ Doch will sie am Leben bleiben, muss sie schweigen. Durch die Gier, die Korruption, die Abzocke entsteht eine Aggression, die dem Miteinander immens schadet. Jeder will nur noch mehr für sich selbst anhäufen. Das ist auch einer der Gründe, warum Benni und ich bewusst ohne beziehungsweise nur mit wenig Geld reisen. Wir wollen wissen was passiert, wenn du deinem Mitmenschen ohne Geld begegnest. Vor dem Einsteigen in ein Fahrzeug machen wir stets deutlich, dass wir (fast) ohne Geld reisen. Dann kann der Gegenüber immer noch entscheiden, ob er uns bedingungslos helfen möchte oder nicht. Wir wollen niemanden ausnutzen und niemand muss uns helfen! Dass uns so viele Menschen ein Essen schenken wollen, uns mitnehmen und uns bei sich übernachten lassen, zeugt von deren immenser Nächstenliebe. Einer bedingungslosen Nächstenliebe. Es sind für mich die Menschen mit Herz, denen wir begegnen, nicht diejenigen, die nur auf Profit aus sind. Jene, so scheint mir, treffen wir gar nicht erst an.

Nur im Süden Perus haben wir es ziemlich schwer, kostenfrei mitgenommen zu werden. Peru ist landschaftlich sehr reizvoll, einfach wunderschön und abwechslungsreich, das Essen ist vorzüglich und die meisten Menschen sind uns gegenüber sehr, sehr freundlich. Leider scheinen sie jedoch im Süden das Per-Anhalter-Prinizip nicht zu kennen oder verstehen zu wollen. Hält ein Auto an, fährt es spätestens bei der Frage, ob es uns kostenlos mitnehmen könne, mit quietschenden Reifen davon. Rund um den Lago Titicaca passiert uns das ständig. Schnell wird uns klar: Wir müssen den Menschen hier erst einmal die Idee des Trampens erklären.

Besonders traurig stimmt es mich, als wir arme Bauern am Straßenrand sehen, die im Niemandsland wohnen und für Einkäufe zwangsweise in den nächsten Ort müssen. Also trampen sie. Doch glaubst du, sie würden so mitgenommen werden? Nein, sie müssen zahlen! Wo bleibt denn da auch nur ein Rest von Mitmenschlichkeit? Jeder weiß, dass diese Menschen bettelarm sind, sie leben unter widrigsten Bedingungen. Und die Leute fahren doch sowieso – mit oder ohne Mitfahrer – und haben noch Plätze frei. Mir kommt wieder Henri in den Sinn. Henri, der uns schon die Beispiele über die derbe Korruption im Land erzählte, sagte gleich zu Beginn zu uns: „Ich nehme nur Tramper und alte Menschen mit, die nichts zahlen wollen. Manchmal halte ich an, wenn ich alte Menschen am Straßenrand sehe und frage, ob ich sie ein Stück mitnehmen kann. Aber ich nehme sie nur mit, wenn sie nichts zahlen wollen! Sonst nicht." Eine beeindruckende Sicht! Er will wirklich von Herzen helfen, verdient sein Geld durch seinen Job und hat kein Interesse, noch anderweitig Geld anzusammeln. Stattdessen will er einfach nur helfen. Danke, Henri, für dein Beispiel!

Und so ist es für uns hierzulande nun ein kniffliges Spiel, denn wir müssen deutlich machen, dass wir ohne Bezahlung mitgenommen werden wollen, es aber so gut verpacken, dass die Fahrer beim Wort „gratis" nicht schon den Zündschlüssel umdrehen. Doch mit der Zeit hab ich den Dreh raus. Bei vielen Autos klappt es nicht, doch irgendwann kommt immer eins, das uns mitnimmt. Und es kommt sogar zu so schönen Kehrtwendungen wie dieser zum Beispiel: Nach einer eher schlaflosen Nacht im Busbahnhof von Juliaca stehen wir wieder an der Straße. Nach zehn Minuten hält ein Auto an. Der Fahrer nimmt uns mit, ist aber mit dem „kostenlos" noch nicht so ganz zufrieden, eigentlich will er etwas Geld haben. Auf der Autofahrt erzähle ich ausführlich meine Reisegeschichte und betone besonders, wie viele Menschen mir bereits geholfen haben, dass mich bereits über 300 Fahrzeuge kostenlos mitgenommen haben und ich bei vielen Menschen Gast sein durfte. Ich erzähle vom Vertrauen, wie schön es ist, sich dabei in der Mitte zu treffen, und wie bereichernd es ist, neue Menschen kennenzulernen. Neugierig fragt der Fahrer nach, und ich erzähle einfach meine Realität, die für ihn jedoch so fern, ja fast schon unvorstellbar klingen mag. Langsam entspannen sich seine Gesichtszüge, er wirkt irgendwie freundlicher.

Wir fahren durchs Hochland von Peru, zwischen Dörfern und Bauerhöfen hindurch. Die Landschaft ist ziemlich kahl, Bäume scheinen in dieser Höhe nicht mehr zu wachsen. Die Menschen hier bauen Kartoffeln, Quinoa und Getreide an, sie halten Schafe, Pferde und Rinder. Gegen Ende der Fahrt schaut uns der Fahrer lächelnd an und sagt: „Ich wohne direkt am Titicacasee und möchte euch gerne in mein Haus einladen. Ruft mich einfach an, wenn ihr in der Nähe seid.“ Benni und ich strahlen vor Begeisterung. „Das ist ja lieb!“, bedanken wir uns für die Einladung und tauschen die Handynummern aus.

Mit positiver Energie Gutes entstehen lassen, Menschen anstecken, statt mit negativem Handeln und Gedankengut dem Zerstörerischem noch mehr Macht zu geben, das ist es doch, was wir uns wünschen. Was wollen wir für ein Miteinander? Es liegt ganz in unseren Händen! Öffnen wir Türen oder verschließen wir sie?

Eine gefährliche Überraschung

Unser nächstes Ziel: der Regenbogenberg. Von Juliaca geht es Richtung Cusco. Auch wenn wir nun schon so nahe am Lago Titicaca waren und hier die Grenze nach Bolivien passieren wollen, möchten wir doch noch ein wenig in Peru eintauchen und den Regenbogenberg, den Machu Picchu und eventuell auch noch etwas Regenwald erleben.

Vom eher braunen Hochplateau geht es wieder in etwas grünere Regionen. Wir fahren durch ein wunderschönes Bauerntal mit Äckern und Höfen. Nicht weit von Cusco erheben sich einige schneebedeckte Fünf- und Sechstausender und zwischen diesen Bergen soll der Regenbogenberg „La Montaña del Arcoiris“ liegen. Er heißt so, weil er sich angeblich in wunderschönen Farben präsentiert. Das wollen wir natürlich mit eigenen Augen sehen! Nach einer Nacht in der Garage des „Presidente de la Communidad“, wahrscheinlich so etwas wie ein Ortsvorsteher, in Checacupe, trampen wir die fehlenden 40 Kilometer auf einem Laster voller Zementsäcke hinauf.

Auf bereits 4100 Metern über NN werden wir abgeladen und folgen unserer Route noch weitere 10 Kilometer zu Fuß. Aufgrund unseres schweren Gepäcks müssen wir jeden Kilometer eine Pause machen. Dementsprechend lange dauert es, bis wir völlig durchnässt und unterkühlt auf 4900 Metern ankommen. Leider hatte uns unterwegs ein gewaltiges Gewitter überrascht. Vor uns, hinter uns, neben uns – überall schlugen die Blitze ein, der Donner brüllte. Und wir? Wir stehen so mitten am Berg auf 4700 Metern? Sich jetzt hier aufzuhalten, ist eigentlich keine gute Idee. Dennoch. Angst verspürte ich nicht. Man kann die Sekunden-Anzahl zwischen Blitz und Donner durch drei dividieren und hat so eine gute Ahnung davon, wie weit entfernt der Blitz eingeschlagen ist und der nächste einschlagen wird. So wären es zum Beispiel bei neun Sekunden ungefähr drei Kilometer. Zwischenzeitlich konnten wir jedoch nicht einmal mehr bis eins zählen. Sprich: 300, 200 oder 100 Meter neben uns schlug der Blitz ein. Ein riskantes Unterfangen. Dann entluden sich die Wolken: Graupel und Schneeregen. Die volle Portion also.

Wir warteten das Gewitter etwas ab und als es vorbei zu sein schien, stiegen wir weiter hoch, auf der Suche nach einem geeigneten Platz fürs Zelt. Und dort liegen wir jetzt im warmen Schlafsack, auf fast 5000 Metern über NN. Weder Benni noch ich haben jemals so hoch übernachtet. Ich erinnere mich, wie ich auf 4800 Metern in der Nacht bei den Andenschakalen nach Luft schnappend aufwachte. Ich bin sehr gespannt, wie diese Nacht wird!

Es dämmert bereits, als es wieder anfängt zu grummeln. Ich lunze aus dem Zelt, wobei das eigentlich gar nicht nötig wäre, denn jeder Blitz erleuchtet das Zelt und den Donner hören wir ja ohnehin. „Eins, zwei, drei, vier, Broooch!“ Der Donner grollt. Kaum einen Augenblick später erleuchtet das Zelt von Neuem. Wir zählen, wir lauschen und beobachten das Schauspiel eine ganze Weile. Das Gewitter scheint immer näherzukommen. „Ist das Schnee?“ Auf der Zeltwand liegt eine dünne, helle Schicht. Benni macht den Reißverschluss auf und leuchtet ins Dunkel. „Ach krass! Das ist ja Schnee! Und schau mal, wie heftig es schneit!“ Vor lauter Gewitter haben wir wohl gar nicht bemerkt, dass es anfing zu schneien. Warm in meinen Schlafsack gekuschelt, blicke ich hinaus. Genau in dem Moment erzittert das Zelt, ein sehr heller Strahl durchleuchtet es und im selben Moment bricht der Donner herein. „Argh! Ist das laut!“, rufe ich erschrocken. Wir schauen uns etwas verängstigt an. Sollen wir das Zelt verlassen und etwas absteigen? Wir haben einige technische Geräte und Gegenstände aus Metall dabei, die den Blitz besonders anziehen könnten. Gleichzeitig sind wir dem Gipfel sehr nah und könnten schon durch leichtes Absteigen das Risiko stark verringern. „Komm, lass uns absteigen!", fordert mich Benni auf. Er wirkt fast schon ein bisschen bleich. „Alles klar! Let's go!", stimme ich zu. Ratzfatz schlüpfe ich in die Hose, in die Schuhe und schnappe nach dem Regenschirm. Ein Regenschirm? Als Blitzableiter? Hoffentlich nicht! Aber bei dem Schneegestöber könnte der Regenschirm wirklich hilfreich sein, auch wenn er eine etwas blöde Stange aus Metall hat.

„Bis wohin wollen wir abgsteigen?", rufe ich Benni zu, der voranläuft. „Schau mal da! Da ist so eine Senke, die könnte doch gut sein, oder?" „Ja, unbedingt!" Schier unaufhörlich geht ein Blitz und Donner nach dem anderen herunter, meist gleichzeitig oder zumindest unmittelbar hintereinander. In der Senke angekommen, hocken wir uns in der sogenannten „Gewitter-Schutz-Stellung" dicht aneinander auf den Boden, den Regenschirm über uns haltend. Die „Gewitter-Schutz-Stellung" funktioniert so, dass man sich in die Hocke setzt und die Füße dicht nebeneinander stellt. Die Gummisohle der Schuhe sollte uns vor unterirdischer Leitung des Stromschlags schützen und nach oben und zur Seite hin haben wir eine minimale Angriffsfläche.

Wir können regelrecht beobachten, wie neben uns die Blitze in die Erde gehen. Es ist laut, ständig donnert es, dazu der Schneesturm und das kurze Aufleuchten der Blitze in der Nacht. Es ist kalt und windig. Wie schön, jetzt nicht allein zu sein, denke ich und freue mich, mit Benni zusammen unterwegs sein zu können. Gemeinsam schauen wir dem gewaltigen Schauspiel der Natur zu. Ehrfürchtig den Himmel betrachtend, sitzen wir zusammengekauert im Schneegestöber und singen, um uns Mut zu machen. Es ist trotz der allgegenwärtigen durchaus zerstörerischen Kraft ein magischer Moment und – Gott sei Dank – lässt während unseres gesungenen Gebets das Gewitter nach und wir können zurück zu unserem Zelt. Wie schön, dass auch unser Zelt das Gewitter überlebt hat!

Als wir am nächsten Morgen aufwachen, steht unser Zelt inmitten einer zauberhaft weißen, friedvollen Winterlandschaft. Wer würde da vermuten, dass es heute Nacht so stark gebrodelt, gedonnert und geblitzt hat? Die Ruhe am Berg ist zurück.

Im Laufe des Tages taut der Schnee etwas zurück und am Abend wiederholt sich das Spiel: Wieder Gewitter,

wieder Schneefall. Wieder verlassen wir das Zelt, weil wir nicht mal mehr bis eins zwischen Blitz und Donner zählen können. Wieder singen wir und beten, und wieder bleiben wir verschont. Unser Erlebnis wandle ich – zurück im Zelt – in ein Gedicht für mein Tagebuch um:

Das Konzert

Das Konzert
Erste Reihe
Es brodelt
Ich zittere
Gänsehaut

Erste Reihe
Ganz nah
Auf die Erde
Es donnert

Erste Reihe
Ich höre
Spannung
Atemlos
Das Konzert

Nach diesen zwei abenteuerreichen Nächten auf fast 5000 Meter über dem Meeresspiegel, steigen wir die letzten 100 Meter hinauf und staunen über ein spektakuläres Farbspiel der besonderen Art – finden wir zumindest.

„Die haben uns doch verarscht!“ Wir hören deutsche Stimmen. „Auf den Bildern sehen die Farben viel kräftiger aus! Und überhaupt, bei dem Schnee sieht man ja kaum was. Was für eine Abzocke!“ Diese deutschen Touristen scheinen nicht besonders begeistert zu sein. Nein, vielmehr enttäuscht. Sie hatten wohl zu große Erwartungen an den Tag gelegt. Ich hingegen bin hin und weg von dieser Schönheit und finde den Schnee als Kontrast zu den Farben sogar besonders gelungen. Natur, du zeigst dich mal wieder in deiner ganzen Schönheit!

Als wir Tage später in Cusco Bilder vom Berg sehen, verstehe ich, warum sich jene deutschen Touristen etwas „verarscht“ gefühlt haben. Die Fotos in den Touristenbroschüren sind halt nun mal völlig übersättigt und bei schönstem Sonnenschein aufgenommen worden. Das nennt sich dann wohl einfach Marketing.

Übrigens – apropos Abzocke –, während wir zwei Nächte am Berg zelteten, kam ein Mann vorbei, der Geld dafür haben wollte, dass unser Zelt dort stehe. „Das ist mein Berg“, behauptete er etwas unglaubwürdig. „Aha. Wir haben aber kein Geld“, entgegnete ich und zeigte ihm unsere fünf Münzen. Da nickte er enttäuscht und ging wieder weg. Ich habe echt das Gefühl, die probieren es immer. Es ist und bleibt leider ein mieser Beigeschmack unserer Reise durch Peru. Nichtsdestotrotz treffen wir unglaublich viele, sehr herzliche und verständnisvolle Peruaner, und auf die wollen wir uns konzentrieren.

Durch das wunderschöne „rote Tal“ steigen wir wieder hinab. Es heißt so, da es von rotem, eisenhaltigem Gestein geprägt ist. Wir laufen durch eine Landschaft voller Alpakas, saftig-grüner Wiesen und vereinzelter Bauernhöfe immer entlang eines roten Baches. Gegen Abend kommen wir in ein Dorf, wo man uns liebevoll mit einer warmen Kartoffelsuppe empfängt. Hui! Muchísimas gracias!

Dann geht es noch am selben Abend in einem Lkw voller Menschen ins Tal hinab. Scheinbar zieht man hier Lastwagen Bussen vor, da in diese mehr Menschen reinpassen. Es ruckelt, man fliegt hin und her, aber so können eben sehr viele Menschen transportiert werden. Eine durchaus effiziente Lösung.

Eine willkommene Oase

Am nächsten Tag trampen wir Richtung Cusco. Die Attraktion Südamerikas schlechthin wollen wir uns nach langem Überlegen und den horrenden Eintrittspreisen zum Trotz doch nicht entgehen lassen: der Machu Picchu.

Kurz vor der Stadt hält ein weißer Toyota. Ein Pick-up. „Hola! Könnt ihr uns mitnehmen? „Ja klar!“, entgegnet der Mann mit für einen Peruaner ungewöhnlich heller Haut. „Auch kostenfrei?“, will ich mich absichern. „Natürlich!“, schallt es zurück, als sei es das Selbstverständlichste auf der Welt. „Woher kommt ihr denn?“, fragt er uns neugierig. „Aus Deutschland.“, antwortet Benni. „Ach witzig! Ich auch“, antwortet er jetzt gleich auf Deutsch. „Ihr könnt so lange bei mir bleiben, wie ihr wollt!“, schiebt er noch schnell hinterher, bevor wir uns auf die Ladefläche setzen. Geil! Ich lächle Benni an. Lädt der uns einfach in sein Haus ein! Wir haben uns weder richtig vorgestellt, noch haben wir ihn gefragt, ob wir bei ihm bleiben dürften. Echt faszinierend, hatten wir uns doch kurz zuvor noch gewünscht, eine Unterkunft in Cusco zu finden.

Der gute Mann heißt Helmut und lebt seit 34 Jahren in Peru. Er ist Schreiner und hat so ziemlich alle hölzernen Luxuseinrichtungen in Cusco angefertigt, selbst den edlen Touristenzug, der ausschließlich für Touristen gebaut und mit Holz verkleidet worden ist. Helmut ist 55 Jahre alt und kam als 21-Jähriger nach Peru, um hier zu bleiben. Doch, dass wir jetzt bei ihm unterkommen, haben wir eigentlich seiner Frau Rosi zu verdanken, die, als sie uns mit den großen Rucksäcken am Straßenrand stehen sah, mitleidig sagte: „Halt an, Helmut, und nimm die Jungs mit!“ Und als Helmut später unsere Rucksäcke auf die Ladefläche hieven will, fällt er selbst rückwärts vom Pick-up runter. „Habt ihr da Steine drin?“, scherzt er, während wir den Pickup mit Tonziegeln beladen. „Ja, damit die Rucksäcke nicht geklaut werden!“, antworte ich zwinkernd. Helmut lacht auf. „Das glaub ich!“

Fünf Tage lang erholen wir uns in Helmuts Oase – sprich, in seinem Haus und Garten. Es tut so gut, mal wieder ein paar aufeinanderfolgende Tage an einem Ort bleiben zu können und ein festes Dach über dem Kopf zu haben. Helmut erzählt uns so einiges über das Land, besonders dann, wenn wir zu dritt in seinem Pick-up sitzen. Helmut und die Gebrüder Nichell. Ich genieße diese Momente sehr, es fühlt sich an, als wäre Helmut unser Onkel, unser Onkel aus Peru. Und so berichtet er uns zum Beispiel davon, dass er das Gefühl habe, die Peruaner verfielen gerade in einen Konsumrausch. Benni und ich müssen schmunzeln und erzählen von unseren Erfahrungen bezüglich des Trampens. Erfahrungen, die zu seinen Thesen wie die Faust aufs Auge oder der Schlüssel ins Schloss passen. Seine Frau meint, ihre Landsleute seien alle dumm. Das finde ich zwar etwas heftig ausgedrückt, aber der allgemeine Bildungsstand im Land scheint tatsächlich noch ausbaufähig zu sein.

Unter anderem erzählt uns Helmut auch, dass die Menschen im Wartezimmer des Krankenhauses versterben würden, wenn sie kein Geld hätten, den notwendigen Arzt zu schmieren. Die Krankenhäuser seien alle überfüllt und fast nur, wer gute Kontakte oder Geld habe, würde als nächster behandelt. Wie pervers!, denke ich mir und empfinde prompt Dankbarkeit für das Gesundheitssystem in Deutschland. Mir wird wieder bewusst, wie privilegiert wir in Deutschland im Hinblick auf das Gesundheits-, Bildungs- und Sozialsystem leben dürfen. Ja, auch bei uns gibt es Missstände, doch wir meckern auf einem sehr hohen Niveau. Man muss es doch nur mal in Relation setzen.

Während der schönen Zeit bei Helmut und Rosi finden wir Gelegenheit, uns die wunderschöne, alte Inkastadt Cusco ein bisschen genauer anzusehen. Sofort springen einem die berühmten Inkamauern entgegen, bei denen jeder

Stein perfekt auf den anderen passt. Es wirkt, als hätten die schon immer aufeinandergelegen. Wie es zu dieser Perfektion kommt, ist man sich nicht ganz sicher. Es gibt verschiedene Theorien. Die Wahrscheinlichste ist, dass die Inkas eine Pflanze verwendet haben, mit deren Substanz sie das Gestein weich machen konnten. Die Pflanze nennt sich Quechuca und wird auch von dem Südandenspecht zum Höhlenbau in Felswänden genutzt. Womöglich haben sich die Inkas das abgeschaut. Ganz sicher werden wir das jedoch wohl nie erfahren.

Nach erholsamen fünf Tagen trampen wir nach Mollepata, wo der Salkantaytrek beginnt. Sechs Tage lang wandern wir dem hochfaszinierenden Bauwerk der Inkas entgegen: dem Machu Picchu, was so viel wie „alter Berg" heißt. Eine Wanderung, wie sie kaum abwechslungsreicher sein könnte.

Wir starten in Mollepata, laufen und trampen am ersten Tag etwa fünf Kilometer. An einem Aussichtspunkt rollen wir die Isomatten und Schlafsäcke aus. Am Morgen des zweiten Tages der Wanderung werden wir von einem gebündelten Lichtstrahl begrüßt. Das Sonnenlicht bricht so konzentriert durch die Wolken, dass es ein wenig an den Schein einer Kerze erinnert. Wir haben Sonntag, wie passend.

Über einen 4600 Meter hohen Pass wandern wir, stehen dem Salkantay-Bergmassiv Auge in Auge gegenüber und schlafen am Abend auf einer schrägen Wiese auf 3600 Metern ein. Von nun an geht es ins Tal. Entlang eines wilden Flusstales wandern wir in deutlich tropischere Gefilde. Als wir gegen Abend im Dorf „Playa" ankommen, kaufen wir in einem kleinen Laden Bananen. Nachdem die freundliche Verkäuferin uns anbietet, unser Nachtlager in ihrem Garten aufzuschlagen, zelten wir dort kurzerhand, spielen mit ihren Kindern Fußball und kaufen noch dies und das in ihrem Laden ein. Zum Beispiel Chimbote, eine Art Süßkartoffel, die mit Reis gekocht ein herrliches Abendessen ergibt. Hier unten auf einer Höhe von 2000 Metern wird es schon richtig tropisch: Es ist deutlich wärmer, Moskitos lassen nicht lange auf sich warten und die Luftfeuchtigkeit steigt.

Am vierten Tag der Wanderung passieren wir Wälder voller Kaffeepflanzen. „Verrückt!“, sage ich zu Benni. „Vor zwei Tagen sind noch über einen 4600 Meter hohen Pass gelaufen und es hat nicht mehr viel bis zum Gletscher gefehlt, jetzt laufen wir durch einen Kaffeewald.“ Bei einem Bauern machen wir eine Pause und dürfen seinen Kaffee probieren. Ich bin absolut kein Kaffeetrinker, aber umgeben von Kaffeepflanzen, Bananenstauden und einer tropisch-warmen Luft schmeckt er wirklich sehr lecker.

Weit ist es nicht mehr bis zum Machu Picchu. Von unserem Schlafplatz aus haben wir bereits einen traumhaften Blick auf ihn und vor allem die beeindruckende Gebirgslandschaft drumherum. Die Vorfreude auf des Mysterium Machu Picchu steigt und wir steigen am nächsten Morgen erst einmal wieder 1000 Meter ab, baden in einem Fluss und trocknen unser nasses Equipment. Dann folgen wir der Eisenbahn, die zum Machu Picchu führt und passieren eine Lodge. „Hey, lass uns doch mal fragen, ob wir gegen etwas Arbeit hier übernachten können!“ Auf Bennis Idee hin frage ich an der Rezeption nach. Kurze Zeit später bringen wir schubkarrenweise Sand von A nach B. Der Plan ging auf, und das Beste: Wir bekommen sogar noch ein Abendessen geschenkt, haben WLAN und können am nächsten Morgen unser Gepäck hier stehen lassen. Jackpot!

Mit leichtem Gepäck geht es dann am Morgen des 1. Dezember 2017 auf den legendären Berg. Ja, es ist ein super touristischer Ort und das Standard-Ticket kostet 50 Euro, im Internet sogar 70 Euro. Wir haben die günstigste Version für 30 Euro erwischt – immer noch ziemlich teuer für vier Stunden Aufenthalt. Die Toilette muss man übrigens nochmals extra zahlen. Doch als ich oben stehe und die meisten Touristen wieder verschwunden sind, entfaltet sich die ganze Magie dieses Ortes. Die Inkas müssen wirklich ganz besondere Baumeister gewesen sein! Sogar ein Wasserleitungssystem ist in der Inkastadt integriert, die sich auf etwa 2400 Metern Höhe über den gesamten Bergrücken erstreckt. Obwohl hier circa 6000 Touristen tagtäglich hinauf kommen, ist man gegen 17 Uhr fast alleine in der Stadt aus Stein. Eine Stadt, wie sie wohl von der Schönheit und Lage kaum zu übertreffen ist!

Voll beladen mit den faszinierenden Eindrücken, holen wir unser Gepäck in der Lodge ab und trampen zurück zu unserer Oase bei Helmut. Wir dürfen sogar mit einer Lokomotive auf den Gleisen der Machu-Picchu-Bahn per Anhalter mitfahren. Später sitzen wir im Auto der peruanischen Sängerin Yarita Lizeth und ihrer Band, die gerade von einem Videodreh zurückfahren. Yarita ist von unserer Geschichte begeistert und lädt uns kurzerhand in ihr eigenes Hotel in Juliaca am Lago Titicaca ein. Dort waren wir zwar schon, aber es wird sich bestimmt eine weitere Gelegenheit bieten, in Juliaca Halt zu machen.

Während wir bei Helmut noch einmal zum Durchatmen kommen, wird mir eins richtig bewusst: Ja, der Machu Picchu ist, wie die meisten Touristenattraktionen, eine wirkliche Attraktion für sich, ein besonderer Ort. Doch auf dieser Reise erlebe ich, dass mich nichts mehr berührt als die Begegnungen mit den Einheimischen. Diese Begegnungen, die du eben nicht buchen kannst, die nicht planbar sind, die einfach passieren. Das sind die wahren Begegnungen, die unter die Haut gehen.

Zwischen Bananen, Ananas und Papaya

Helmut hat Freunde im Regenwald Perus und diese gefragt, ob wir ein paar Tage bei ihnen unterkommen dürften. „Na klar!", meinte Victor, der in Pillcopata, tief im Regenwald lebt. Wie wundervoll, wenn ein Kontakt an den nächsten knüpft und so ein ganzes Netzwerk entsteht. Das durfte ich schon einmal in Peru, auf dem Weg nach Lima, erleben. Mit zwei Lkws und neun Autos legen wir die 200 Kilometer ins dichte Grün zurück. Angekommen, ist die Luft heiß und feucht. Wir schwitzen, ohne dass wir uns bewegen. Willkommen im Regenwald Perus!

Vor dem Haus von Victor steht ein Oldtimer, ein alter Mercedes Benz. „Der ist von 1935", erzählt er uns stolz. „Nach dem Zweiten Weltkrieg sind die hier rübergebracht worden und dieser fährt noch immer." Ich bin weder autofanatisch, noch kenne ich mich auch nur ansatzweise mit diesen Fahrzeugen aus, aber diese Maschine sieht wirklich robust und imposant aus. Die Reifen reichen mir bis zur Brust, Fenster hat es keine, dafür eine Seilwinde. Nur zu gut kann ich mir vorstellen, wie dieses Vehikel durch den schlammigen Dschungel fährt.

Auch für uns geht es schon am nächsten Tag in den Dschungel. Jedoch nicht mit dem Mercedes, sondern mit Viktors 15-jährigem Sohn Marco und

dessen Motorrad. Zu dritt plus Hund machen wir es uns auf seinem Motorrad bequem. Unser Ziel: ein Feld tief im Wald.

Schon seit Wochen frage ich mich, wie die Ananas eigentlich wirklich wächst. Klar hätte ich es googeln können, aber sich live und in Farbe zu überzeugen, ist doch viel interessanter. Schließlich wachsen die doch auch hier irgendwo, oder? Marco führt uns durch den Dschungel. „Passt auf Schlangen auf!", warnt er uns freundlich. In seiner Hand: eine Machete. Dann eröffnet sich vor uns ein Feld voller kleiner dorniger Pflanzen. „Das sind sie, die Ananaspflanzen!" Ach, witzig. So dachte ich doch wirklich, sie würde an einer Palme oder zumindest an einem Baum wachsen, stattdessen wächst sie aus dem Boden heraus. „Hier, probiert die mal!" Marco schneidet die Scheibe einer Ananas ab, die neben dem kleinen Holzhaus in der Mitte des Ackers lag.

Es sind mindestens 35° C, wahrscheinlich eher an die 40° C, alles ist feucht oder verschwitzt, die Luftfeuchtigkeit ist enorm hoch und die Sonne sehr intensiv. Und dann beiße ich in diese Ananas. „Krass, ist die saftig!", rufe ich Benni begeistert zu. Benni nickt nur und beißt bereits ins nächste Stück. Halleluja, ist die lecker! Die Ananas trieft nur so vor Saft. Es ist die leckerste Ananas, die ich je gegessen habe. Wahrscheinlich auch gerade deswegen, weil ich sie auf dem Feld, auf dem sie gewachsen ist, esse. „Wollt Ihr auch mal die Bananen und Papayas sehen?", führt uns Marco weiter. „Oh ja, gerne!". Wir stapfen weiter durchs dichte Grün, vorbei an Bananenstauden und Papayabäumen. Ein Paradies für jeden, der Südfrüchte liebt.

Leider tut die hohe Luftfeuchtigkeit zwar den Pflanzen, nicht jedoch unserer Ausrüstung gut. Nach ein paar Tagen fangen unsere Dinge an, nach Schimmel zu riechen. Ein deutliches Zeichen, dass es an der

Zeit ist weiterzuziehen. Wir sagen „Danke" für diesen wundervollen Einblick ins Land der Bananen, Ananas, Papaya und Yuca. Auf dem kleinen Markt im Dorf finden wir außerdem riesige Wassermelonen. Das hier ist wirklich das Land der Früchte!

Der Weg nach Juliaca wird noch einmal richtig zäh. 30 Stunden am Stück trampen wir, bis wir endlich im Hotel der Sängerin Yarita ankommen. Wir genießen den Luxus einer Suite für ein paar Tage, bevor wir uns auf den Weg nach Bolivien machen.

Bolivien – vom Nachtleben und einer salzigen Wüste

SCHÖN IST EIGENTLICH ALLES, WAS MAN MIT LIEBE BETRACHTET. JE MEHR JEMAND DIE WELT LIEBT, DESTO SCHÖNER WIRD ER SIE FINDEN.
Christian Morgenstern

Tag 439. Vor genau einem Jahr habe ich Alejandro auf Teneriffa kennengelernt. Vor einem Jahr war ich mit Albi unterwegs. Jetzt bin ich mit Benni auf dem Weg nach Bolivien. Albi ist mittlerweile in Mexiko angekommen und studiert dort.

Nach sechs Autos, zwei Lkw und einem Mototaxi stehen wir an der Grenze. „Papiere, bitte!" Wir erhalten unseren ersten bolivianischen Einreisestempel. 30 Tage Aufenthalt bekommt ein deutscher Tourist gewährt. Dann könnten wir theoretisch noch weitere zwei Mal um jeweils 30 Tage verlängern. Wir sind gespannt, wie lange wir in diesem Land bleiben werden.

Die Polizei – dein Freund und Helfer

Direkt hinter der Grenze halten wir wieder den Daumen raus. „Irgendwie habe ich das Gefühl, hier kommt kaum jemand entlang", sage ich zu Benni. Ein anderer junger Tourist, den wir auch an der Grenze treffen, hat den Bus genommen. Doch für uns ist klar: Wir probieren es! Und es vergehen erstaunlicherweise keine fünf Minuten, bis ein Polizeiauto neben uns hält. Winkend machen sie uns deutlich, wir sollen auf ihre Ladefläche springen. Wunderbar! Wird gemacht! Es ist wieder mal ein Pick-up. Vielen Dank, liebe Polizei!

Im nächstgrößeren Dorf namens Copacabana ist die Reise mit dem Polizeiauto zu Ende. Passt perfekt, hier wollten wir doch auch hin! Vor uns erstreckt sich der riesige Titicacasee. Er liegt fast 4000 Meter über dem Meeresspiegel und ist damit der höchstgelegene beschiffbare See dieses Planeten. Mit einer Fläche von 8288 Quadratkilometern ist er der größte Süßwassersee Südamerikas und mehr als 15 Mal so groß wie der Bodensee. Der westliche Teil des Sees gehört zu Peru, der östliche zu Bolivien. Wir schlafen im Hafen zwischen den Booten und fahren am nächsten Tag auf die Isla del Sol, die Sonneninsel.

Mitten auf der Insel können wir problemlos im Niemandsland zwischen Grasbüscheln und Schafen übernachten. Vorbeikommende Bauern haben uns das sogar nochmals ausdrücklich bestätigt. Wie schön, sich so willkommen zu fühlen. Auf 3950 Meter über NN machen wir es uns gemütlich, backen kleine Pizzen und singen. „Wow! Schau' mal!“, sage ich zu Benni, als die Sonne untergeht. Von hier oben haben wir einen bombastischen 360°-Panorama-Blick auf den See und die umliegenden Berge. Jetzt verstehen wir auch so richtig, warum die Insel „Isla del Sol“ heißt.

Mitten in der Nacht wache ich auf. Über mir funkeln Millionen von Sternen und ich kann sogar das Zentrum der Milchstraße sehen. Einfach wundervoll! Das ist der wirklich große Vorteil, wenn man ohne Zelt schläft. Und am Morgen werden wir von einer gefühlt noch schöneren Sonne geweckt! Wir springen ein letztes Mal in den See, dann geht es zurück zum Festland. Der Satz unseres Papas: „Die Polizei, dein Freund und Helfer“, bekommt in Südamerika immer einen besonderen Wahrheitsgehalt.

Es ist schon dunkel, als Benni und ich noch Richtung La Paz aufbrechen wollen. Warum wir nachts in eine südamerikanische Millionenstadt wollen – frag mich was Leichteres! Wie dem auch sei, wir stehen jedenfalls trampend im Dunkeln an der Straße. Nach einiger Zeit hält tatsächlich ein Auto. „Ist das wieder das Polizeiauto?", fragt Benni lachend. „Das ist doch gerade schon mal vorbeigefahren!" Und sind wir nicht vorgestern erst mit der Polizei getrampt? Der Polizist ist extra umgedreht, um uns ein Stück mitzunehmen. Es wird ein kurzes Stück, denn bereits am Ortsausgang von Copacabana lässt uns der freundliche Polizist wieder raus. „Ich bleibe im Ort, tut mir leid." „Ja, kein Ding! Vielen Dank aber!", sage ich und steige aus. Er hat uns etwa 600 Meter weitergebracht. Das ist doch schon mal ein Anfang!

Wie wir so dastehen und auf einen mutigen Autofahrer hoffen, kommt plötzlich das Polizeiauto wieder. „Hahaha, Benni, schau mal, wer da kommt!" Auch Benni muss lachen.

Der Polizist steigt aus und wir unterhalten uns noch eine Weile. „Was meinst du", frage ich ihn, „wo können wir am sichersten in La Paz schlafen?" Er hat schon verstanden, dass wir nicht in einem Hotel schlafen wollen, sondern eher etwas Spartanisches suchen. „Am Terminal könnt ihr schlafen. Dort ist es sicher." „Am Busbahnhof?", frage ich zweifelnd lieber nochmal nach, so war das doch in Lima eine sehr kritische Zone. „Ja, genau. Das ist der sicherste Ort, der mir einfällt." „Ok, alles klar. Danke für den Tipp!" Jetzt bräuchten wir ja eigentlich nur noch eine Mitfahrgelegenheit. Als hätte er meine Gedanken gelesen, richtet er sich an uns: „Ich mache jetzt mal eine Kontrolle und frage die Autofahrer, ob die euch mitnehmen können, ja?" „Ja perfekt! Das ist natürlich super lieb! Vielen Dank!", freue ich mich. Der Polizist geht ein paar Meter weiter und begibt sich in Stellung. Nach und nach hält er Busse, Lkws und Autos an. Plötzlich winkt er uns zu sich. Er redet gerade mit dem Fahrer. „Springt auf!", weist uns der engagierte Polizist an. Wieder einmal ist es ein Pick-up. Benni klettert zuerst, dann folge ich.

Kaum sitzen wir oben, springt auch schon der Motor an und wir fahren los. „Wohin fährt der eigentlich?", rufe ich noch schnell dem Polizisten zu. „Nach La Paz?" „Jajaja!", lacht er und winkt. Da sitzen wir plötzlich im Dunkeln hinten auf der Ladefläche und haben kein Wort mit dem Fahrer gewechselt, geschweige denn ihn überhaupt gesehen. Ein sehr komisches Unterfangen! „Fährt der jetzt nach La Paz?", fragt mich Benni zusammengekauert zwischen Rucksack und Seitenwand. „Mal schauen, so genau weiß ich das auch nicht“, gebe ich zu. „Der Polizist hat am Ende so komisch gelacht, dass ich nicht wusste, wie das zu deuten ist.“ Benni grinst. „Na dann! Wir werdens ja sehen.“

Wir ziehen uns Pullis und Jacken an, denn es wird hier in der Höhe und vor allem in der Nacht doch recht kühl und der Fahrtwind tut sein Übriges. In einer Kurve kommt der Pick-up plötzlich zum Stehen. Nanu? Wars das schon? Der Fahrer steigt aus, geht pinkeln und kommt auf uns zu. „Hi, ich bin Carlos. Der Polizist meinte ihr wollt nach La Paz, stimmt das?“ „Ja, genau“, antworte ich. „Vielen Dank fürs Mitnehmen!“ Er nickt und setzt die Fahrt fort. Rasch schlafe ich ein. Frische Luft ist doch einfach das beste Schlafmittel!

Als ich wieder aufwache, blicken wir auf ein Meer aus Lichtern. „Crazy! Das müssen La Paz und El Alto sein“, sage ich staunend zu Benni. 2,3 Millionen Menschen leben hier. Es sind zwei Millionenstädte, die ineinander verschmelzen. Gemeinsam füllen die beiden Städte ein riesiges Tal bis hoch zu den Berghängen aus. Beeindruckend! Das gesamte Tal ist bis oben hin vollgebaut und im Hintergrund erheben sich mächtige Sechstausender. Kein Wunder, dass La Paz den höchsten internationalen Flughafen der Welt auf 4150 Metern über NN besitzt.

Zum Vergleich: Die Zugspitze, Deutschlands höchster Berg, ist gerade mal 2962 Meter hoch.

Es ist 23 Uhr als wir in La Paz abgesetzt werden. Bis zum Busterminal stehen uns noch drei Kilometer Fußmarsch bevor. Das Spannende: Zu dieser Uhrzeit herrscht in der Stadt noch reges Treiben, während in unserem Ausgangsort schon mit Einbruch der Dunkelheit Ruhe einkehrte. Vereinzelt gibt es sogar noch kleine Essenstände. Wir gönnen uns einen Snack, dann marschieren wir schnurstracks weiter Richtung Terminal, der Empfehlung unseres Freundes und Helfers folgend. Unter anderem passieren wir den Friedhof

TENERIFE DOLPHIN
4,5h
Gigantes Masca
ROYAL DELFIN
ROYAL DELFIN

TENERIFE DOLPHIN
3h
Atlantic Cruise
ROYAL DELFIN
ROYAL DELFIN

TENERIFE DOLPHIN
2h
Mini Cruise
ROYAL DELFIN
BARCO AZUL
BLUE BOAT
ISO 14001
BUREAU VERITAS
Certification
BUREAU VERITAS
1828
TURISMO DE
tenerife
BIOSPHERE
2023

TENERIFE DOLPHIN
ROYAL DELFIN
Visión submarina
Glass bottom experience
Avistamiento Sostenible de cetáceos
Sustainable whale & dolphin watching

– nicht gerade der Ort, an dem man zu dieser Uhrzeit vorbeilaufen will – und kommen um 0.30 Uhr dann endlich an.

Wir hatten vor, im Gebäude des Busbahnhofs zu übernachten, doch wir stehen vor verschlossenen Toren. Schade! Wäre wohl etwas geschützter gewesen. Uns bleiben also nur die Bänke vor dem Eingang. Ob ich hier schlafen kann? Ich schaue mich um. Irgendwie habe ich ein unwohles Gefühl. Aber der Polizist hat es uns ja empfohlen, also legen wir die Isomatten auf die Bank und die Rucksäcke darunter. Benni ist schon wieder eingeschlafen, kaum, dass er im Schlafsack liegt. Bei mir sieht das leider etwas anders aus: So richtig einschlafen kann ich nicht, traue ich mich nicht, zu sehr fürchte ich um meine Kameraausrüstung und meinen Laptop. Als ich irgendwann doch einschlafe, schrecke ich keine fünf Minuten später wieder auf und schaue mich hektisch nach meinen Sachen um. Puh, alles noch da! Erleichtert schlafe ich wieder ein. Kaum eingeschlafen, schrecke ich jedoch schon wieder auf. So ergeht es mir noch ein paar Mal und es wird eine sehr unruhige Nacht. Ich freue mich, als es dann endlich dämmert und ich erlöst bin. Benni hingegen sieht recht erholt aus.

Noch im sehr schwachen ersten Licht des Tages packen wir unsere Sachen und laufen los. Ich staune nicht schlecht, als wir bemerken, dass wir nicht die Einzigen sind, die schon auf der Straße unterwegs sind, sondern das rege Treiben des Stadtalltags bereits begonnen hat. Wir haben Sonntagmorgen, doch das scheint hier – im Sinne des Sabbats – niemanden zu interessieren. Bereits um sieben Uhr gehen die Menschen einkaufen oder sitzen auf der Straße zum Essen beisammen. Ein Essensstand nach dem anderen öffnet seine Pforten. Besonders beliebt scheint das große Menü zu sein. Was für uns eher einem Mittagessen gleicht, wird hier bereits verzehrt, bevor die Sonne die steilen Gassen von La Paz erleuchtet. Zuerst eine heiße Suppe, dann ein Teller voller Reis und Hähnchen oder Fisch, und anschließend natürlich noch einen Nachtisch. „Wahnsinn, was die essen können! Essen die das etwa dreimal am Tag?" sage ich staunend zu Benni. Später erfahren wir: Ja, durchaus. Bei dem Anblick wundert es uns nicht, dass hierzulande der eine oder andere übergewichtig ist.

Wir gönnen uns einen Fruchtsaft und beobachten, wie die Straßen zu mobilen Shopping Malls umgestaltet werden. Männer trage schwere, große Säcke, die bestimmt an die 60 Kilogramm wiegen, die steilen Straßen hoch.

Allein vom Anblick tut es mir schon im Rücken weh, denn diese Männer laufen teilweise fast im 90°-Winkel gebückt. In den Säcken sind wohl Kleider und Ständer enthalten. Während die Geschäfte erst später am Tag öffnen, ist jetzt die Zeit der Straßenstände. Sonntagsmorgens um 7 Uhr wohlgemerkt.

Wir schlendern durch die steilen Gassen. So viele verschiedene Straßenstände habe ich auch noch nirgends gesehen. Besonders die vielen Essensstände, die Obst, Gemüse, Backwaren und sonstige kleine Leckereien verkaufen, begeistern mich. Hier und da probieren wir die eine oder andere Köstlichkeit. Welch große Vielfalt! Es gibt wirklich sehr, sehr viel, was man probieren könnte. Mit den Bauersfrauen machen wir Scherze und kaufen Gemüse, das wir noch nirgends so günstig kaufen konnten wie hier in Bolivien. So entdecken wir Eis für umgerechnet 12 Cent das Bällchen. Da isst man auch schnell mal zwei, drei oder vier Kugeln.

Dann schlendern wir noch über den Flohmarkt und besuchen spontan einen Gottesdienst. Nach dem Gottesdienst kommen verschiedene Menschen zu uns, die uns freundlich dazu drängen, uns einen Segen vom Priester zu holen. Wir kennen das aus Deutschland gar nicht so, da aber auch sonst praktisch alle anderen bereits zum Priester gegangen sind, um sich einen Segen abzuholen, es also ganz normal zu sein scheint, nehmen wir diese Möglichkeit auch wahr. Am Anfang etwas verunsichert, bin ich im Nachhinein doch plötzlich ziemlich begeistert. Welch schöne Erfahrung. Denn wer mag es nicht, wenn ihm Mut und Zuversicht zugesprochen werden? An diesem Tag wird mir einmal mehr bewusst, was mir so eine enorme Kraft auf dieser Reise schenkt: das Vertrauen, darauf, dass ich nie allein bin, dass da immer einer mitgeht, mir Mut macht, mich nie verlässt. Für mich ist das Gott.

Und noch etwas fällt mir in La Paz auf: welch eine Oase der Ruhe und des Friedens die Kirche doch inmitten des Trubels der Großstadt ist. In dieser Stadt erlebe ich den Kontrast besonders intensiv.

Gegen Mittag versuchen wir, die Stadt zu verlassen, aber zunächst ohne Erfolg. Darum steigen wir schließlich für umgerechnet etwa 1,50 Euro in einen Bus, der uns 200 Kilometer weit nach Oruro bringt. Von dort trampen wir wie gewohnt weiter. Über das Altiplano, das Hochplateau Boliviens mit einer durchschnittlichen Höhe von 3600 Metern über NN, geht es Richtung Hauptstadt. In Sucre leben etwa 260.000 Menschen. Es sollte also nicht ganz so heftig sein, wie La Paz und El Alto. Wir sitzen gerade bei einer Mutter mit ihrer Tochter im Kombi, als uns ein Bus überholt, auf dessen Rückseite etwas von „Regierung Sucre" steht. Aller Wahrscheinlichkeit nach fährt dieser Bus auch dorthin, also ergreift unsere liebe Fahrerin die Initiative und hängt sich an den Bus dran. „Den kriegen wir! Den müssen wir überholen!" Motiviert tritt sie aufs Gaspedal. Ich drücke die Daumen. Das wäre so genial!

Einige Zeit fahren wir hinter dem Bus her, dann – gerade noch rechtzeitig vor der Abzweigung – überholt die Mutter den Bus. Die Tochter gibt dem Busfahrer das Zeichen anzuhalten und tatsächlich: Er hält. Tochter und Mutter stürzen eilig aus dem Auto und reden auf den Busfahrer ein. Er solle uns doch mitnehmen, wir würden schließlich per Anhalter reisen und Sucre besuchen wollen. Gegen die übersprudelten Überzeugungsversuche der beiden Frauen kann der Busfahrer sich nicht wehren und winkt uns schließlich lächelnd zu sich heran. Phänomenal! „Muchísimas gracias!", bedanken wir uns noch schnell, dann düsen die beiden herzlichen Damen schon wieder von dannen und wir machen es uns im Bus der Judo-Mannschaft Sucres gemütlich. Sie sind gerade auf dem Rückweg von einem Turnier.

Das große Staunen

Als ich das nächste Mal aus dem Fenster schaue, ist es schon wieder dunkel draußen. Ich blicke zu Benni rüber, reibe mir noch den letzten Sand aus den Augen. Noch immer sind wir mit dem Bus unterwegs, so konnte ich glücklicherweise nun etwas Schlaf nachholen. Die letzte Nacht am Busbahnhof war ja wirklich nicht gerade erholsam. Und wer weiß, vielleicht habe ich auch schon etwas „vorgeholt", denn so wie es aussieht, kommen wir auch diesmal wieder mitten in der Nacht in der Stadt an. Hoffentlich wird diese Nacht etwas entspannter werden als in La Paz.

Gegen ein Uhr kommen wir dann in der Hauptstadt Boliviens an. Wir bedanken uns bei der Judo-Mannschaft und dem Busfahrer und stapfen in die Nacht hinaus. Es ist sehr ruhig hier. Kaum jemand zeigt sich zu dieser Zeit noch auf der Straße. So könnten wir uns eigentlich in aller Ruhe die Stadt anschauen, wenn sich nicht schon wieder ein ungutes Gefühl in der Magengegend ankündigen würde. Ja, ich muss auf Toilette. Und nachts um ein Uhr mitten in Sucre eine Toilette ausfindig zu machen, stellt sich als echt unschöne Herausforderung dar, denn diese Stadt scheint wirklich zu schlafen. Suchend laufen wir durch die Straßen. Unser Wunsch für diese Nacht: Erstens, eine Toilette finden und zweitens, einen geeigneten Platz für den Rest der Nacht.

Sucre wirkt recht ordentlich, sauber und ist von schönen Gebäuden aus der Kolonialzeit geprägt. Dazu gibt es einige kleine Parks. Irgendwann stehen wir vor einem Hostel, dessen Tür offen zu sein scheint. Wir treten vorsichtig ein und klopfen an der Pforte: „Dürfte ich ganz kurz mal die Toilette benutzen?" Der Pförtner schaut uns etwas verdutzt an, dann zeigt er mir den Weg. „Es gibt aber kein Wasser. Du musst mit dem Eimer Wasser nachkippen." Ich verstehe zwar nicht, wie er das meint, bin aber einfach froh, eine Toilette gefunden zu haben. Als ich dann die Spülung drücken will, verstehe ich mit einem Mal sehr wohl, was das Problem ist. Na toll! Da benutzt du schon ein fremdes Klo und kannst noch nicht einmal abspülen. Was für 'ne Kacke – im wahrsten Sinne des Wortes. Ich suche den Eimer, von dem der Pförtner gesprochen hatte, und hole aus einer Regentonne Wasser. Doch viel ist da auch nicht mehr drin. Heftig, was machen die, wenn auch das Wasser aufgebraucht ist?

Ich hätte nicht zu glauben gewagt, dass ich jemals einer Hauptstadt begegne, die kein fließendes Wasser hat. Mann, bin ich verwöhnt, denke ich und verlasse das Hostel. Wieder wird mir bewusst, dass selbst die notwendigsten und alltäglichsten Dinge, wie Wasser oder eine Toilette, absolut nicht selbstverständlich sind. Ja, auch das sind Dinge, wofür wir Danke sagen dürfen!

Wie wir später hören, sollte die Trockenheit eigentlich schon zu Ende sein, doch dieses Jahr scheint der Regen länger auf sich warten zu lassen. Mal wieder. In den letzten Jahren ist es wohl immer öfter vorgekommen, dass sich die Trockenzeit länger ausdehnt. Benni und ich sind uns einig: Der Klimawandel wird Sucre ziemlich heftig treffen!

Den Rest der Nacht verbringe ich Tagebuch lesend und schreibend auf einer Parkbank, während Benni wie ein nasser Sack neben mir liegt und schläft. Es scheint, als hätten wir einen neuen Rhythmus gefunden: Nachts in der Stadt ankommen, morgens bis zum späten Vormittag dem Treiben der Stadt zuschauen und gegen Mittag weitertrampen. Genauso machen wir es auch in Sucre. Die Stadt macht einen wirklich sympathischen Eindruck auf uns, dennoch haben wir fürs Erste genug gesehen. Nachdem wir noch eine Demonstration für den Konsum lokal hergestellter statt importierter Textilien passieren, trampen wir wieder Richtung Hochland.

Die Bolivianer sind übrigens dafür bekannt, erfolgreich und vehement ihre Traditionen, Kulturen, Ressourcen und Rohstoffe zu verteidigen. Es scheint einen starken Zusammenhalt unter den einfachen Bürgern zu geben. Ob es daran liegt, dass sich von den 11 Millionen Einwohnern laut einer Volkszählung fast die Hälfte als indigene Bevölkerung sehen? Es wirkt zumindest so, als hätten die meisten Bolivianer eine starke Verbundenheit zu ihrem Land, das übrigens mit einer Fläche von 1.098.581 km² ziemlich genau dreimal so groß wie Deutschland und fast so groß wie Kolumbien ist.

Ich ziehe die Schwimmbrille an. Wasser gibt es zwar keins zum Eintauchen, aber genügend Staub. Wir befinden uns auf der Ladefläche eines Lasters, der wohl sonst Steine oder Sand transportiert. Durch den Fahrtwind fliegt uns der Staub nur so um die Ohren und in die Augen. Wie gut, dass ich eine Schwimmbrille hab, denke ich freudig und hüpfe herum. Die gute 2-Euro-Schwimmbrille aus Guadeloupe – was die alles kann! Benni hält sich unterdessen die Augen zu. Der Arme, lächle ich etwas schelmisch und betrachte die Landschaft. Alles ist kahl, steinig, ja fast schon wüstenartig. Unser Lkw schraubt sich langsam in die Höhe, Kurve für Kurve. „Ist das da eine Mine?“ Benni hat sich mittlerweile an den Staub gewöhnt und steht neben mir. Wie kleine Jungs schauen wir aus dem großen Laster heraus. Muss goldig aussehen, schmunzle ich und antworte: „Oh ja! Denk schon!“

Später erzählt man uns, hier würden tonnenweise Rohstoffe aus dem Berg geholt. Gold, Kupfer, Eisen, Silber und einiges mehr.

Im nächsten Auto fragt uns der Fahrer: „Seht ihr den Berg da? Der war mal doppelt so groß. Haben die alles abgebaut. Der Berg ist nämlich voller Gold.“ „Junge, Junge, hier wird geackert!“, kommentiert Benni diese Mondlandschaft, nein, Minenlandschaft.

Als wir rausgelassen werden, stehen wir vor einem Dorf, das eigens für die Minenarbeiter errichtet wurde. „Hier arbeiten wir dann einen oder zwei Monate am Stück, dann dürfen wir wieder nach Hause“, erklärt uns eine Gruppe Minenarbeiter, die mit uns am Straßenrand auf den Bus warten. Seit Stunden stehen sie schon dort. Als dann endlich ein Bus kommt, ist dieser bereits pralle voll. Sie wollen – verständlicherweise – trotzdem rein, wollen nach Hause zu ihren Familien. Aber keine Chance.

Etwa eine halbe Stunde später, es dämmert bereits, hält ein Lkw, dem Benni und ich heute schon einmal begegnet sind. Beim ersten Mal wollte er Geld dafür, dass er uns mitnimmt. Wir lehnten dankend ab und überholten ihn mit einem anderen Lkw. Nun steht er wieder vor uns. Die Arbeiter nimmt er mit, sie zahlen ja. Wir überlegen. Wir stehen an einer echt blöden Stelle und wenn es hier erst mal richtig dunkel wird, werden wir noch lange stehen. Also entscheiden wir uns, bei ihm mitzufahren.

Nach zwei bis drei Stunden Fahrt springen die Arbeiter ab. Wir bleiben drauf und der Lkw fährt weiter durch die Nacht. Doch nicht mehr allzu lange. Plötzlich bleibt er ruckartig stehen und der Fahrer weist uns an, von der Ladefläche runterzukommen. Jetzt sehen auch wir das Übel: Er hat einen Platten. Wir helfen dem Fahrer, den Reifen auszuwechseln. Anfangs flucht er noch vor sich hin, doch als der neue Reifen auf der Felgen sitzt, wirkt er zufrieden und fragt uns, ob wir nicht zu ihm nach vorne kommen wollten. Nur zu gerne tun wir das, auf der Ladefläche ist es mittlerweile nämlich echt kalt und unbequem geworden. Und als hätte er mit uns gerechnet, hat er genau drei Sitze in seinem Führerhäuschen. Benni sitzt rechts, ich in der Mitte und Pablo, unser Fahrer, links am Steuer. Es ist schon ziemlich spät und Pablo wirkt sehr müde. Kaum startet der Motor, schläft Benni auch schon wieder ein. Pablo und ich unterhalten uns. Auf diese Weise versuche ich, ihn wachzuhalten. Doch irgendwann kann auch ich nicht mehr und nicke ein.

Ein harter Schlag trifft mich am Arm. Nanu? Was ist jetzt los? Pablo hat mich geschlagen. Mir kommen schlechte Erinnerungen an die Nachtwache am fünftgefährlichsten Kap der Welt in den Kopf. „Ja", sage ich fast schon reflexartig, „ich bin ja wach." „Willst du Koka?" Kauend hält Pablo mir seine Tüte hin. Eine Tüte voller Blätter. Noch bevor ich zugreifen kann, stopft er sich selbst neue Kokablätter in den Mund. „Na, nimm schon!", fordert er mich mampfend auf. „Das hilft!" Also gut, denke ich und greife zu. Schmeckt ein bisschen bitter, aber ich hab was zu tun. Pablo greift gleich wieder zu. Er stopft und stopft und stopft. Ist das die Devise? Je müder, desto mehr Blätter? Er sieht wirklich müde aus, verdammt müde. Der Arme, denke ich, Komm, halte durch! Es fällt mir aufgrund meiner eigenen Müdigkeit extrem schwer, doch ich muss ihm jetzt einfach Fragen stellen. Er darf nicht einschlafen! Zum Glück wacht Benni bald auf und kann sich an unserer Konversation beteiligen. Er spricht zwar bei weitem noch nicht fließend Spanisch, weshalb ich meistens den Redepart übernehme, aber er versteht allmählich immer mehr und die eine oder andere Frage kann er auch stellen.

So erreichen wir mit Ach und Krach Uyuni zur Geisterstunde. Wieder einmal ist es Mitternacht und wir stehen hilflos in einer neuen Stadt. Eigentlich wundere ich mich ein wenig über mich selbst: Während ich in Kolumbien nur tunlichst selbst am Tage die großen Städte gemieden habe, komme ich mit Benni stets in der Nacht in einer neuen Großstadt an. Na, das nennt sich doch „sicheres Reisen", oder?!

Pablo bedankt sich bei uns und will plötzlich gar kein Geld mehr. Was für eine schöne Kehrtwende. „Noch eine gute Weiterfahrt!", wünsche ich ihm und hoffe ernsthaft, dass er die Nacht überleben und gut ankommen wird, wo immer er jetzt noch hinfährt. Und ich staune: Wollte er am Anfang doch nur Kohle von uns, so hat er sich am Ende einfach über die Gesellschaft und Hilfe, die wir ihm schenkten, gefreut. Wie schön, auch hier wieder diesen Wandel erleben zu dürfen. Geld ist eben nicht alles!

Hunde bellen. Im Schein der Laterne quert einer von ihnen die staubige Straße. Es wirkt mehr wie ein geisterhafter Schatten, der über die Straße gleitet. Ich wünsche mir, jetzt nicht hier zu sein. Straßenhunde gibt es in Südamerika praktisch überall, und in manchen Dörfern sogar mehr als Einwohner. Wir befinden uns auf einem Lkw-Parkplatz am Stadteingang von Uyuni. Uyuni ist das Tor zur größten und höchstgelegenen Salzwüste der Erde: Dem Salar de Uyuni.

So stehen wir also mitten in der Nacht bei Laternenschein auf einem weitläufigen, staubigen Platz zwischen Lkws und bellenden, herumstreunenden Hunden. „Wo sollen wir hingehen?" Benni schaut mich verunsichert an. „Am besten gar nicht mehr weit", flüstere ich. Auch ich fühle mich hier nicht wohl. Es ist eine unschöne, düstere Stimmung. „Lass' uns einfach in den Schatten des Lkws legen", schlage ich vor. „Da sind wir etwas geschützter." Langsam schleichen wir um die Fahrzeuge herum, auf der Suche nach einem geeigneten Platz. Und wenn der plötzlich losfährt? Ich denke an den Bananenlasterfahrer zurück, der uns eindrucksvoll demonstriert hatte, wie plötzlich so ein monströses Gefährt losfahren kann. „Wollen wir uns wirklich da hinlegen?", fragt mich Benni zweifelnd. „Ja, wo sonst?" Ich schaue mich nochmal um. „Wir können ja besonders früh aufstehen, dann sollte uns auch kein Lkw überfahren.", schiebe ich noch hinterher.

Wir legen das Tarp als Unterlage aus, legen Isomatten und Schlafsäcke drauf und die Rucksäcke daneben. Dann bedecken wir uns noch mit dem Rest des Tarps. Ich liege im Schlafsack. Links von mir zwei gewaltige LKW-Reifen. An Bennis Seite das Gleiche. Wir liegen genau zwischen zwei monströsen Fahrzeugen, aber dafür auch im Schatten jener Gewalten. Diesmal schlafe ich gleich ein, schlafe tief und fest und werde erst mit dem Klingeln des Weckers wieder wach. Selbst die bellenden Hunde habe ich überhört und diese düstere Gegend völlig vergessen. Nicht so Benni, er schläft gar nicht gut. Naja, Luxus sieht eben anders aus.

Am Morgen schenken wir uns – praktisch als Weihnachtsgeschenk – eine dreitätige Tour durch die Salzwüste, vorbei an Vulkanen bis zur Atacamawüste und der Grenze zu Chile. Mit etwa 30 Euro pro Tag inklusive Vollpension, Transport und Führung ist sie verhältnismäßig günstig. In drei Tagen legen wir über 700 Kilometer durch die verschiedenen Wüsten zurück, reisen von Attraktion zu Attraktion, von einem Fotomotiv zum nächsten. Es wird ein wilder Foto-Ritt, der mit permanentem Staunen verbunden ist.

Wir starten in Uyuni. Zunächst geht es durch die über 10.000 Quadratkilometer große Salzwüste. Welch unglaubliche Weite sich da vor uns erstreckt!

Bis zum Horizont sehen wir nichts als Salz. Kaum vorstellbar. Ich fasse auf den Boden, dann lutsche ich an meinem Finger. Ja, stimmt. Schmeckt salzig. Und das Verrückte: Wir sind auf über 3600 Metern über dem Meeres-

spiegel. Vor über 10.000 Jahren trocknete ein riesiger See aus und diese Salzwüste entstand. Die Nacht verbringen wir in einem Haus aus Salz. Die Wände, der Boden, die Möbel – alles ist aus Salzblöcken gemeißelt.

Am zweiten Tag verlassen wir die Salzwüste und erreichen eine Wüstenlandschaft voller Lagunen und Vulkane. Obwohl es hier eigentlich sehr wüst und lebensfeindlich wirkt, können wir eine Menge Tiere entdecken. Wir staunen, staunen und staunen. Willkommen in den Extremen Boliviens!

Chile – am Ziel angekommen?

ICH GING IN DIE WÄLDER, DENN ICH WOLLTE WOHLÜBERLEGT LEBEN; INTENSIV LEBEN WOLLTE ICH. DAS MARK DES LEBENS IN MICH AUFSAUGEN (...). DAMIT ICH NICHT IN DER TODESSTUNDE INNE WÜRDE, DASS ICH GAR NICHT GELEBT HATTE.
Henry David Thoreau

Zwei Monate nach Bennis Ankunft, kurz vor Weihnachten, queren wir wandernd die Grenze nach Chile. Nur acht Tage waren wir in Bolivien – doch acht Tage, die voller und bunter nicht hätten sein können. Viel gesehen, wenig geschlafen. Der klassische Reisemodus. Vielleicht auch ein bisschen extrem, so wie Bolivien eben. Die Grenze verläuft übrigens mitten in der Atacama-Wüste. Eine wirklich wüste Grenzüberschreitung.

Tagsüber ist es heiß und die Sonne brennt. Doch sobald die Sonne verschwindet, wird es in der Atacama-Wüste empfindlich kühl. Aus Bolivien sind wir schon mal erfolgreich ausgereist. Jetzt stehen wir mitten in der Wüste im Niemandsland, kein Auto weit und breit, das uns mitnehmen könnte. Darum wandern wir einfach weiter. „Das da vorne ist bestimmt der chilenische Grenzposten.“, Benni deutet auf ein Haus, etwa 100 Meter vor uns. Es ist schon recht spät, bald wird es stockdunkel sein. Dieses Haus scheint jedoch auch bei näherer Betrachtung nicht der offizielle Grenzposten zu sein. Zumindest nicht der, wo es den Einreisestempel gibt.

Wir wollen gerade an dem Gebäude vorbeilaufen, als uns ein Mann hinterherruft und zu sich winkt. „Vielleicht gibt‘s ja doch noch einen Stempel“, scherze ich. „Wo wollt ihr noch so spät hin?“ Der Mann schaut uns fragend an. „Gute Frage! Wissen wir auch nicht. Wir sind eigentlich auf der Suche nach einem Schlafplatz", antworte ich. „Dann kommt doch rein. Hier findet sich bestimmt ein Platz, wo ihr schlafen könnt." „Das ist aber lieb, vielen Dank!" Wir strahlen vor Freude.

„Die Polizisten sind noch nicht zurück, darum kann ich euch nicht einfach in deren Räume lassen. Aber fragt die mal, wenn die wiederkommen! So lange könnt ihr ja einfach hier auf dem Boden schlafen oder so. Ist das so gut?" „Na klar! Vielen Dank! Das ist ... das ist perfekt!" Wir schlafen auf dem Betonboden in der Halle, die irgendwie ein witziges Gebäudekonstrukt bildet: Es gibt ein paar Büros der Polizei, eine Art Wäscherei, noch andere Räumlichkeiten und eine Art Halle, wo scheinbar die Lkws durchfahren müssen.

Nach einem guten Nickerchen werden wir geweckt. Die Polizei ist da. „Hola!" Ich krieche aus dem Schlafsack. „Ist das nicht ein bisschen kalt hier?", ergreift einer der drei Polizisten das Wort. „Ihr könnt bei uns im Büro schlafen, da haben wir eine Heizung." „Oh danke!" Wir schnappen die Rucksäcke und Schlafsäcke und schlafen selig im Polizeibüro weiter.

Am nächsten Morgen geht's dann mit den Polizisten nach San Pedro de Atacama. San Pedro de Atacama ist wie eine Oase in der Wüste. Braun-Grautöne prägen die Landschaft um die Stadt herum, in San Pedro selbst gibt es allerdings auch ein paar grüne Bäume. Es ist die Oase in der Atacama-Wüste im Norden Chiles.

Oase der Verschwendung

In Chile einzureisen, ist nicht ganz so einfach, wie in die anderen südamerikanischen Länder. Chile hat nämlich eine ganze Liste mit Dingen drauf, die du nicht ins Land einführen darfst. Selbstverständlich wollen die das dann auch kontrollieren und das dauert halt seine Zeit, auch mal einige Stunden, um genau zu sein. Unter anderem darf man neben so selbstverständlichen Dingen wie Drogen keine Milchprodukte, Fleisch, Obst und Gemüse einführen. Gut, ersteres haben wir nicht an Bord, aber Obst und Gemüse eben schon. Auf einem Zettel gibt man dann an, was man so dabeihat. Lügt man und wird erwischt, kann das ziemlich teuer werden. Also geben wir widerwillig an, dass wir Obst und Gemüse dabeihaben. Ach, der Grund ist übrigens: Man will vermeiden, dass Krankheitserreger, Parasiten oder anderes Ungeziefer aus fremden Ländern mit eingeschleppt werden. Verständlich. Ich frage mich dann nur: Wie wollen die das mit dem importierten Obst und

Gemüse machen, das zum Teil in großen Kisten aus Übersee auf dem Schiff hierher transportiert wird? Aber lassen wir das mal deren Sorge sein. Wir als Einzelpersonen dürfen auf jeden Fall kein frisches Zeug mitbringen. Leider werden dadurch an den Grenzen sehr viele noch gute Lebensmittel weggeworfen. WIR schmeißen unser Zeug nicht weg. Als irgendwann der zuständige Beamte aufkreuzt, zeigen wir ihm unseren nach gutem Gewissen ausgefüllten Zettel. Der Kollege vom Zoll würde gerne unsere Rucksäcke durchleuchten lassen, vor ihm steht eine Maschine wie am Flughafen. Mit Fließband und allem drum und dran.

Zehn Minuten vergehen. Noch immer stehen wir in dem Raum mit dem Scanner. Das Fließband mit unseren Rucksäcken drauf hat sich noch keinen Zentimeter bewegt. Der Zollbeamte schweigt lange, flucht zwischendurch ein bisschen, tüftelt herum und schickt uns dann plötzlich weg: „Vayanse!" „Geht weg!" Ich zögere. Habe ich ihn richtig verstanden? Ich frage nach: „Also dürfen wir jetzt unsere Reise fortsetzen?" „Si, vayanse!" Wieder kurz und knackig, mehr genervt als entspannt. Lächelnd schnappen wir unsere Rucksäcke und verschwinden still und heimlich. Den Einreisestempel bekommen wir dann ganz schnell. Juhu! Drei Monate dürfen wir bleiben.

„Wunderbar! Eingereist!", sage ich euphorisch zu Benni und mache vor der nächsten Landesfahne, die ich finde, Halt. Und zwar für ein Beweisfoto. Meine Tramperpappe hat nun ihr Ziel erreicht. 14,5 Monate hat sie treue Dienste verrichtet, sei es zum Trampen oder als Unterlage im Staub der Straße, und nun ist sie – etwas zerschlissen – angekommen. Jaja, eine Pappe kann mehr als man denkt!

Unser nächster Anlaufpunkt ist der zentrale Platz von San Pedro, denn hier gibt es freies WLAN. Wir schicken ein paar Mails ab, machen Mittagspause. Gegenüber befindet sich eine Pizzeria, auf deren Terrasse ein Gast seinen noch halbvollen Teller zur Seite schiebt, als wolle er davon nicht mehr essen. „Sag mal, ist der satt?", frage ich Benni. „Sieht fast so aus. Aber da ist ja noch eine halbe Pizza drauf!", bemerkt Benni entsetzt. Dann kommt der Kellner, um den Teller abzuräumen. „Alles klar, der ist wirklich satt. Ich geh mal und frage, ob wir die haben können", sage ich zu Benni.

Der Kellner will sich gerade mit dem Teller umdrehen und in die Küche gehen. „Lo botas?" „Schmeißt du das weg?" Ich deute auf das Pizzastück. „Ja." „Können wir das haben?" „Ja klar!", antwortet er, als wäre das selbstverständlicher als es wegzuschmeißen und gibt mir die halbe Pizza.

Es sind zwei Sätze, mehr nicht, und schon haben wir eine halbe, mit Liebe zubereitete Pizza vor dem Müll gerettet. Gleichzeitig haben wir natürlich auch ein leckeres Mittagessen. Keine Viertelstunde später wiederholt sich das Spiel. Wieder isst ein Kunde nur einen Teil der Pizza auf. Wieder kommt der Kellner, um den Rest in den Müll zu schmeißen. Und wieder springe ich von unserer kleinen Mauer auf und rette den Rest.

Von nun an haben wir eine neue, kleine Mission. Wir wollen retten, was noch gut verzehrbar ist, aber gerne mal weggeworfen wird. Warum das Essen weggeworfen wird? Vermutlich, weil es zu viel des Guten in der Oase gibt.

Vielen Menschen ist wahrscheinlich noch nicht einmal bewusst, dass sie mit den Resten, die sie wegwerfen, auch andere Menschen ernähren könnten. Laut Foodsharing, einer Lebensmittelrettungsinitiative im deutschsprachigen Raum, werden jährlich weltweit vier Milliarden Tonnen Lebensmittel produziert. 1,3 Milliarden Tonnen davon werden verschwendet. Das ist fast ein Drittel! Sei es durch EU-Normen, weil zum Beispiel die Banane zu krumm oder die Kartoffel zu dick ist, sei es, weil wir männliche Küken halt für die Eierproduktion nicht gebrauchen können und deswegen lieber vergasen, sei es, weil wir nur einen Teil des Tieres verzehren, sei es, weil der Apfel eine kleine Macke hat und deswegen nicht mehr gekauft werden will oder sei es, weil die Regale in den Bäckereien bis zum Feierabend randvoll sein sollen, aber der Kunde am nächsten Tag nur ganz frisches Brot haben will. Es gibt unzählige „Gründe", weshalb Lebensmittel, Dinge, die unser Leben erst ermöglichen, verschwendet werden. Egal wo auf dieser Welt. Fast überall wird weggeworfen. Und oft einfach aus dem perversen Grund, weil es billiger, ökonomisch „sinnvoller" ist oder wir in vermeintlichem Überfluss leben und uns deswegen keine Gedanken darüber machen wollen. Restaurants und Hotels haben besonders viele Reste und tragen somit zu dieser enormen Verschwendung bei. Und genau deswegen fragen wir fortan stets in Restaurants, Bäckereien und Cafés ganz bewusst nach den Resten der Kunden, nach Lebensmitteln, die sonst weggeworfen werden würden. Bäckereien zum Beispiel haben fast immer etwas, was sie nicht mehr verkaufen können.

Was wir hier tun, nennt sich nicht Betteln, sondern Retten. Dass wir auf diese Art sogar komplett geldfrei reisen könnten, ist ein netter Nebeneffekt. Wir retten, was sonst verschwendet werden würde, und können somit geldunabhängig durch die Welt reisen. Man kann auch sagen, wir reisen im Überfluss der Konsumgesellschaft. Das setzt natürlich voraus, dass wir nehmen, was wir kriegen und uns auch mal wochenlang mit trockenen Backwaren zufrieden geben. Wir schrauben unseren Anspruch also auf praktisch Null runter. Wir haben einfach keinen Anspruch. Wir schlafen, wo immer wir ankommen, steigen in die Fahrzeuge, die eben anhalten und essen, was wir vor der Mülltonne retten können.

Dass wir das nicht ganz konsequent durchziehen, kann man sich vorstellen. Denn so manche lokale Köstlichkeit am Wegesrand sollte man einfach probiert haben. Und auch wir wollen uns das nicht entgehen lassen. Doch ja, wir sind nicht die Touristen, die das Geld ins Land bringen, die die Wirtschaft ankurbeln, aus denen sich messbarer Profit schlagen lässt. Nein, wir schwimmen gegen den Strom. Ganz bewusst. Denn wir wollen den reißenden Strom ja nicht beschleunigen, das lodernde Feuer vorantreiben, wir wollen Ruhe, Frieden und Einfachheit in den Wahnsinn bringen. Darum trampen wir, darum retten wir und darum staunen wir manchmal einfach nur über das, was es auch ohne uns Menschen gibt: Die Schöpfung, die einzigartige Natur. Diese perfekte Vielfalt, jene Schätze des Planeten Erde.

Die Zeichen und der Engel

Von San Pedro de Atacama geht es noch am selben Tag weiter. Wir wollen so schnell es geht ins Grüne, also noch ein gutes Stück gen Süden. Der Norden Chiles ist durch die Atacama-Wüste und große Rohstoffvorkommen, wie Kupfer oder Lithium, geprägt. Dementsprechend sind auch viele Lkws unterwegs. Gut für uns! Mit dem fünften Fahrzeug in Chile geht es am Tag vor Weihnachten noch bis spät in die Nacht weiter. Erst als unserem Lkw-Fahrer Carlos die Augen zufallen, hält er an und legt sich auf sein Bett. Wir stehen inmitten der Wüste. An diesem Ort regnet es, wenn überhaupt, ein bis zwei Tage im Jahr. Carlos schläft bereits tief und fest – das ist nicht zu überhören. Während Benni auf dem Lenkrad einpennt, mache ich noch ein paar Fotos, um diesen mystischen Ort einzufangen.

Dann schlafe auch ich für ein paar Stunden ein. Carlos hatte uns gebeten, ihn zu wecken, wenn der Wecker klingelt. Als er in den frühen Morgenstunden zum dritten Mal klingelt und Carlos immer noch laut schnarcht, versucht Benni, ihn rüttelnd wach zu kriegen. Wie aus dem Nichts schlägt er um sich, Benni kann gerade noch zurückweichen. „Was ist los?", fragt Carlos noch schlaftrunken. „Wir sollten dich doch wecken und der Wecker hat schon dreimal geklingelt." „Achso, ja stimmt!" Begeistert wirkt er trotzdem nicht. Verständlich! Viereinhalb Stunden Schlaf sind auch nicht besonders viel, doch scheinbar muss er sein Ziel rechtzeitig erreichen. Nicht selten auf dieser Reise tun mir die Fahrer echt leid. Sie sind wie Roboter, müssen funktionieren, den Lkw möglichst schnell und sicher zugleich von A nach B bringen und sind den ganzen Tag alleine. Sie leiden oft unter chronischem Schlafmangel, trotzdem müssen sie rechtzeitig ankommen. Sie müssen funktionieren, sonst geht das Spiel nicht auf. Doch sie sind keine Maschinen. Sie sind Menschen! Carlos wird an Weihnachten nicht bei seiner Familie sein können. Stattdessen wird er im Lkw sitzen und alleine über schier endlose Straßen fahren. Es ist der 24. Dezember als er uns an einer Abzweigung in der Wüste rauswirft.

Mein zweites Weihnachten fern von Zuhause steht vor der Tür, aber diesmal immerhin mit einem meiner drei Geschwister, was mich besonders freut. „Was glaubst du? Werden wir heute noch eine Familie finden oder feiern wir alleine Weihnachten?", frage ich Benni, während wir in dieser monotonen Weite den Daumen rausstrecken und auf die nächste Mitfahrgelegenheit warten. „Hmmm … Die Frage, die ich mir stelle, ist, wo werden wir heute rauskommen? Denn hier in der Wüste fände ich Weihnachten nicht sooo witzig!" Ja, das ist die zweite Frage: Wie weit schaffen wir es heute noch in den Süden? Wo werden wir landen, den Heiligabend feiern dürfen? In einer Stadt oder einem Dorf? Alleine am Strand, in einer Wüstenlandschaft oder doch inmitten einer Gemeinschaft? Für uns ist klar: Wir würden gerne eine Christmette miterleben. Wo, das wird sich zeigen. Zudem wünsche ich mir, auch dieses Weihnachten in einer Familie verbringen zu dürfen. Für mich ist Weihnachten eben ein Fest der Familie, der Liebe und des Zusammenkommens. Da wäre es doch traurig, dieses Fest alleine feiern zu müssen.

Wir trampen weiter. Auto für Auto geht es weiter in den Süden. Etwa 400 Kilometer legen wir durch wüste Gegenden zurück, dann stehen wir an einer

Kreuzung bei Vallenar. Mittlerweile werden zwar schon teilweise Wein und Oliven angebaut, aber vorwiegend sieht es hier noch sehr trocken und leblos aus. Die chilenische Nord-Süd-Erstreckung ist einfach gigantisch! Schon Peru fand ich mit 2030 Kilometern Nord-Süd-Ausdehnung sehr beeindruckend, aber Chile ist mit 4300 Kilometern noch mal eine andere Hausnummer. Und das beste: Benni und ich wollen ganz in den Süden Chiles! Grün wird es zum Glück schon ab etwa der Mitte Chiles.

Zurück an der Kreuzung. Es ist mittlerweile Nachmittag und wir haben die Wahl: Wollen wir nach links in die größere Stadt Vallenar, nach rechts zum kleinen Stranddorf Huasco oder einfach noch geradeaus gen Süden weiterfahren, wobei die nächste Stadt 200 Kilometer entfernt wäre?

Während Benni und ich noch am Überlegen sind und nicht so recht wissen, wohin des Weges, hält ein Auto 50 Meter vor uns Richtung Huasco. Wir bemerken es erst gar nicht, weil es so weit weg steht. Das Auto bleibt aber eine ganze Weile stehen. „Meinst du, der steht vielleicht doch wegen uns da? Soll ich mal hingehen?", frage ich Benni. „Aber was soll ich dem dann sagen, wenn er uns mitnehmen will?" Während ich noch einen Moment lang zögere, steigt ein junger Mann aus dem Auto und winkt uns. „Komm einfach mal mit, Benni!", fasse ich den Entschluss, schultere meinen Rucksack und laufe los, Benni hinterher. „Hey! Wohin wollt ihr?", begrüßt er uns. „Das wüssten wir auch gerne!", entgegne ich. „Also ich fahre nach Huasco. Das ist so ein kleines Dorf, etwa eine halbe Stunde entfernt von hier, direkt am Meer. Es hat sogar einen Strand zum Baden." „Hmmm … Benni, was meinst du? War zwar eigentlich nicht geplant, aber Strand und Dorf klingt doch eigentlich ganz gut, oder?" „Jo, find ich auch! Lass uns das machen." Also dann mal los. Wir laden ein und fahren los. Huasco – in diesem kleinen Dorf an der Pazifikküste sollen wir scheinbar dieses Jahr Weihnachten feiern. Dass das Auto solange stehenblieb, obwohl wir keinerlei Reaktion zeigten, war schon irgendwie ein deutliches Zeichen. Ein Wegweiser vielleicht. Irgendetwas wartet noch in Huasco auf uns, das spüre ich.

Im Dorf angekommen, machen wir zunächst ausfindig, wann die Christmette ist: Um 22 Uhr. Perfekt! Das wissen wir schon mal! Auf dem Vorplatz der Kirche kommt uns dann noch eine neue Idee: „Lass uns doch einfach mal die Menschen fragen, ob sie es sich vorstellen könnten, Weihnachten mit uns zu feiern", meine ich zu Benni und fange gleich mit der erstbesten Person an. Manche können es sich sogar vorstellen, aber irgendwie funkts noch nicht so richtig. Eine Einladung erhalten wir also nicht. Und uns bei jemandem aufdrängen wollen wir wirklich nicht. Nein, es soll eine freie eigene Entscheidung sein, uns das Vertrauen zu schenken und uns unbekannterweise einzuladen.

Nach etwa 20 Minuten wahllosem Herumfragen lassen wir das erst mal so sein, wie es ist. Wir gehen ein paar Köstlichkeiten einkaufen und dann an den Strand. „Also hier könnten wir auch gut übernachten", stellt Benni fest. Doch irgend etwas in mir sagt, dass da heute noch etwas passieren wird. Wie auch immer, es ist schon mal gut zu wissen, wo wir später im Dunkeln hinkönnten.

Um 22 Uhr gehen wir in die Christmette. Es ist eine sehr lebendige Feier der Geburt Jesu Christi. Eine Band untermalt die Lieder, die Gemeinde klatscht mit. Als der Pfarrer das Jesuskind in die Höhe hebt, tobt die Gemeinde. Es wird geklatscht und gejubelt. Was für eine großartige Stimmung! Nach dem Gottesdienst fallen sich dann alle glücklich in die Arme und wünschen sich „Feliz Navidad!". Auch Benni und ich stehen im Gang und wünschen den Menschen von ganzem Herzen frohe Weihnachten.

Die Kirche leert sich bereits, als ein Mann, vermutlich Mitte 50, uns anspricht. Auch er wünscht uns „Feliz Navidad!" und fragt dann, ob wir schon wüssten, wo wir zu Abend essen werden. „Ya saben donde cenan?" „Nein ... nicht wirklich", antworte ich etwas kleinlaut. „Vamos a mi casa!" „Lasst uns zu meinem Haus gehen!" Benni und ich stehen im Mittelgang der Kirche und schauen uns sprachlos an. War das gerade ein Engel oder ein echter Mensch? Dann strahlen wir, vor Freude, vor Erfüllung. Haben wir es uns nicht so fest gewünscht? Haben wir nicht den ganzen Tag auf diesen einen Moment gehofft? Auf den Moment, der Weihnachten zu wirklich glücklichen Weihnachten für uns werden lässt! Feliz Navidad!

Zuvor noch allein am Strand gewesen, sind wir jetzt Teil einer Familie. Alle sind gekommen: Großeltern, Tanten und Kinder, und wir sind mittendrin. Mitten im Wohnzimmer an einem reich gedeckten Tisch in einem kleinen Dorf namens Huasco am Rande der Atacama-Wüste. Draußen ist es kühl und dunkel. Drinnen leuchten Kerzen, alles ist weihnachtlich verziert und alle sind bester Laune. Es liegt eine zauberhafte Stimmung im Raum, etwas unendlich Glückliches, Gesegnetes. Und ganz besonders strahlt unser Weih-

nachtsengel Rolando. Ich habe gar keinen Hunger, muss stattdessen erst mal verdauen, was gerade passiert. Doch ich kann es einfach nicht richtig realisieren. Es ist mal wieder zu unbeschreiblich, zu unglaublich, zu magisch, zu traumhaft – einfach zu herzlich.

Unser Weihnachtsengel hat einen Sohn, der zurzeit in Deutschland studiert. Wie passend! Später erzählt uns Rolando: „Als ich euch in der Kirche gesehen habe, habe ich an meinen Sohn gedacht und mir war sofort klar: Die Jungs musst du einladen!" Wie schön! Muchísimas gracias, Rolando! Am nächsten Tag können wir noch bleiben, mit unserer Familie skypen und kurz verschnaufen, bevor es am 26.12. für uns weitergeht. Über Serena, wo wir erneut von Chilenen eingeladen werden und einige Tage in lustiger Gesellschaft verbringen, reisen wir nach Viña del Mar und Valparaiso. Das Jahr 2017 neigt sich stark seinem Ende zu und ich bin bald seit 15 Monaten unterwegs.

Viña del Mar ist eine recht junge Stadt und der Übergang zur alten Hafenstadt Valparaiso ist fast fließend. Valparaiso zeichnet sich durch eine starke alternative Szene aus. Überall finden sich wunderschöne Graffitis, man sieht Straßenkünstler und selbst gemachtes Essen wird auf der Straße verkauft. Es macht wirklich Spaß, einfach nur durch die Straßen zu schlendern und die Graffitis zu betrachten.

Es ist der 31. Dezember. In Chile ist es verboten, privat ein Feuerwerk zu machen. Stattdessen organisieren die Kommunen der einzelnen Städte jeweils ein zentrales, vorprogrammiertes Feuerwerk. Und da Viña del Mar und Valparaiso direkt am Meer liegen, wird das Feuerwerk vom Wasser aus abgeschossen. Und nicht nur eins, über die gesamte Bucht verteilt sind es etwa acht Feuerwerke.

Als die Nacht hereinbricht, liegen wir bereits im Schlafsack am Strand. Bei Kerzenschein lassen wir das Jahr nochmals Monat für Monat Revue passieren. Halten inne. Sagen Danke.

Dann brechen die letzten Minuten des Jahres an. Zumeist weiß gekleidete Menschen strömen an den Strand. Als es so weit ist, wird gemeinsam runtergezählt: „Diez, nueve, ocho, siete, seis, cinco, cuatro, tres, dos, uno! Feliz año nuevo!" Ein glückliches neues Jahr! Die Menschen fallen sich um den Hals, doch nur kurz, denn dann blicken alle wie gebannt aufs Meer. Synchron gesteuert gehen die Feuerwerke in der gesamten Bucht gleichzeitig in die Luft. Eine halbe Stunde glitzert der Himmel mal rot, mal grün, dann regnet es golden. Die Raketen legen akrobatische Flüge hin. Es ist traumhaft schön, das anzusehen. Benni und ich nehmen uns in den Arm. Alle, einfach alle, blicken gemeinsam gen Himmel. Was für ein friedvoller, einzigartiger Moment! Nach diesem Spektakel schlafen wir dankbar am Strand ein.

Ab ins Grüne!

Nach einer schlaflosen Nacht in einer Raststätte bei Santiago, der Hauptstadt Chiles, legen wir schlappe 750 Kilometer zurück und landen endlich im langersehnten Grün.

Wir bestaunen eine Traumlandschaft aus Vulkanen, Seen und Araukarienwäldern. Es fühlt sich an, als wären wir in einer anderen Welt. Auf schwarzem Lavagestein wachsen mächtige, robuste Bäume: die Araukarien. Es regnet zwar viel, doch das ist uns egal. Wir staunen über die Schönheit des Nationalparks Conguillio!

Mit einem englischen Pärchen trampen wir noch am selben Tag von diesem Nationalpark in den nächsten, in den Nationalpark Huerquehue. Wir durchwandern ihn, laufen den ganzen Tag barfuß und begegnen kaum einem Menschen. Wir sind tief drinnen in den Wäldern Chiles und damit in den ersten Ausläufern des wilden Patagoniens. Die Natur Chiles hat uns bereits jetzt voll in ihren Bann gezogen. Wir befinden uns in der südlichen Hälfte des Landes und von hier ist es gar nicht mehr so weit bis nach Feuerland.

Doch auf dem Weg dorthin erwartet uns noch ganz viel atemberaubende Natur, in die wir mehr und mehr eintauchen wollen, sie spüren, schmecken und riechen wollen. Wir wollen den Vögeln lauschen und in kalte Seen springen. Wir hangeln uns praktisch von See zu See, denn in dieser Region gibt es zahllose, wunderschöne Seen, oft umgeben von dichten Wäldern.

Ein Auto stoppt. Es ist ein Pick-up mit einer Bettmatratze auf der Ladefläche. „Hoffentlich nimmt der uns mit!", rufe ich freudig Benni zu, als ich die Matratze erblicke. Klar können wir mit. Die Sonne scheint, der Himmel ist blau und das Panaroma besteht aus bergigen Wäldern und einem See. Fantastisch! Und wir? Wir liegen auf der Bettmatratze hinten auf dem Pick-up und genießen die frische Luft. Der Wahnsinn! Das ist definitiv mein Lieblingsgefährt! Schade eigentlich, dass der Pick-up bereits nach drei Kilometern abbiegt und wir das Bettchen wieder verlassen müssen.

Unsere nächste Mitfahrgelegenheit lässt aber nicht lange auf sich warten, und ist auch ein Pick-up. Scheinbar ist das ein sehr beliebter Autotyp hier in Chile. „Hi, ich bin Juan!" Unser Fahrer stellt sich vor. Diesmal sitzen wir vorne im Pickup statt, wie so oft, hinten drauf. Triumphale 80er-Hits dröhnen aus seinen Lautsprechern. So macht Autofahren Spaß. Juan will uns gleich auch noch einladen. „Vamos al campo, para que conozcan!" „Lasst uns aufs Land fahren, damit ihr es mal kennenlernt!" Juan lebt nämlich mit seiner Familie etwas abseits des Dorfes, mitten auf dem Land eben. „Ja, super!", meine ich, „sehr gerne! Wir haben auch gar keinen Stress und noch kein Ziel für heute." „Dann könnt ihr ja auch einfach bei uns bleiben," entgegnet Juan freudig. „Das wäre traumhaft!".

Er lebt mit seiner Familie in einem Verbund von acht Familien, die sich alle zu den Mapuche, einer indigenen Bevölkerungsgruppe Chiles, zählen. Nur etwa zehn Prozent der Bevölkerung Chiles gehört noch zu den Indigenen. Auf dem „Campo“ angekommen, werden wir von einer Truppe Hühner begrüßt. Bis auf die Hühner ist es hier unendlich ruhig. Die Sonne geht unter und wir haben beide denselben Gedanken: Lass uns hierbleiben! Wie gut, dass uns Juan eh schon eingeladen hat. Der 48-Jährige könnte unser Vater sein. Mit seiner Frau, seiner 17-jährigen Tochter und seinem Sohn verbringen wir ein paar wunderschöne Tage, spielen Karten und lernen voneinander. Als ich über dem Ofen Pfannkuchen oder auch Bratkartoffeln mit in kleine Würfel geschnittener Roter Bete und Zwiebelringen, verfeinert mit Salz, Pfeffer, Muskatnuss, Kräutern und Sonnenblumenkernen brate, ist die Familie begeistert. Im Gegenzug zeigt die Mutter uns, wie wir chilenisches Brot backen können. Wir fühlen uns inmitten dieser Familie pudelwohl – einer Familie, die zwar finanziell arm, doch voller Herzblut ist.

Dennoch ist es irgendwann an der Zeit, weiterzuziehen. Und so geht es für uns über Valdivia, eine deutschen Kolonie, weiter auf die größte chilenische Insel, nach Chiloé. Tatsächlich erinnert mich Chile immer öfter an Deutschland. In einem Auto erzählt man uns, dass 1908 viele Deutsche hierher geholt worden seien, da man die Maschinen und Innovationskraft aus Deutschland haben wollte. Seitdem scheint es ein beliebtes Auswanderungsland für Deutsche zu sein. Das Klima ist im mittleren Süden Chiles sogar relativ ähnlich wie in Deutschland: Es gibt ebenfalls vier Jahreszeiten und im Winter Minusgrade und Schnee. Und wenn man durch die Straßen läuft, stolpert man über Schilder von Cafeterien und Bäckereien mit der Aufschrift „Kuchen“. Das Wort wurde tatsächlich eingebürgert, wohl genauso wie der Kuchen selbst.

Chiloé – eigentlich wollten wir gar nicht so unbedingt auf diese Insel, doch in fast jedem Auto wurden wir gefragt: „Reist ihr auch nach Chiloé?". Und wenn das so viele Chilenen fragen, dann muss doch irgendetwas Besonderes an dieser Insel dran sein. Also machen wir uns selbst ein Bild. Ob mein letzter Kapitän Fernando mit seiner „Chiloé" zur gleichnamigen Insel gesegelt ist? Oder ist er doch weiter über den Pazifik nach Tahiti? Ich weiß es nicht. Und es soll wohl auch ein Geheimnis bleiben.

Chiloé ist ungefähr 9000 Quadratkilometer groß und hat nur circa 150000 Einwohner. Das entspricht 16 Quadratkilometer pro Person, also hat jeder reichlich Platz. Es fühlt sich ein bisschen an, als wären wir im Nachbarland Chiles gelandet. Die Menschen hier nennen sich Chiloten, die Ureinwohner Huilliche. Sie leben von Kartoffelanbau, Schafhaltung und Fischfang. Außerdem werden sie vom Staat finanziell unterstützt. Während wir über die Insel trampen, erzählt uns ein Fahrer, eine Familie auf Chiloé äße in einem Monat einen Sack Kartoffeln. Und ein Sack Kartoffeln wiegt auf Chiloé 50 Kilogramm. Auch Benni und ich sind mit einem Sack Kartoffeln angereist, jedoch dürfte dieser eher fünf Kilogramm wiegen. Es gibt unzählige verschiedene Sorten von Kartoffeln hier, in allen Formen und Farben und einige vermuten sogar, die Kartoffel stamme ursprünglich von Chiloé.

Auf dieser Insel scheint irgendwie so eine Art Inselgeist zu leben. Hier herrscht ein ganz eigenes, besonderes Flair, was besonders durch Ruhe, Weite und Meeresluft geprägt ist. Wir fühlen uns hier sehr wohl, schlafen an Kiesstränden und braten uns Kartoffeln über dem Feuer.

Dann geht es wieder Richtung Wald. Unser Ziel ist Petrohue. Wir starten um 22 Uhr in Castro, der Hauptstadt von Chiloé. Obwohl es schon lange dunkel ist und echt spät, verlassen wir noch vor Mitternacht dank eines Lkws diese ganz eigene Insel. Um 1.30 Uhr steigen wir an einer Raststätte bei Puerto Varas wieder aus. Die Raststätten hier in Chile sind echt perfekt für uns: Es gibt Strom und Internet, sie sind 24 Stunden lang geöffnet und teilweise haben sie sogar eine Sitzecke und noch dazu – wie hier – eine Mikrowelle. Und so kochen wir uns gegen drei Uhr Mais und Kartoffeln in der Mikrowelle. Dann nutzen wir die restliche Nacht, um Recherche über unsere nächsten Ziele zu betreiben. Auch hier in Chile fragen wir einfach die Autofahrer nach ihren Lieblingsorten. So ergibt sich eine Route zu den wohl schönsten Orten Chiles, ganz ohne Reiseführer, spontan und simpel.

Als es langsam hell wird, trampen wir weiter. Gleich das erste Auto bringt uns ein gutes Stück voran, dann geht es mit einem Milch-Lkw weiter. Hier in Chile ist Trampen meist sehr einfach. Es ist populär und ab und zu stehen wir sogar in einer Schlange an der Straße. Viele junge Chilenen nutzen das Trampen, um von A nach B zu kommen. Das freut unser Tramperherz natürlich besonders.

Gegen Mittag, ein paar Fahrzeuge später, laufen wir im Nieselregen an der Straße entlang, gleichzeitig halten wir den Daumen raus. Ein Auto saust vorbei, legt aber dann doch noch eine Vollbremsung hin. Wir rennen los. „Richtung Petrohue?", frage ich hechelnd. „Ja!", schallt es zurück. Wir steigen ein. Im Auto erzählen sie uns, sie würden ins Valle Cochamo fahren, ein landschaftliches Juwel abseits der üblichen Pfade. „Top! Dann kommen wir dahin mit!", entscheiden wir uns kurzerhand um. Witzigerweise hatten wir uns zuvor kaum entscheiden können, welches Ziel wir anpeilen wollen – jetzt hat es sich praktisch von selbst entschieden. Wie so oft, denke ich.

Häufig reicht es, in eine Richtung zu starten, sich auf den Weg zu begeben, dann ergibt sich der Rest wie von allein. Und das ist sicherlich nicht nur auf unserer Reise so. Wenn du in deinem Leben einen ersten Schritt machst, Initiative ergreifst und dich bewegst, wird vielleicht etwas ins Rollen kommen, das du zuvor nicht einmal im Entferntesten hast erahnen können. Du brauchst nur offenen Auges durch deinen Alltag zu gehen, und irgendwann wird sich irgendwo eine neue Tür öffnen, eine neue Möglichkeit oder ein neues Zeichen für deinen persönlichen Lebensweg.

Nach einer 13 Kilometer langen Wanderung durchs Tal sind wir tief drinnen im Valle Cochamo. Hier gibt es einen rauschenden Fluss, Wasserfälle und steile Berghänge. Um einen ersten Blick über das Tal zu erhaschen, steigen wir auf den schneebedeckten Berg „Arcoiris", einen weiteren Regenbogenberg. Es geht steil, ja, sacksteil den Berg oder besser die Felswände hinauf. Teilweise müssen wir die 1100 Meter in die Höhe klettern. Doch oben angekommen, eröffnet sich ein fabelhafter, grandioser Blick übers Tal. Pure Schönheit! „Wow! That's more beautiful than the Yosemite National Park!" Ein Amerikaner ist hellauf begeistert von dem Anblick, der sich ihm bietet. Und wenn das hier schöner als der landeseigene Yosemite-Nationalpark sein soll, dann kann man sich vorstellen, mit welchem Schatz an Natur wir es hier zu tun haben. Das Panaroma ist gigantisch! In der Ferne markiert ein Vulkan die Grenze zu Argentinien.

Zurück im Tal stellt sich ein nicht ganz so steiler Wasserfall als perfekte Rutsche heraus. Ich habe das Gefühl, auf einem riesigen Abenteuerspielplatz zu sein und das ganz tief in der chilenischen Wildnis. Die Wege sind Pfade und die Hänge komplett bewaldet.

Wir verlassen das waldige Tal, aber kommen nicht weit. Nicht, weil uns niemand mitnehmen würde, sondern weil wir noch nicht von hier weg wollen. Wir wollen hier noch etwas langsamer reisen und die traumhafte Schönheit ein bisschen länger auf uns wirken lassen. Am Fjord vor dem Dorf Cochamo genießen wir eine ruhige Zeit mit Lagerfeuer, Brotbacken und Buchlesen. Das Holz fürs Feuer stammt übrigens aus dem Fjord. Täglich wird neues Strandgut angespült – hervorragend für ein kleines Feuer.

Über die ebenfalls traumhafte Landschaft von Petrohue geht es schließlich nach Argentinien. Die Sonne scheint mal wieder und der Himmel erstrahlt in einem wunderschönen Blau. Nach etwas mehr als einem Monat verlassen wir Chile – zumindest für kurze Zeit. 18 der 32 Nächte haben wir ohne Dach, ohne Schutz vorm Regen geschlafen. Das Wetter war einfach zu genial! Die restlichen Nächte verbrachten wir in Raststätten, sonstigen Gebäuden, bei Freunden, in Familien oder auch mal im Zelt. An Tag 480 meiner Reise, passieren wir die Grenze mitten im Wald.

Der wilde Süden Südamerikas – Patagonien und Feuerland

JEDER AUGENBLICK IST VON UNENDLICHEM WERT.
Seneca

Bariloche – unser erster Halt in Argentinien. Bariloche ist bekannt für seine Schokolade und seine Berge, die an die Schweiz erinnern. Sobald wir die Grenze überqueren, können wir den italienischen Einfluss der Einwanderer spüren. Selbst das Spanisch klingt in Argentinien und Uruguay ein bisschen italienischer. Nach dem Ersten und Zweiten Weltkrieg scheinen insbesondere Italiener hierhergekommen zu sein, obwohl Argentinien natürlich auch für einige deutsche Nazis ein Zufluchtsort war. Gerade im Norden des Landes finden sich einige „deutsche Dörfer" wieder, die teils sogar sehr für sich isoliert leben und so die „deutsche Rasse" erhalten wollen beziehungsweise wollten.

Überall gibt es Eis, Pizza, Pasta und Polenta. Na, wenn das nicht italienisch ist. Und in Bariloche kann man besonders eins probieren: Schokolade. Lecker! Als wir so durch die Straßen der 50.000-Einwohner-Stadt spazieren, springt uns gleich die Vielzahl an Restaurants und Pizzerien ins Auge. „Was hältst du von einer Pizza?", schaue ich Benni ein bisschen hungrig an. „Na, frag doch mal!" Also gehe ich in die nächste Pizzeria und frage nach Resten von den Kunden. „Kommt einfach später wieder, da waren heute schon andere da", entgegnet der nette Kellner. Ach, ist ja witzig, denke ich, sind wir doch nicht allein. „Ja super! Vielen Dank! Wann wäre es denn gut vorbeizukommen?" „Wenn wir schließen, also so gegen 23 Uhr." „Wunderbar! Dann bis später!" Wir laufen weiter. Bei der nächsten Pizzeria probieren wir wieder unser Glück. „Hier, könnt ihr alles haben!" Gut gelaunt antwortet der Koch auf meine Anfrage und drückt uns einen ganzen Stapel gesammelter Pizzastückchen entgegen. Wieder zurück auf der Straße staune ich erst einmal. Voll gut! Die sammeln sogar die Reste! Benni schaut sich die Pizzen genauer an. „Die haben schon die abgebissenen Stellen fein säuberlich abgeschnitten. Verrückt!" Vorbildlich, würde ich sagen! Die sind sich ihrer noch guten Reste bewusst und verwerten und/oder verschenken sie lieber als sie wegzuschmeißen. Wir sind begeistert.

Da es in Bariloche so viel zu retten beziehungsweise zu essen gibt, bleiben wir auch noch über Nacht. Auf dem zentralen Platz vor dem wunderschönen Rathaus mit Glockenturm verbringen wir die Nacht auf einer Bank. Auch in Argentinien haben die öffentlichen Plätze und Parks oft freies WLAN. Das freut uns natürlich besonders.

Die unendliche Geschichte und Zwiebeln in Nöten

Im Morgengrauen schultern wir wieder die Rucksäcke und trampen in die Natur, zum Lago Mascardi, ein bisschen südlich von Bariloche. Hinter dem See erheben sich grüne, bewaldete Berge. Es wirkt, als hätte noch nie jemand diese Wälder betreten, so wild, so jungfräulich, so schön sind sie. Wir stehen am Ufer und blicken ins glasklare Wasser. Für einen Moment stehen wir einfach stumm da und saugen die Schönheit dieses Ortes in uns auf. Nach einer Weile frage ich: „Hier bleiben wir, oder?“ „Auf jeden Fall!“, entgegnet Benni vollkommen überzeugt. Und wieder einmal strahlt die Sonne. Wir springen ins kristallklare, kühle Wasser. Es ist Sommer in Patagonien.

Patagonien heißt wohl so, weil man die Ureinwohner barfuß, sprich „patagon“, vorgefunden hat. Patagonien ist kein politisches Land wie Chile oder Argentinien. Es ist vielmehr, wie Feuerland auch, eine Region, die sich mit ihren 1.043.000 Quadratkilometern sowohl über Chile als auch über Argentinien erstreckt und damit fast genauso groß wie die Landesfläche Boliviens ist. Entlang der chilenisch-argentinischen Grenze ist Patagonien durch Wälder, Berge, Seen und Gletscher geprägt. Reist man allerdings auf argentinischer Seite gen Osten, kommt man bald in die riesige patagonische Steppe. Sie sieht aus wie eine Wüste mit Grasbüscheln. Sechs Schafe brauchen hier etwa 100 Hektar Grasfläche, um satt zu werden. Der Wind fegt nur so über die Steppe und es regnet – wenn überhaupt mal – fast ausschließlich im Winter. Hier leben nur sehr wenige Menschen und diese nur an sehr konzentrierten Orten. Oft fährt man mindestens 100 bis 200 Kilometer von einem Dorf bis zum nächsten. Doch kaum kommt man der chilenischen Grenze näher, taucht man schnell in grüne, bergige Wälder ein. Darum reisen wir entlang der Grenze gen Süden – gen Tierra del Fuego.

Zwei Nächte bleiben wir am Ufer des Lago Mascardi. Benni backt Brot über dem Feuer, ich lese. Ab und zu springen wir ins Wasser, dann tauche ich wieder ein in „Die unendliche Geschichte“. Wie fabelhaft ist es doch, an

diesem unendlich schönen Ort dieses Buch zu lesen! Wir sind dieser Tage zutiefst glücklich, haben kaum etwas und brauchen fast nichts. Es ist ein simples Leben, fernab von Konsum, Stress und Chaos. Und vor lauter Ruhe und Entspanntheit schlafe ich am ersten Abend sogar ein, noch bevor ich die Isomatte aufblasen kann.

Schon wieder stehen wir an der Grenze. Nach nur vier Tagen reisen wir wieder in Chile ein und es wird nicht das letzte Mal sein, dass wir die chilenisch-argentinische Grenze passieren. Denn um nach Feuerland zu kommen, ist es unumgänglich, erst nach Argentinien, dann nach Chile, und dann wieder nach Argentinien einzureisen. Also passieren wir allein in einem Monat sieben Mal die Grenze Chile-Argentinien. Ein bisschen schade nur, dass diese Grenze immer etwas schwierig zu passieren ist. Ihr wisst schon: wegen der Lebensmittel. Diesmal stehen wir kurz vor Futalefú an der Grenze und haben den Rucksack voller Gemüse. Natürlich, wie sollte es auch anders sein? Also geben wir auf dem Zettel an: Ja, wir haben etwas. „Habt ihr Drogen?" Der Grenzbeamte schaut uns mit ernstem Blick in die Augen. „Nein", entgegne ich entschlossen. „Wirklich?", hakt der Grenzbeamte in harschem Ton nach. „Nein, wirklich nicht", sage ich, „was wollen wir mit Drogen? Die Natur ist unsere Droge", hänge ich scherzhaft an. Er mustert uns immer noch ziemlich ernst dreinblickend. Den Scherz hat er scheinbar nicht verstanden. „Woher seid ihr?" „Aus Deutschland", sagt Benni. „Aha." Wunderbar, dieses nichtssagende „Aha". Und dann denke ich: Wird er unser Gemüse entdecken? Schon folgt die passende Frage: „Habt ihr Gemüse oder Obst oder so dabei?" Ah, okay. Ich staune. Sind wir mit dem Drogenteil schon durch? Will er unseren Rucksack nicht durchsuchen? Scheinbar vertraut er uns. Oder dieses „Deutschland" hat ihn überzeugt.

Schließlich wird Deutschland von vielen Südamerikanern als großes Vorbild gesehen. In Chile wurden wir schon eingeladen, nur weil wir sagten, wir seien aus Deutschland. Plötzlich öffneten sich dadurch Türen. Ich finde es eigentlich erschreckend, wie entscheidend die Herkunft ist, aber das dürfen wir in den nächsten Tagen noch intensiver erleben. Auch wenn es in unserem Fall besonders glücklich aussieht, richtig ist es trotzdem nicht!

„Und?" Der Grenzbeamte wartet auf eine Antwort. „Ja, ja!", sage ich. „Also wir haben so ein paar Zwiebeln." Ich möchte nicht gleich alles an Gemüse auspacken müssen, also erst mal langsam anfangen. Die Paprikas, Kartoffeln, Karotten und den Knoblauch verschweige ich zunächst einmal. „Okay! Dann holt die Zwiebeln aus dem Rucksack!" Immerhin finde ich es echt interessant, dass er – obwohl er schon Plastikhandschuhe trägt – unseren Rucksack nicht anfasst. Wir dürfen das selbst machen. Benni holt zwei große Zwiebeln raus. Nie in meinem Leben bin ich so großen Zwiebeln begegnet. Ausgerechnet die sollen wir jetzt, wegen irgendwelcher Gesetze wegschmeißen. „Alles klar! Dann schmeißt die da in den Müll!" Der Grenzbeamte deutet auf eine schwarze Mülltonne, deren Deckel schon nicht mehr richtig schließt, da sie übervoll mit noch essbaren, zumeist frischen Lebensmitteln ist. „Nein", sage ich zum Beamten, „nein, wir schmeißen die nicht weg!" Ich sehe es schlichtweg nicht ein. Was ist das denn bitte hier für eine Verschwendung. „Doch, ihr müsst die wegschmeißen! Ihr dürft die nicht nach Chile einführen", findet der Beamte deutliche Worte. Und da wir ja auch nicht wollen, dass er doch anfängt, den gesamten Rucksackinhalt zu betrachten, sagen wir kurzerhand: „Okay, dann essen wir die Zwiebeln halt auf der Grenze, denn Wegschmeißen kommt uns nicht in den Sinn!" Er lacht laut auf. Dann beißen wir in die Zwiebeln. Die Schlange voller wartender Menschen neben uns bekommt große Augen, einige fangen auch an zu lachen: „Essen die gerade Zwiebeln, rohe Zwiebeln?“, hören wir verblüffte Stimmen. Na klar, das tun wir. „Ist leckerer als gedacht“, sage ich lächelnd zu Benni, der genüsslich weiterkaut. Scheint ihm auch zu schmecken. Mir wird mittlerweile echt warm ums Herz. Was für ‘ne stupide Rettungsaktion! Wir schnappen die Rucksäcke und kehren der Grenze den Rücken zu.

Unser Fahrer, der „Hausmeister“ von Futalefú – er kümmert sich um das Rathaus und die öffentlichen Einrichtungen im 4000-Einwohner-Dorf – kriegt fast einen Lachflash. „Habt ihr die Warteschlange gesehen? Wie die Menschen plötzlich an der Scheibe hingen?! Hahahahaha …“ Er lacht. Wie schön, wenn wir so zwei Zwiebeln retten und einen Mann zum Lachen bringen konnten. Ein voller Erfolg, würde ich sagen!

Feuer in der Bushaltestelle

Das kleine Dorf Futalefú inmitten der patagonischen Weite hat sogar ein paar öffentliche Steckdosen und freies WLAN am Dorfplatz. Verrückte Welt! Mittlerweile sind alle meine Kamera-Akkus erloschen – ein deutliches Zeichen dafür, dass wir lange nicht mehr in einem Gebäude, geschweige denn in einem Zuhause waren. Nachdem alle elektronischen Geräte wieder aufgeladen sind, kann die Reise weitergehen. Auf chilenischer Seite folgen wir der beliebten „Carretera Austral“, der Route 7. „Carretera Austral“ heißt übersetzt übrigens „Südliche Straße“. Na, passt doch, in den Süden wollen wir ja auch.

Nach weiteren 230 Kilometern stranden wir im Dorf „Puhuhuapi“. Die Namen hier sind wirklich witzig. Wir schauen uns nach einem geeigneten Schlafplatz um, und finden eine Bushaltestelle. Der überdachte Unterstand sieht aus wie ein kleines Häuschen: mit Mauern aus Stein und Tonziegeln auf dem Dach. Es hat eine hölzerne Bank und genügend Platz, um auf dem Boden im Trockenen die Isomatten ausbreiten zu können. Perfekt.

Über Puhuhuapi hängen tiefgraue, schwere Wolken. „Ob da heute noch Regen runterkommt? Was meinst du?“, fragt mich Benni. Sieht schwer danach aus und ich packe mein Wissen aus dem Erdkunde-Leistungskurs aus: „Müssten Stratokumulus-Wolken sein. Die deuten Regen an.“ „Ja, dann sind wir hier doch genau richtig! Hast du auch Hunger?“ Benni ist hungrig, er redet schon etwas länger vom Essen. Aus einem Stück Aluminium basteln wir uns drei kleine etwa zehn Zentimeter breite und fünfzehn Zentimeter hohe Streifen, die wir so ineinanderstecken, dass in der Mitte ein dreieckiger Raum entsteht. Dort drin machen wir dann mit dünnen Ästen Feuer und stellen den Topf drauf. Das ist eine sehr effiziente Kochmethode, zumindest so lange es Holz oder ein paar Ästchen in der Umgebung gibt.

Hinter dem Bushäuschen wächst glücklicherweise auch noch ein Bambus-Hain. Da Bambus leicht entzündlich ist, brodelt es in unserem kleinen Kocher schon sehr bald. Der Bambus war allerdings noch etwas feucht, sodass es auch zugleich recht stark raucht. Es qualmt also aus „unserem" Häuschen. Und als wären wir in Deutschland, hat scheinbar gleich jemand die Polizei verständigt. „Das machen wir alles wieder sauber!", ist mein erster Satz als die Polizisten auftauchen, in der Hoffnung, etwas „Zunder" aus der Sache nehmen zu können. „Wir wollten nur kurz was kochen", schiebe ich hinterher. „Okay, okay, okay! Woher seid ihr denn?", will der Polizist gleich zu Anfang wissen. „Aus Deutschland, und ich bin ohne Flugzeug hierhergereist. Mit sieben Segelbooten über den Atlantik und dann durch Kolumbien, Ecuador, Peru, Bolivien, Chile und Argentinien bis hierher", erzähle ich gleich meine gesamte Story, denn das hilft eigentlich immer. „Aha." Er schaut mich mit großen Augen an. „Wie lange bist du denn schon unterwegs?" Tschakka! Erfolgreich abgelenkt und die Neugier geweckt. „Joa, also für die Etappe bis nach Südamerika", ich hole weit aus, „habe ich sieben Monate gebraucht und dann bin ich zweieinhalb Monate durch Kolumbien, zweieinhalb Monate durch Ecuador, zwei Monate durch Peru, nur acht Tage durch Bolivien, dann noch einen Monat durch Chile, vier Tage durch Argentinien und über Futalefú bis hierhergekommen. Also, das heißt seit fast 17 Monaten bin ich unterwegs." „Und seitdem hast du deine Familie nicht mehr gesehen?", fragt er erstaunt. „Ja, das stimmt. Aber der da ist mein Bruder, er reist schon seit zwei Monaten mit mir.

Wir sind voll drin – der klassische Reise-Smalltalk. Ständig haben wir so eine Unterhaltung. Fast immer sind es dieselben Fragen: „Wie lange schon und wie lange noch?", „Was hat dir am besten gefallen?", „Was denken deine Eltern?", „Geht das überhaupt so (fast) ohne Geld?", „Hast du keine Angst?"

Gerne stehe ich Rede und Antwort, besonders der Polizei. Doch eins scheint diesem Polizisten besonders wichtig zu sein: unsere Herkunft. Er atmete sichtlich auf, als ich sagte, wir seien aus Deutschland. Warum nur? Ist es nicht egal, woher wir kommen? Kann man so viele Menschen einer Nation über einen Kamm scheren? Ihnen allen die gleichen Merkmale zuschreiben? Ist einer, der aus Deutschland kommt, besser als einer, der aus Frankreich kommt? Woran wird das festgemacht? Wird da nicht vielleicht gerne mal etwas zu voreilig geurteilt? Wir begegnen vielen Menschen, die denken, wir hätten einen „Arsch voller Geld". Ja, es mag sein, dass man in Deutschland einfacher mehr Geld verdienen kann als zum Beispiel in Kolumbien, aber ich habe ganz sicher keinen „Arsch voller Geld". Und es macht mir fast schon Spaß, den Menschen, die dieses Vorurteil haben, das Gegenteil aufzuzeigen. Einfach, damit sie kapieren: Nicht alle sind gleich! Man kann einfach nicht alle in eine Schublade stecken, und erst recht nicht nur aufgrund der Herkunft!

„Dürfen wir hier auch übernachten?", frage ich vorsichtig, da ich scheinbar beim Polizisten mittlerweile Sympathie geweckt habe. „Ja, das ist kein Problem, aber ich empfehle euch, zu der Bushaltestelle am anderen Ende des Dorfes zu gehen, hier gibt es sehr misstrauische Anwohner. „Wunderbar! Vielen Dank!", atme ich erleichtert auf. „Aber passt auf die Israelis auf, die klauen nämlich!" „Ok. Ich habe bisher eigentlich nur freundliche Israelis kennengelernt", erwidere ich. „Jaja, aber die sind gefährlich. Also, passt auf!" Dann macht er endlich Anstalten weiterzufahren. „Ok. Danke. Und wir hinterlassen alles sauber hier", schiebe ich hinterher, um unsere uns sehr wohl bewusste Verantwortung noch mal ausdrücklich zu versichern, dann düst das Polizeiauto wieder davon. Seltsame „Tipps", die er uns da mit auf den Weg gegeben hat.

Hier im Süden Chiles und Argentiniens sind viele junge Erwachsene aus Israel unterwegs, das haben wir auch schon bemerkt. Offensichtlich wird Patagonien in Israel gerade besonders gehypt. Wie uns israelische Reisende erzählen, ist es scheinbar so, dass sie einer dreijährigen Wehrpflicht nachkom-

men müssen. Endet diese Wehrpflicht, bekommen sie als „Dankeschön" etwas Geld vom Staat und einen Zeitraum von etwa einem Jahr, in dem sie reisen und ihre freie Zeit nach Belieben gestalten können. Diese Chance nutzen einige Israelis, um nach Südamerika zu reisen. Leider haben sich wohl auch ein paar ihrer Landesgenossen in vergangener Zeit ziemlich daneben benommen, sodass nun alle Israelis in Patagonien in Verruf geraten sind. Sie werden als gefährlich betrachtet und teilweise regelrecht gehasst. Während Benni und ich problemlos fast überall übernachten können, erzählen uns die Israelis, wie sie nachts von der Polizei verscheucht werden. Wären wir jetzt auch aus Israel, dann hätte uns dieser Polizist ganz gewiss auch weggeschickt. Schon derbe!

Nach einer ruhigen Nacht stehen wir wieder am Straßenrand der Carretera Austral. Nach einer kurzen Weile hält ein dickes, schwarzes Auto, ein Pick-up mit fünf Sitzen. Zwei Jungs steigen aus – sind wohl auch getrampt. „Könnt ihr uns vielleicht auch noch ein Stückchen mitnehmen?", blicke ich lächelnd dem Fahrer entgegen, einem gut gebauten Mann mit recht kleinem Kopf. Er wirkt nicht so begeistert, lässt uns aber trotzdem einsteigen.

Auf der Rückbank sitzt noch Javiera, seine Tochter, die ausgerechnet heute 21 Jahre alt wird. Zu Beginn der Fahrt wirkt die Familie recht träge, nur Mercedes, die Mutter, scheint wirkliches Interesse an uns zu haben. Sie stellt Fragen über Fragen, die ich mit Freude beantworte. Unterwegs wandern wir sogar gemeinsam durch einen Nationalpark und blicken auf einen beeindruckenden Wasserfall mit darüberliegendem Gletscher.

Endlich wird auch Javiera ein bisschen lebendiger. Wir verstehen uns sehr gut, quatschen über alles Mögliche. „Es ist das erste Mal, dass wir gemeinsam in den Urlaub fahren", erzählt sie mir nach einiger Zeit. Das kann ich kaum glauben, fährt unsere Familie doch jährlich einmal im gesamten Verbund, also zu sechst, in den Urlaub. „Ja, meine Eltern arbeiten sonst immer", sagt sie, als hätte sie meine Gedanken gelesen. „Ach so. Aber schön, dass ihr jetzt mal gemeinsam unterwegs seid!", versuche ich das Positive zu gewichten.

Der Vater heißt übrigens Luis, aber wir nennen ihn Lujito, das ist die Verniedlichungsform. Im Deutschen hieße er demnach „Luischen". Die Südamerikaner verniedlichen wirklich gerne und wirklich viel, was ich sehr sympathisch finde. So werden auch Probleme schneller mal verniedlicht und nicht so schwer gewichtet. Das kann ins negative Extrem gehen, sodass einem zum Beispiel egal ist, was mit dem Müll passiert, den man vor die eigene Haustür wirft, aber es kann auch sehr helfen, liebevoller und nicht (ganz) so hart miteinander umzugehen. So spricht man plötzlich vom „Töchterchen", „Autochen" oder „Freundchen", und das permanent. Irgendwie süß! Mir gefällt das.

Den ganzen Tag sind wir mit dieser netten Familie unterwegs und je länger wir so über die Carretera Austral fahren, desto interessierter und amüsanter wird Lujito. Wir können praktisch zusehen, wie seine Neugierde wächst und er mehr und mehr auftaut. Und dann ist plötzlich er derjenige, der Fragen stellt. Welch schöner Wandel!

Am Abend lädt uns Mercedes sogar noch ein, bei ihnen zu übernachten. Wir feiern noch mal ausgiebig Javieras Geburtstag, dann heißt es: „Buenas noches!". Und am nächsten Tag geht es einfach mit derselben Familie weiter. Vorbei an Wasserfällen, Berg- und Fjordlandschaften bis nach Coyhaique. Am Ende macht Lujito nur noch Witze. Er ist richtig gut gelaunt und ich hoffe, es hat ihnen gutgetan, für zwei Tage ihre Familie um zwei Jungs zu erweitern. Sie wirken zumindest so.

Für kurze Zeit ein bisschen weniger einsam

Coyhaique. Das Landschaftsbild wird zunehmend steppenähnlicher. Wälder werden durch Graslandschaften ersetzt und der Wind nimmt zu. Kein Wunder, denn die Bremswirkung der Vegetation fehlt. Benni steht trampend an der Straße. Die letzten Male hat es immer besonders gut geklappt, wenn er den Daumen rausgehalten hat, also lass ich ihn mal machen. Vielleicht hilft ja sein zunehmend längeres Haar, wer weiß das schon?!

Eine Frau bremst und bringt das kleine, weiße Auto neben uns zum Stehen. Wir wollen schon einsteigen, als sie mit ängstlichem Unterton fragt: „Kann ich euch vertrauen?" Das ist sicherlich die Frage, die sich jeder stellt, der überlegt, uns mitzunehmen. Dennoch bin ich etwas baff, denn sie hat ja schon angehalten, um sich oder besser direkt uns diese elementare Frage zu stellen. „Ja, das kannst du!", spreche ich ihr Mut zu. „Uns haben schon über 450 Autos mitgenommen, ist immer gut gegangen." Ich lächle. „Ok, steigt ein!" Wir steigen ein. Sie wirkt immer noch ziemlich ängstlich. Sie sagt auch nicht viel im Auto, scheint sich auf das Fahren konzentrieren zu wollen. Wir erzählen ein bisschen, was wir machen und wie wir heißen. Das war's. Sie heißt übrigens Noelia und ist 57 Jahre alt. Irgendwann fragt sie so in die Stille hinein: „Wo schlaft ihr heute Abend?" „Das wissen wir noch nicht", antworten wir wahrheitsgetreu. Wir wissen es wirklich noch nicht, lassen uns treiben. Schauen einfach, wo uns der Wind hin weht. „Oh, ok", antwortet sie. Dann wieder: Stille.

Ich schaue aus dem Fenster. Muss schon hart sein, hier zu leben, denke ich. Vor allem, jetzt im Sommer ist es schon recht kühl und super windig, wie sieht es hier wohl im Winter aus? Noelia reißt mich aus meinen Gedanken. Ich drehe den Kopf wieder in ihre Richtung. Sie atmet tief durch. „Ihr könnt auch zu mir kommen", platzt es plötzlich aus ihr heraus. „Aber Achtung, ich kann sehr misstrauisch werden!" Das ist kein Problem, denke ich. Das Vertrauen haben wir ja und wir müssen ihr nur genug davon schenken, dann wird sie es auch übernehmen, davon bin ich überzeugt. Und abgesehen davon, darf sie auch gerne uns Fremden gegenüber etwas misstrauisch sein. Dass wir nichts Böses im Sinn haben, wird sie schon früh genug merken. „Uih, das wäre ja total lieb", antworte ich Noelia. „Vielen Dank!", schiebt Benni hinterher.

Benni und ich spüren, dass es für sie sehr wertvoll sein könnte, wenn wir ihr etwas Gesellschaft leisteten. Klingt vielleicht im ersten Moment komisch, aber wir haben beide dieses Gefühl. Jetzt scheint das Eis gebrochen zu sein. Noelia erzählt, wie sie mal jemanden mitgenommen hat, der ihr letztendlich Geld gestohlen hat. Verständlich, dass sie nun etwas ängstlich gegenüber Fremden ist. Umso interessanter, dass sie trotzdem anhielt, um uns mitzunehmen. Wahrscheinlich hat sie eher intuitiv gehandelt. Sie hat einfach gebremst, obwohl sie doch Angst hatte. Aber irgendetwas in ihr hat sie aufgefordert anzuhalten.

Das erzählt sie uns am nächsten Tag. „Ich glaube, es ist eine Segnung Gottes, dass ich euch getroffen habe." Sie lebt genau hier, wo ich mir das Leben rau und hart vorstelle: inmitten der patagonischen Steppe. Während sie uns aus ihrem Leben erzählt, bläst draußen der patagonische Wind. Wir hören und spüren ihn selbst in der Hütte drin. Unseren Pulli haben wir schon lange angezogen. Noelia lebt alleine, der nächste Nachbar ist 300 Meter entfernt. Sie hat einen kleinen Hund und drei Hähne. Die restlichen Hühner wurden vom Fuchs gefressen. Vor ihrem kleinen einstöckigen Haus erstreckt sich ihr Garten. In zwei Gewächshäusern baut sie eine große Vielzahl an Salaten, Kräutern, Kartoffeln, Tomaten und anderen Gemüsen an. Wir helfen

ihr dabei, den Garten umzugraben, die Pflanzen von unerwünschtem Beikraut zu befreien und zu bewässern. Wir hacken Feuerholz für ihren Ofen, der sowohl zum Heizen als auch zum Kochen da ist. Benni backt Brot, ich koche und Noelia bereitet dazu einen Salat mit frischen Kräutern aus dem Gewächshaus zu. Wie lecker!

Am Abend gehen Benni und ich vors Haus und schlafen auf der Wiese. Warm eingekuschelt in unsere Schlafsäcke, die glücklicherweise selbst bei – 5° C noch warm halten würden.

Wir bleiben zwei Nächte bei Noelia. Zwei Nächte lang dürfen wir die Einsamkeit spüren, unter der sie so immens leidet. Immer wieder betont sie, sie glaube, es sei eine Segnung Gottes, dass wir uns getroffen haben. Den ganzen Tag verbringen wir zusammen, essen zusammen, backen Kuchen und hören ihr zu, wenn sie uns ihr Herz ausschüttet. Es gibt einiges, worunter sie leidet. Viele offene Wunden, die nicht heilen wollen. Sie erzählt von harten Wintern der letzten Jahre und davon, wie mühsam es für sie ist, Geld zu verdienen. Selbst gefilzte Schuhe und Salate aus ihrem Gewächshaus verkauft sie auf dem Markt von Coyhaique. Wir können deutlich spüren, wie sie leidet, dennoch können wir bereits in diesen zwei Tagen einen Wandel in ihrem Gesicht beobachten. Am Anfang schaute sie sehr grimmig, und als wir verkünden, noch eine Nacht zu bleiben, lächelt sie, und ihre Gesichtszüge entspannen sich regelrecht. Gegen Ende hin wirkt sie viel offener und lächelt häufig.

Wir sind sehr froh, sie getroffen zu haben, und auch wenn wir ihr alltägliches Leben sicherlich nicht leichter machen konnten, so konnten wir doch an dieser Stelle hoffentlich das schenken, was sie in dem Moment brauchte: Gehör. Einfach mal zuhören. Dasein, ohne etwas zu wollen, ohne etwas zu erwarten, und damit ein wenig Seelsorge leisten. Beim letzten Abendessen beten wir noch lange miteinander. Dann ziehen wir weiter.

Ein Kirschkuchen inmitten eisiger Gletscher

Vorbei an Marmorhöhlen und dem riesigen See „Lago Buenos Aires“ geht es Richtung El Chaltén. Benni will schon seit einer Ewigkeit dorthin, er freut sich seit Wochen darauf. Es soll DAS Bergsteiger- und Kletterdorf schlechthin im Süden sein. 31 Jahre ist es erst alt und liegt mitten im Herz Patagoniens, am Eingang des gewaltigen Gletschernationalparks. Wie schön wäre es doch, in dieser Gletscherwelt meinen 20. Geburtstag zu feiern, denke ich voller Vorfreude. Es wäre das perfekte Pendant zu meinem letzten Geburtstag mitten auf dem Atlantik.

Zwei Tage noch bis zu meinem Geburtstag und 640 Kilometer durch die patagonische Steppe. Die Route führt uns wieder mal über die Grenze nach Argentinien. Und dann läufts: Die 640 Kilometer durch die schier endlose Landschaft legen wir in 24 Stunden zurück. Am Abend nimmt uns noch ein junges Pärchen mit, das spät in der Nacht im Nirgendwo Patagoniens sein Zelt aufschlägt. Wir tun es den beiden gleich und fahren am nächsten Morgen mit ihnen weiter.

Und dann fehlt plötzlich nicht mehr viel: In der Ferne können wir bereits die Berge des Gletscher-Nationalparks sehen. Ein älteres, freundliches Paar aus Israel nimmt uns die letzten Kilometer mit. El Chaltén – da sind wir!

Just in time, am 6. Februar erreichen wir das Herz Patagoniens. Zumindest ist es für Benni und mich das Herz dieser ganz eigenen Welt. Wir retten noch zwei Kilogramm nicht mehr ganz so glänzende Kirschen, dann geht es hoch in die Berge.

Während die meisten Nationalparks in Chile und Patagonien Eintritt kosten, ist El Chaltén davon ausgenommen. Hier lebt ein anderer Flair – eine Gruppe von Menschen, die die Kraft der Natur wirklich spüren wollen, erklettern oder zumindest besteigen. Und in diesem Nationalpark gibt es wieder ausgewiesene Zonen, in denen man zelten darf. So sind die Zelte an bestimmten Orten gebündelt, aber man hat trotzdem die Möglichkeit, kostenfrei und über Tage in diese einzigartige Natur einzutauchen. Und genau das wollen wir für die nächsten drei bis fünf Tage tun: eintauchen in die „Pachamama“ – in die „Mutter Natur“.

Gut geschützt zwischen Bäumen auf 750 Metern über NN, schlagen wir unser Lager auf und verkriechen uns bald in unsere Schlafsäcke, denn es ist erfrischend kühl und vor allem eins: windig. In solchen Momenten bin ich sehr dankbar, dass Benni ein Zelt mitgebracht hat. Und während ich mich tierisch auf die nächsten Tage freue und vor Aufregung nicht einschlafen kann, versucht Benni über Stunden hinweg, einen Geburtstagskuchen auf unserem Benzinkocher zu backen. Leider geht der Kocher dabei immer wieder aus. Ein leises „Fuck“ höre ich, dann ist wieder Ruhe.

Und dann bricht Tag 494 meiner Reise an. Jetzt bin ich 20 Jahre alt. „Happy Birthday to you, Happy Birthday to you …“, weckt mich Benni singend mit einem Kirschkuchen in der Hand. Wow! Wie schön, solch einen Bruder zu haben! Einen Bruder, der mit dir durch den wilden Süden Südamerikas reist und dann auch noch eine ganze Nacht lang einen Kuchen backt! Danke, Benni, danke!

Und während Benni sein nächtliches Werk recht selbstkritisch beäugt, finde ich es köstlich! Einfach total lecker! Wir verbringen meinen Geburtstag in aller Ruhe, da wir beide etwas angeschlagen sind.

Dann gehts ein paar Kilometer weiter zur nächsten Camping Zone, dem „Campamento Poicenot“ und damit bedeutend näher an den Berg dieses Gebiets, den Fitz Roy, heran. Von hier steigen wir geschwind noch mal 400 Meter in die Höhe und genießen einen fantastischen Blick. Gerade, als die Sonne hinter dem 3405 Meter hohen Fitz Roy verschwinden will, drücke ich auf den Auslöser der Kamera …

Wir wandern umher und wollen einfach nur diese bezaubernden Augenblicke festhalten, sie für immer in unser Gedächtnis einbrennen, das Staunen und die Faszination konservieren. Was für eine unglaubliche Welt voller Gletscher, Schnee und Eis, voller Berge, Felsen und Steine! Und zu Füßen dieses unwirklichen, fantastischen Massivs Wälder, die dem rauen Wetter und den langen Wintern trotzen. „Was diese Bäume wohl erzählen würden, wenn sie unsere Sprache sprechen könnten?“, sinniere ich mit Benni, als wir durch den offenbar sehr alten Wald laufen. „Wahrschein-

lich von wilden Stürmen, Unmengen von Schnee und wenigen, ach so wertvollen Sonnentagen", spekuliert er. Noch bis nach Sonnenuntergang sind wir unterwegs und ich denke an den Satz von Thoreau, den ich aus dem Film „Der Club der toten Dichter" kenne, der mich schon länger begleitet: „Ich ging in die Wälder, denn ich wollte wohlüberlegt leben; intensiv leben wollte ich. Das Mark des Lebens in mich aufsaugen (...). Damit ich nicht in der Todesstunde inne würde, daß ich gar nicht gelebt hatte."

Als wir zurück am Zelt sind, fangen die Sterne an zu funkeln. Von Lichtverschmutzung fehlt hier jede Spur. Wie genial muss es wohl aussehen, die Milchstraße über dem Fitz Roy aufgehen zu sehen?, denke ich mir und entscheide mich in dem Moment gegen den Schlaf und fürs nächtliche Staunen. Es ist sehr, sehr dunkel, als ich um 1.30 Uhr mit Kamera und Schlafsack bewaffnet die 400 Höhenmeter in Angriff nehme. In Serpentinen schleiche ich nach oben. Langsam, aber sicher. Nach einer Stunde erhebt sich plötzlich der gigantische Fritz Roy in den Nachthimmel. Wow, sind das viele Sterne! Und als ich mich umdrehe, blicke ich geradewegs auf die Milchstraße. Ich mache ein Foto. Nur eins, dann entspringt der patagonischen Steppe die Mondsichel. Sie entspringt genau da, wo sich Milchstraße und Steppe berühren, also da, wo sich Himmel und Erde berühren. Ich habe Tränen in den Augen, kann diese Schönheit, diese Einzigartigkeit, diese Besonderheit, diese Magie dieses Moments nicht begreifen.

Da stehe ich in kalter, dunkler Nacht alleine auf 1100 Metern, ganz klein und unbedeutend. Und vor mir, hinter mir, über mir und unter mir erstreckt sich diese einfach sprachlos machende Natur. In diesem Moment durchströmt mich unendliche Dankbarkeit, all das mit meinen Augen erleben zu dürfen. Ich lasse den Augenblick auf mich wirken. Dann stelle ich einen Zeitraffer ein, setze mich mit dem Schlafsack zwischen die Steine und lasse die Nacht vorbeiziehen.

Um 5 Uhr werde ich schlagartig wach. Ich höre Stimmen. Nanu? War ich nicht eben noch allein? Und dann verfärbt sich langsam der Fitz Roy in warme, liebevolle Farben. Mit einem Mal wirkt der sonst so harte, eisige und spitze Berg ganz weich, warm und fast schon rund. Was die Kraft der Sonne doch bewirken kann!

Als meine Akkus ihren Geist aufgeben und das Licht zunehmend härter wird, steige ich wieder ab. Benni ist mittlerweile auch wach, also packen wir zusammen und wandern zu einem dritten Zeltplatz. Diesmal mit dem Blick auf den 3102 Meter hohen „Cerro Torre", den „Berg Turm". Im Gletschersee unterhalb des Berges schwimmen Eisschollen. Das Ende des Sommers naht und bald wird es hier richtig kalt werden.

Bei herrlichem Sonnenschein verlassen wir das Herz Patagoniens und trampen geradewegs auf Feuerland zu.

Am Ende der Straße

Wir machen noch einen Abstecher nach „Punta Arenas" und besuchen dort einen Freund unseres Weihnachtsengels Rolando. Wir können noch mal durchatmen, Vergangenes sacken lassen und uns mal wieder in der Heimat melden.

Dann ziehen wir weiter, bis sie plötzlich vor uns liegt: diese Insel namens „Tierra del Fuego". Sie gehört zum einen Teil zu Chile, zum anderen Teil zu Argentinien. Lange Zeit wurde diese Insel von den den „Feuerlandindianern", den Selk'nam, Yámana, Haush und Kawesqar besiedelt. Die einen jagten auf dem Land, die anderen spezialisierten sich auf Fischfang. Über deren plötzliches Verschwinden haben wir in den verschiedenen Autos verschiedene Theorien gehört.

Die eine ist: Als sich Großgrundbesitzer niederließen und Zäune für ihr Vieh, insbesondere ihre Schafe aufstellten, fingen die nomadenhaft lebenden Selk'nam an, das Vieh der Großgrundbesitzer zu jagen. Als Reaktion griffen die Großgrundbesitzer zum Gewehr und töteten die Ureinwohner. Als bereits fast alle verschwunden waren, griff die chilenische Regierung ein und schickte die verbliebenen Selk'nam auf eine kleine, entlegene Insel. Gleich bei der Ankunft wurden jedoch viele krank, sodass über 200 von ihnen praktisch auf der Stelle verstarben. Seitdem hat man keinen Selk'nam mehr gesehen.

Eine andere Theorie über das Verschwinden der Feuerlandindianer ist, dass englische Kolonisatoren ein riesiges Festmahl veranstalteten und die Ureinwohner einluden. Doch das Essen war vergiftet. Die wenigen überlebenden Indigenen wurden dann von Kopfgeldjägern erschossen.

Letztendlich laufen die Theorien alle auf eines hinaus: Die Indigenen standen förmlich im Weg, sie störten und sollten weg, also hat man sie kurzerhand ausgerottet. Und das auf brutalste Art und Weise!

Doch woher hat die Insel „Tierra del Fuego" ihren Namen? Auch diesbezüglich haben wir mehrere, doch im Kern sehr ähnliche Theorien gehört: Die indigene Bevölkerung zündete nachts Feuer an. Durch die Gase, die aus der Erde traten, brannte das Feuer von allein weiter. Als Magellan vorbeisegelte, sah er die Feuer und nannte die Insel „Feuerland". Die zweite Theorie ist, dass die Ureinwohner stets ein Feuer auf ihren Booten brennen hatten, und so den Namen für ihre Insel erhielten. Woher der Namen nun wirklich kommt, wird wohl ein Geheimnis bleiben.

Die Insel an sich wirkt auf uns, besonders im nördlichen Teil, nicht besonders spektakulär. Wir trampen durch eine Landschaft, die praktisch die Erweiterung von Patagoniens Steppe ist. Überwiegend wächst hier nichts, bis auf ein paar sehr robuste Pflanzen. Zum Trampen setzt man sich dann am besten den größten und auffälligsten Hut der Welt auf, damit man in diesen windigen Weiten nicht übersehen wird. Zwar bin ich ohne große Erwartungen nach Feuerland aufgebrochen, doch es ist rückblickend schon interessant, dass der Weg hierher so viel spannender war, als das Ziel selbst. Eine Situation mehr, in der der Spruch „Der Weg ist das Ziel" wie die Faust aufs Auge passt.
Noch einmal geht es über die Grenze, dann fahren wir ununterbrochen durch, bis wir in der südlichsten Stadt der Welt ankommen: in Ushuaia – zumindest behauptet das Ushuaia von sich selbst. In der Tat hört hier die Straße auf. Südlicher könnten wir nun nur noch mit Expeditionsschiffen oder Segelbooten in die Antarktis oder zum Kap Hoorn aufbrechen. Da wir nicht gleich ein Boot finden verschwinden für ein paar Tage im Nationalpark „Tierra del Fuego", wo letztendlich wirklich die Straße versandet. Hier gibt es Wald, Vulkane und Fjorde zu entdecken, Feuerland zeigt sich uns von einer neuen, ganz wilden Seite.

An Tag 505 meiner Reise stehen wir in Ushuaia und an Tag 506 am Ende der Straße. Was für ein unglaubliches Gefühl! Irgendwie fühlt es sich nicht echt an, irgendwie so unfassbar, so unbegreiflich: Die Straße gen Süden endet hier und damit auch mein Traum, per Anhalter nach Feuerland, ganz in den Süden Südamerikas, zu reisen. Von nun an gibt es nur noch den Rückweg, den Weg gen Norden. Während ich Feuerland an sich nicht als so sehr besonders empfinde, ist vielmehr die Tatsache, jetzt hier zu stehen, an dem Punkt angekommen zu sein, der mich immer weiterreisen ließ, zutiefst beeindruckend. Die Motivation, es bis hierher zu schaffen, hat mich viel länger unterwegs sein lassen, als ich ursprünglich geplant hatte. Ja, denn heute ist der 19.2.2018. Wollte ich anfangs nach zehn Monaten wieder zu Hause sein, so bin ich jetzt bereits fast 17 Monate unterwegs.

Auf der Straße und auf dem Meer.
Zwischen Inseln, Stränden und Festland.
Zwischen Bergen, Tälern und Ebenen.
Zwischen Gletschern, Regenwäldern und Wüsten.
Zwischen Tieren und Pflanzen.
Zwischen Arm und Reich.
Zwischen Konsumhölle und friedvoller Natur.
Zwischen Kopf und Herz.
Zwischen Misstrauen und Vertrauen.
Zwischen Angst und Mut.
Zwischen Alleinsein und Gemeinschaft.
Und immer habe ich das Gefühl, wir treffen uns in der Mitte.
Wie ein Regenbogen zwischen Regen und Sonne.
In der Mitte.
Wir treffen uns genau dort, wo sich Himmel und Erde berühren.

Benni und ich fallen uns in die Arme. Der Traum ist wahr geworden, gelebt, genossen, geschafft. Per Anhalter nach Feuerland. Und während sich das Herbstlaub an der Südspitze Südamerikas in knallig leuchtende Rot- und Orangetöne verfärbt, blicke ich noch einmal auf die vergangenen 17 Monate zurück. Verrückt, denke ich. Einfach verrückt!

Und ich denke dabei insbesondere an die unzähligen Begegnungen, in denen mir Menschen ihr immenses Vertrauen immer wieder neu bedingungslos geschenkt haben, mir ihre Tür geöffnet haben. All diese Momente, erschienen mir stets so unglaublich, so traumhaft. Diese Momente, für die ich nur Danke sagen kann!

Wenn es an der Zeit ist, nach Hause zu kommen

„MIT DEM PERSÖNLICHEN GLÜCK IST ES WIE MIT EINER LICHTERKETTE. JEDER KLEINE UND BESONDERE AUGENBLICK IST EIN LICHT. JE BEWUSSTER WIR UNS DAS MACHEN, UMSO LÄNGER WIRD UNSERE LICHTERKETTE. ÜBERALL FUNKELN SIE, DIE KLEINEN LICHTER. SAMMLE LIEBER DIE KLEINEN GLÜCKLICHEN MOMENTE UND VERGEUDE DEINE ZEIT NICHT MIT DEM WARTEN AUF DIE GROẞEN MOMENTE."

Unbekannt

Ja, es war eben ein Traum. Gleichzeitig fällt mir ein Stein vom Herzen. Kein harter Stein, aber doch etwas, was ich stets in mir getragen habe, und zwar dieses permanente Fieber, diesen Traum zu leben, ihn zu verwirklichen. Jetzt lasse ich davon los, entspanne und werde gleichzeitig müde. Irgendwie ist dieser Traum jetzt gelebt und es ist Zeit für anderes, für andere neue Träume und Ideen. Und so kommt in diesen Tagen ganz im Süden in mir ein starkes Gefühl auf, welches mich nach Hause zu meinen alten Freunden und meiner Familie zieht. Dorthin, wo ich aufgewachsen bin, wo meine Reise begann. Für mich ist klar: Sehr lange werde ich nicht mehr unterwegs sein. Stattdessen ist es an der Zeit, all diese einzigartigen Momente und Begegnungen zu verdauen, sacken zu lassen und zu realisieren. Denn ja, es waren so unzählbar viele „Augen-Blicke", die mir unter die Haut gingen. Wie wohl keiner die Sterne in dunkler, klarer Nacht wirklich zählen kann, so ist es auch mit jenen „Augen-Blicken" meiner Reise. Ja, es wird langsam Zeit, eine größere Pause, ein „Nickerchen", einzulegen.

Darum geht es von Feuerland in großen Schritten gen Norden. Während wir entlang der Westküste gen Süden reisten, führt uns der Rückweg nun entlang der Ostküste gen Norden.

Morgens früh in Commodoro Rivadavia am Atlantik. Irgendwo in Patagonien. Feuerland liegt bereits wieder weit hinter uns. Nachdem wir uns dank WLAN und Stromversorgung erfolgreich die Nacht um die Ohren geschlagen haben, beginnt mit der aufgehenden Sonne auch wieder der rege Betrieb an der Raststätte.

Ich will allmählich erste Autofahrer ansprechen, schließlich wollen wir weiter. In Córdoba, im Norden Argentiniens, erwarten uns schon länger zwei gute Freunde. „Guten Morgen! Fährst du zufällig Richtung Norden und kannst uns ein Stück mitnehmen? Ich reise mit meinem Bruder, wir sind also zu zweit", spreche ich den ersten Mann an, der mir entgegenkommt. „Ähm, also ich müsste noch meinen Kollegen fragen. Oder warte, du kannst den auch selbst fragen!" Der Mann guckt mich erwartungsvoll an. „Wo finde ich ihn denn?", frage ich motiviert. „Da drin, am Tisch in der Mitte." Ich gehe in die Raststätte. Wo soll der sein? Am Tisch in der Mitte? Ich sehe nicht einen Mann, ich sehe vier. Welchen soll ich jetzt fragen? Während ich noch einen Moment zögere, kommt der Mann von draußen rein. „Na, die sollst du fragen!" Aha, jetzt sind es auf einmal „die", eben war es noch „der". Na gut, denke ich. Ist ja auch egal. Ich erkläre kurz, wie wir reisen, wohin wir wollen und frage, ob sie uns nicht mitnehmen könnten. „Na klar. Aber dann müsst ihr nach Buenos Aires mitkommen!" Benni und ich überlegen kurz: Von Buenos Aires haben wir viel gehört, insbesondere viel Gutes. Soll wohl sehr schön sein. „Ok, wir kommen mit euch nach Buenos Aires." „Ok, dann lasst uns gehen." Die Männer stehen auf, schieben die Stühle an den Tisch. Dann gehen wir zu ihrem „Fahrzeug".

Ich muss lachen, als ich es sehe. Vor uns steht ein Doppeldeckerbus. Im Bus nach Buenos Aires trampen – verrückt! Als es losgeht, machen wir es uns in der völlig leeren, oberen Etage gemütlich. 1500 Kilometer liegen vor uns, 24 Stunden werden wir unterwegs sein. Noch nie hat mich ein Fahrzeug auf Rädern so weit gebracht. Und, dass es sich hierbei auch noch um einen Doppeldeckerbus – einen leeren wohlgemerkt – handelt, lässt mich fast ausflippen. Nun werden wir sehr bald im Norden ankommen und dabei haben wir noch permanent die beste Aussicht über die patagonische Steppe. Wir schauen kurz raus, dann schlafen wir ein.

Über Buenos Aires, Uruguay und Córdoba geht es für uns nach Brasilien. Dort darf ich meiner Mama noch einen Traum erfüllen. Denn auch sie wollte schon seit jeher nach Südamerika, hat sich aber bisher nicht getraut, beziehungsweise es einfach nie gemacht. Als ich spürte, ich könne ihr nun einen großen Traum erfüllen, forderte ich sie regelrecht auf: „Komm jetzt, Mama! Wenn nicht jetzt, wann dann?“ Denn ich weiß jetzt nur zu gut, wie beflügelnd es sein kann, wenn man seinem Traum mutigen Schrittes entgegentritt.

Nachdem Benni und ich die Grenze nach Brasilien passiert haben, fliegt er in die Karibik, um von dort mit einem Segelboot nach Europa zurück zu trampen, während meine Mama doch tatsächlich nach Brasilien kommt. Welch eine unermessliche Freude, sie nach so langer Zeit wiederzusehen, wieder in den Arm zu nehmen! Sie hat ebenfalls nur einen Rucksack dabei und lässt sich voll und ganz auf meine Art zu reisen ein. Nicht schlecht, staune ich. Denn den Komfortanspruch so herunterzuschrauben kann nicht jeder! Wir reisen zunächst per Anhalter weiter und lernen dabei besonders herzliche Brasilianer kennen.

Dennoch, ich merke, dass ich allmählich nicht mehr kann. In mir macht sich ein Gefühl der Erschöpfung breit. Darum und auch, weil wir für Mamas Rückflug rechtzeitig im Norden, in Belém, angekommen sein sollten, steigen wir auf Busse und im Amazonasgebiet auf Schiffe um. So fahren wir unter anderem insgesamt acht Tage lang den Rio Madeira und den Amazonas runter, schlafen in Hängematten und sind fast die einzigen europäischen Touristen. Denn auch hier kann man keinerlei Erwartungen an besonderen Komfort stellen.

Wir staunen über die Natur Brasiliens, besuchen Höhlen und das Pantanal, eines der größten Binnenland-Feuchtgebiete der Erde. Meine Mama ist begeistert! Am 7. Mai verabschiede ich sie dann am Flughafen von Belém – sie fliegt geradewegs zurück nach Deutschland.

Und ich? Zweieinhalb Monate nach meiner Ankunft in Ushuaia und sechs Wochen Reise mit Mama, steige auch ich ganz im Norden Brasiliens in ein Flugzeug. Ja, eigentlich wollte ich nicht fliegen. Lange habe ich hin- und herüberlegt, mir neue Routenoptionen via Schiff ausgedacht, und bin am Ende doch zu dem Ergebnis gekommen: Ich habe keine Kraft mehr, noch ein weiteres Jahr unterwegs zu sein und irgendwie freue ich mich jetzt riesig, allmählich in meine alte Heimat zurückzukehren, Freunde und Familie wiederzusehen. Darum – und sicherlich auch, weil ich von meinen Eltern einen Gutschein für einen Rückflug geschenkt bekommen habe –, entscheide ich mich, vom Norden Brasiliens nach Lissabon, Portugal zu fliegen. Also nur von einer Küste zur anderen, denn auf dem Land kann ich auch sehr unkompliziert anders reisen.

Am 8. Mai 2018 hebt dann mein Flieger ab und nur 7,5 Stunden später stehe ich wieder in dem kleinen, kuscheligen, sicheren und doch super vielfältigen und bunten Europa. Mit 800 Kilometern pro Stunde sind wir durch die Luft gesaust. Ein extrem komisches Gefühl! Habe ich für den Hinweg über den Atlantik noch sieben Monate, also über 5100 Stunden, gebraucht, so waren es für den Rückweg nur 7,5 Stunden.

Es fühlt sich einfach komisch an. Das ist nicht meine Reiseart, ist mir viel zu schnell. Man fliegt ja über alles nur so hinweg, nimmt nichts wahr außer ein paar Wolken und dem Nebel. Doch fürs Zurückkommen – jetzt in diesem Fall – ist es gut so, wie es ist. Und weil mir beim Verlassen des Flughafens so eine enorme Welle der Sicherheit entgegenschwappt, schlafe ich erst mal zwei Nächte im Park von Lissabon. Ich möchte noch nach Portugal und Andorra, diesen kleinen Pyrenäenstaat, kennenlernen und reise von nun an komplett geldfrei durch Europa. Und es funktioniert richtig gut! „Was, in Europa?" Die Menschen schauen mich ungläubig an. „In Südamerika, ok, da kann ich mir das vorstellen. Das geht vielleicht, weil sie dir immer etwas schenken. Aber hier in Europa? Nee!" „Doch", erwidere ich, „Probieren geht über Studieren." Wir verschwenden in Europa so viel, dass ich mich beim Reisen – und nicht nur beim Reisen – problemlos davon ernähren kann.

Dann gibt es halt mal zwei Tage lang „nur“ Obstsalat. Ist doch egal! Und ein Platz zum Schlafen findet sich auch immer: Sei es im Wohnwagen des Präsidenten des portugiesischen Taxiverbands oder in einer spartanischen Steinhütte in den Pyrenäen Andorras.

Es ist sehr wertvoll, die letzten anderthalb Monate dieses Abenteuers noch einmal allein zu reisen. Jetzt fange ich an, so allmählich, so ganz langsam zu verstehen, was in den vergangenen zwei Jahren passiert ist. Dankbar schaue ich auf das, was ich auf dieser Reise lernen durfte, und das war vor allem eines: Vertrauen.

Ich kann immer darauf vertrauen: Alles wird gut! Wenn es im Moment noch nicht wirklich gut ist, dann braucht es eben noch etwas Zeit. Doch ich möchte nie vergessen weiterzugehen, auch wenn mein persönlicher Lebensweg im Moment noch so vernebelt zu sein scheint. Voll Vertrauen kann ich weitergehen und im Rückblick werde ich eine einzigartige, ganz besondere, nämlich meine persönliche Landschaft erblicken. Eine Landschaft voller einmaliger Augenblicke. Voller von mir geöffneter Geschenke.

Ich mache noch einen Abstecher nach Taizé, besuche alte Freunde in Deutschland und der Schweiz und meine Oma, bevor es mich endgültig nach Hause zieht. Am 28. Juni 2018, an Tag 634 meiner Reise, komme ich wieder zu Hause in Mainz an.

SPAIN
CHILE

Muchísimas gracias!

21 Monate liegen hinter mir, fast zwei Jahre. In 634 Tagen haben mich – sofern ich mich nicht verzählt habe – 681 Fahrzeuge mitgenommen. Praktisch ein Fahrzeug pro Tag. Eine Bilanz, die mich erzittern lässt. Es vergeht noch einige Zeit, bis ich mein Glück so richtig fassen kann, dann weine ich. Nicht, weil ich traurig bin. Nein, weil ich dankbar bin. Ich weine für all diese selbstlosen Menschen, die mir ihre bedingungslose Nächstenliebe geschenkt haben. Ich weine und bin zutiefst berührt.

Danke Mama, danke Papa. Danke für die kleinen Samen, die ihr 18 Jahre lang in mir gestreut und gepflegt habt, sodass daraus Buntes, Vielfältiges und Großes wachsen und gedeihen kann. Danke für eure Rückenstärkung, ohne die ich wohl niemals so glücklich gereist wäre! Ihr seid meine stille Energie, meine Quelle, aus der ich immer frisches, Leben schenkendes Wasser schöpfen kann. Das gilt auch insbesondere für meine Freunde, meine Geschwister. Ihr nährt mich. Mit Lebensenergie, mit Lebensfreude, mit purer Inspiration. Ich liebe euch!

Von ganzem Herzen danke ich einfach allen! Allen, denen ich begegnet bin. MUCHÍSIMAS GRACIAS! MUCHÍSIMAS GRACIAS POR TODO! Vielsten Dank für alles! Dank euch ist diese Reise erst zu der geworden, die sie letztendlich war: eine Reise der Begegnung. Begegnungen mit wundervollen Menschen, wunderschöner Natur und einem wundersamen Gott. Denn ja, auch das durfte ich begreifen: „Alles wirkliche Leben ist Begegnung."

Einen ganz besonderen Dank möchte ich an dieser Stelle noch dem adeo Verlag mit seinem sehr sympathischen Team und insbesondere dir, liebe Sarah, aussprechen. „Muchísimas gracias" für dein unermüdliches, aber stets freundliches Verbessern meiner Texte! Danke für diese großartige Zusammenarbeit!

Und dann gibt es da noch die liebe Trixi, die ich in den letzten Wochen meiner Reise auf wundersame Weise kennenlernen durfte und die mich mit dem adeo Verlag verknüpfte. Ohne sie hätte ich wohl kaum dieses Geschenk, das Buch bei adeo schreiben zu dürfen, bekommen. Immer wieder darf ich über diese faszinierenden Netze staunen, die sich in meinem Leben plötzlich – wie von selbst – knüpfen.

Und nun liegt es an dir, liebe Leserin, lieber Leser, in diese verrückte Welt rauszugehen, sie zu umarmen und deine ganz persönlichen, eigenen Türen zu öffnen. Für Begegnungen. Fürs Vertrauen und für das Leben.

Volles Glück voraus!

Meine 5 ganz persönlichen Glücksformeln

1. Träume!

Träumen kann ganz einfach sein: Du brauchst nur ein Blatt Papier, einen Stift, eine Stunde Ruhe und schon kann's losgehen: Lass deine Gedanken fließen, denke mal darüber nach, was du dir wünschst und schreibe es auf, egal was es ist. Du brauchst nicht zu wissen, WIE etwas möglich sein kann, WIE etwas realisierbar sein soll, sondern nur WAS. Was wünschst du dir? Wovon träumst du?

Packe dann den Zettel weg, vielleicht in deinen Kleiderschrank, in dein Tagebuch oder in die Schreibtischschublade – ganz egal. Irgendwann wirst du wieder über diesen Zettel stolpern und staunen, was in der Zwischenzeit passiert ist. Übrigens, wenn das Gewünschte in naher Zukunft liegt, wünsche es dir von nun an ganz innig! Glaube daran, dass es wahr werden wird! Und dann lass dich überraschen!

2. Werde zum Schatzsucher, zum Entdecker!

Was war das letzte, worüber du so richtig gestaunt hast? Sind schöne Überraschungen nicht toll? Wie wär's, wenn du den ganzen Tag beschenkt werden würdest? Unvorstellbar? Warte nicht länger, lass dich beschenken! Sieh einfach jedes Ereignis, jede Begegnung, als ein nicht selbstverständliches Geschenk an. Anfangs ist es noch verschlossen, doch du darfst es auspacken.

Du weißt nicht, was sich darin befindet, also freu dich beim Öffnen auf den Inhalt. Doch Vorsicht – nur freuen, keine Erwartungen aufbauen! Betrachte jedes Geschenk mit Dankbarkeit! Und dann staune über den Inhalt!

3. Heute schon innegehalten?

Du erlebst einen schönen Augenblick? Einen Moment, der dir guttut? Du siehst, hörst oder riechst etwas, was in dir Freude hervorruft? Dann schließe für einen kurzen Moment deine Augen und halte inne. Stelle dir nun nochmal vor deinem inneren Auge vor, was du gerade wahrgenommen hast, was dich begeistert hat.

4. Sei dankbar!

Vor jedem Essen oder abends vor dem Schlafengehen schließe für einen Moment die Augen und überlege (gerne laut), wofür du heute dankbar bist. In Gemeinschaft ist der Austausch besonders schön. Lass dein Gegenüber wissen, worüber du dich heute freust!

5. Lache die Welt an!

Wie lange bist du schon wach und wie oft hast du heute schon gelacht? Ist es mal wieder an der Zeit? Dann lächle einfach los. Nichts und niemand hindert dich daran. Du brauchst auch nicht sonderlich viel Geld zum Lachen. Du brauchst dich auch nicht zu schämen! Geh raus in die Welt und lächle die nächstbeste Person mit einem breiten Grinsen an! Probier's aus, denn Lachen steckt an, tut gut, heilt und hält dich fit. Wenn du morgens in den Spiegel schaust, dann schaue doch nicht nur hinein, sondern lächle mal hinein. Lächerlich? Egal!

P.S. Du willst mehr davon? Dann schau dich im Internet nach dem nächstgelegenen „Lachclub" um… ☺

Plus: Vertrauen macht leicht!

Mach anderen Mut und vertraue auf dich selbst! Lass dich nicht unterkriegen! Du bist wundervoll, so wie du bist. Schenke den anderen dein Vertrauen! Denn Kontrolle ist gut, doch Vertrauen ist besser.

Nachklang

Zum Nachkochen

Pasta alemana S. 46, Pfannkuchen mit Curry-Kartoffelbrei S. 101, Zucchini-Pasta S. 123, Kolumbianischer Reis S. 178, Haferbreichen S. 202, Auberginenscheiben S. 204 und 231, Arepas S. 206/207, Peruanischer Reis S. 231, Bratkartoffeln mit Roter Bete S. 300.

Quellen

Paulo Coelho: Der Alchimist, aus dem Brasilianischen von Cordula Swoboda Herzog Copyright der deutschsprachigen Ausgabe © 1996 Diogenes Verlag AG Zürich

Der kleine Tag, Musik und Text: Rolf Zuckowski, Copyright 1998 Mit freundlicher Genehmigung MUSIK FÜR DICH Rolf Zuckowski OHG, Hamburg

Johannes XXIII, Für das Glück geschaffen. Die zehn Regeln der Gelassenheit., St. Benno Verlag.

Hoffnung für Alle, © 1983,1996, 2002, 2009, 2015 by Biblica, Inc.® Verwendet mit freundlicher Genehmigung des Herausgebers Fontis (Hfa)

Schau doch mal hier vorbei

Auf meiner Homepage: *www.theoutdoorbrothers.de*

Meiner Facebookseite: *https://www.facebook.com/Joshinichell/*

Bei Instagram: *https://www.instagram.com/joshi.nichell/*

Und meinem Youtube-Kanal „Joshi Nichell“:
https://www.youtube.com/channel/UC_9nsoJsIIuAYB-AiV8EJMA

Ich freue mich über dein Feedback! *joshi@theoutdoorbrothers.de*

Liebe Leserinnen, liebe Leser, der Einfachheit halber und des Leseflusses wegen, habe ich mich für die männliche Form entschieden. Ich bitte um Nachsehen!

Der Verlag weist ausdrücklich darauf hin, dass im Text enthaltene externe Links vom Verlag nur bis zum Zeitpunkt der Buchveröffentlichung eingesehen werden konnten. Auf spätere Veränderungen hat der Verlag keinerlei Einfluss. Eine Haftung des Verlags ist daher ausgeschlossen.

FSC www.fsc.org
MIX
Papier aus verantwortungsvollen Quellen
FSC® C014889

Dillerberg 1, 35614 Asslar

1.Auflage Januar 2020
Bestell-Nr. 835246
ISBN 978-3-86334-246-3

Umschlaggestaltung: Mareike Schaaf
Lektorat: Sarah Koller
Satz: Grafikbüro Sonnhüter, www.grafikbuero-sonnhueter.de
Druck und Verarbeitung: Friedrich Pustet, Regensburg
Printed in Germany

www.adeo-verlag.de